GESTÃO DE PESSOAS

Grupo Editorial Nacional

O GEN | Grupo Editorial Nacional - maior plataforma editorial brasileira no segmento científico, técnico e profissional - publica conteúdos nas áreas de ciências sociais aplicadas, exatas, humanas, jurídicas e da saúde, além de prover serviços direcionados à educação continuada e à preparação para concursos.

As editoras que integram o GEN, das mais respeitadas no mercado editorial, construíram catálogos inigualáveis, com obras decisivas para a formação acadêmica e o aperfeiçoamento de várias gerações de profissionais e estudantes, tendo se tornado sinônimo de qualidade e seriedade.

A missão do GEN e dos núcleos de conteúdo que o compõem é prover a melhor informação científica e distribuí-la de maneira flexível e conveniente, a preços justos, gerando benefícios e servindo a autores, docentes, livreiros, funcionários, colaboradores e acionistas.

Nosso comportamento ético incondicional e nossa responsabilidade social e ambiental são reforçados pela natureza educacional de nossa atividade e dão sustentabilidade ao crescimento contínuo e à rentabilidade do grupo.

SYLVIA CONSTANT VERGARA

GESTÃO DE PESSOAS

16ª Edição

gen | atlas

Apesar dos melhores esforços da autora, do editor e dos revisores, é inevitável que surjam erros no texto. Assim, são bem-vindas as comunicações de usuários sobre correções ou sugestões referentes ao conteúdo ou ao nível pedagógico que auxiliem o aprimoramento de edições futuras. Os comentários dos leitores podem ser encaminhados à **Editora Atlas Ltda.** pelo e-mail editorialcsa@grupogen.com.br.

Rua Conselheiro Nébias, 1384
Campos Elísios, São Paulo, SP – CEP 01203-904
Tels.: 21-3543-0770/11-5080-0770
editorialcsa@grupogen.com.br
www.grupogen.com.br

Projeto gráfico: Lino-Jato Editoração Gráfica

Capa: MSDE | MANU SANTOS Design

Imagem: Superstock Brasil

DADOS INTERNACIONAIS DE CATALOGAÇÃO NA PUBLICAÇÃO (CIP)
(CÂMARA BRASILEIRA DO LIVRO, SP, BRASIL)

Vergara, Sylvia Constant
Gestão de pessoas / Sylvia Constant Vergara. – 16. ed. – [2. Reimpr.]. – São Paulo: Atlas, 2018.

ISBN 978-85-97-00755-8

1. Administração de pessoal 2. Grupos de trabalho 3. Liderança 4. Pessoal – Motivação 5. Poder (Ciências sociais) I. Título.

99-1839

CDD-658.3

Índices para catálogo sistemático:

1. Administração de recursos humanos : administração de empresas 658.3
2. Gestão de pessoas : Administração de empresas 658.3

Aos meus netos Carla, Daniela,
Fernanda, Rachel, Tito e Kadu,
Pessoas cujo amor me sinaliza
Todo o tempo que a vida é um presente.

Pelos comentários e sugestões que fizeram, minha gratidão a Celina, Ana Rosa, Eliane, Dayse, Severino e todos aqueles a quem este livro foi previamente exposto.

Material Suplementar

Este livro conta com materiais suplementares para Professor.

O acesso ao material suplementar é gratuito, bastando que se cadastre em: http://gen-io.grupogen.com.br.

SUMÁRIO

Introdução

Gestão de Pessoas é um tema da maior importância. Primeiro, porque é no interior das empresas que passamos a maior parte de nossas vidas. Segundo, porque as empresas podem ser tudo, mas nada serão se não houver pessoas a definir-lhes a visão e o propósito, a escolher estruturas e estratégias, a realizar esforços de marketing, a administrar recursos financeiros, a estabelecer metas de produção, a definir preços e tantas outras decisões e ações. Dito de outra maneira, empresas não nascem da terra, no céu ou no mar. Elas são construções sociais. Se é assim, penetrar na sutileza das interações humanas e tentar desvendar-lhes a teia que tecem é de extrema relevância para que se possa entender o mundo dos negócios e nele atuar de forma consequente. Este é o propósito deste livro.

O livro tem caráter prático e privilegia metodologia interativa. Apresento teorias e conceitos, conto histórias do cotidiano, informo sobre teóricos de diversas áreas e estudiosos de administração e suas obras e convido você a responder às perguntas e aos testes que formulo. Exponho meu ponto de vista sobre os temas escolhidos e instigo você para que também exponha o seu. As perguntas que apresento não comportam respostas certo/errado, falso/verdadeiro. Não são questões dessa natureza. O convite é, portanto, à reflexão e ao posicionamento. Os locais para as respostas são assinalados por linhas. As informações adicionais são assinaladas no texto por uma estrelinha e vêm dentro de um quadro.

Espero que na reflexão sobre o tema Gestão de Pessoas você tenha a oportunidade de se autodesenvolver, uma vez que sabemos que o adulto é agente de seu próprio desenvolvimento. Na jornada, espero que você alcance os seguintes objetivos:

- identificar a complexidade do mundo contemporâneo, contexto do ambiente de negócios e as habilidades que esse mundo requer do gestor;
- aceitar questões relativas à motivação, liderança, mentoria, poder e trabalho em equipe como essenciais à compreensão das pessoas e a sua gestão;

- obter informações acerca de contribuições teóricas e apreciá-las criticamente em face das características do novo ambiente de negócios;
- identificar novas tendências;
- estabelecer a ponte entre construções teóricas e sua prática cotidiana;
- desenvolver a consciência de si e do mundo;
- desenvolver competências gerenciais;
- desenvolver visão holística,* visão de totalidade.

O termo *holismo* tem suas origens no filósofo, político, estadista, advogado e militar sul-africano Ian Christian Smuts, que se opôs a Ghandi e o prendeu várias vezes, mas acabou por reconhecer-lhe a grandeza. Em 1926, Smuts publicou em Londres um livro intitulado *Holism and evolution*. Do grego *holo* = todo, holismo significa totalidade, coordenação de todas as partes, regulação central, força ou princípio que tudo conecta, princípio de organização inerente à natureza. Nas palavras de Smuts, reproduzidas por Pierre Weil:[1]

> *"(...) o caráter holístico fundamental é uma unidade tão densa e intensa que só pode ser mais do que a soma de suas partes; uma unidade que não só comunica uma estrutura ou uma conformação particular às partes, mas ainda as coloca em relação e as determina na sua síntese, de tal forma que suas funções ficam por isso mesmo modificadas; a síntese afeta e determina as partes, de tal modo que estas funcionam para o todo; por isso mesmo, o todo e suas partes se influenciam e se determinam reciprocamente e seus caracteres individuais aparecem de certa forma fundidos: o todo está nas partes e as partes estão no todo, e essa síntese entre todo e partes se reflete no caráter holístico das funções tanto das partes, quanto do todo".*

Para atingir os objetivos elencados, você deve desenvolver habilidades, tais como:

- integração dos diferentes estímulos recebidos por meio da leitura;
- com situações da realidade organizacional, por você percebida;
- reflexão e crítica;
- análise e síntese;
- disciplina intelectual;
- ação responsável;
- compartilhamento das descobertas.

Observe que não falo em domínio de técnicas ou da apreensão das chamadas "receitas de bolo", pouco úteis em ambiente de mudanças. Falo,

[1] WEIL, Pierre. O novo paradigma holístico – ondas à procura do mar. In: BRANDÃO, Dênis; CREMA, Roberto. *O novo paradigma holístico*: ciência, filosofia, arte e misticismo. São Paulo: Summus Editorial, 1991.

isto sim, na habilidade de lidar com ideias, conceitos e teorias e relacioná-las à prática cotidiana.

Estou até me lembrando, neste momento, de matéria de Boccanera.[2] Diz ele:

> *"Empresários e administradores cansados das receitas dos gurus habituais do setor (...) podem apelar agora para os ensinamentos do velho Sócrates.* * *Não o do futebol, mas aquele mesmo da cicuta, de barba longa, lá na Grécia de quatro séculos antes de Cristo. Seus ensinamentos chegam às empresas como referência para que dirigentes e funcionários aprendam a pensar com disciplina."*

☆

Sócrates marca o pensamento da filosofia clássica, que mais tarde foi desenvolvida pelos filósofos Platão e Aristóteles. Em 399 a.C., Sócrates foi acusado por cidadãos atenienses de ter desrespeitado as tradições religiosas de Atenas, na Grécia, e de ter corrompido a juventude. Foi condenado a beber cicuta, um veneno. Julgamento e condenação tiveram, claramente, caráter político, porque Sócrates incitava as pessoas a pensarem, a terem independência de pensamento.

Com o correr da história, filósofos e filosofia perderam *status*. Considerava-se que eram seres "extraterrenos", que ficavam em especulações teóricas, desvinculadas da prática. A situação chegou a tal ponto que dizer que alguém era um filósofo significava dizer: sua opinião não merece crédito.

Parece que hoje as coisas estão mudando. Veja, por exemplo, Middlebury, a escola situada no Estado de Vermont, EUA. Lá, educa-se a mente, aprende-se a pensar. Lá, estuda-se literatura, grego, filosofia. Pois bem, são as pessoas que se formam em Middlebury e que cursaram poucas disciplinas ditas práticas e objetivas que as empresas constantes da lista das 500 maiores da Revista *Fortune* desejam contratar. As empresas vão buscar pessoas que aprenderam a refletir, a articular uma lógica concatenada de ideias, a usar o pensamento abstrato para tratar o mundo concreto.

Você me dirá que as escolas europeias também têm foco reflexivo. É verdade. Será que deveríamos ouvi-las mais?

Outro fenômeno interessante que está ocorrendo (inclusive no Brasil) é o consultório de filósofos. Pessoas com problemas pessoais os contatam para aprenderem a mapear esses problemas e a encontrar soluções. Dizem eles: chega de culpar papai e mamãe. O que temos é de encontrar saídas.

Que tal?

Bem, o livro está estruturado em seis temas, cada um correspondente a um capítulo. Os temas são articulados entre si, porque fazem parte da teia de relacionamentos que caracteriza o mundo, e estão aqui destacados apenas para fins didáticos. São eles:

- características do mundo contemporâneo e a teia que tecem;
- processos motivacionais;

[2] BOCCANERA, Sílio. *O Globo*, 26 jul. 1998.

- liderança requerida nesses novos tempos;
- mentoria;
- poder nas organizações;
- trabalho em equipe.

Nas notas de rodapé de cada capítulo, bem como nesta apresentação, explicito a literatura neles referenciada.

Bem, espero que possamos fazer profícua parceria.

Vamos aos temas? Boa sorte para nós. Que possamos usar com pertinência e adequação nossa racionalidade e nossa intuição.

1

Características do Mundo Contemporâneo e a Teia que Tecem

Neste capítulo, espero que você possa alcançar os seguintes objetivos específicos, todos atrelados aos objetivos gerais do livro, expostos na apresentação:

- identificar a complexidade do mundo contemporâneo;
- perceber as características do ambiente de negócios nesse mundo;
- identificar os impactos nas empresas;
- levantar as competências requeridas do gestor.

Componho o capítulo com quatro itens, a saber:

1. Complexidade do mundo contemporâneo.
2. Características do ambiente de negócios.
3. Impactos nas empresas.
4. Competências requeridas do gestor.

Vamos lá?

1 Complexidade do Mundo Contemporâneo

Você já reparou como nos anos recentes as empresas vivem mudando suas estratégias, redefinindo seus mercados, repensando suas estruturas? Reparou na quantidade de livros que são publicados, alguns se tornando *best-sellers*, apresentando o que se convencionou chamar "modismos em administração"? Aliás, muitos dos *best-sellers* são fabricados (Revista *Exame*, 30-8-95) e um tanto da ausência de nossa reflexão e crítica permite que os tomemos como ícones.

Reparou quantos renomados consultores internacionais pregam, eloquentemente, determinadas estratégias para logo depois se desdizerem? Michael Hammer, o pai da reengenharia, com o seu "hoje percebo que estava errado" (Revista *Exame*), Robert Tomasko e também sua *mea culpa* acerca do *downsizing* (Revista *Exame*, 2-7-97) e Tom Peters com seu "esqueçam o que escrevi" (Revista *Exame*, 12-8-98) são bons exemplos.

Repararam também como o mundo insiste em não corresponder aos conselhos dos economistas? (Revista *Exame*, 2-10-02)?

Que mundo imprevisível é esse? Por que tantas mudanças? A que você as atribui? Liste o que você considera plausível para que essas mudanças ocorram.

____

____

____

____

Bem, se você disse que é porque o mundo está mudando, acertou. Como nos ensinou o filósofo Heráclito, na Grécia antiga, cinco séculos antes de Cristo, todas as coisas estão em constante fluxo, em constante mudança. É emblemática sua famosa frase: "*Não podemos banhar-nos duas vezes no mesmo rio, porque o rio não é mais o mesmo.*" Ou, como disseram Lulu Santos e Nelson Motta,* "*Nada do que foi será/ De novo do jeito que já foi um dia/ Tudo passa, tudo sempre passará.*" A mudança é, portanto, uma constante. Com Heráclito, aprendemos, então, que mudança, simplesmente, não é característica somente do mundo contemporâneo. Sempre existiu. Qual é a característica, então? Arrisque uma resposta.

COMO UMA ONDA

Lulu Santos e Nelson Motta

Nada do que foi será
De novo do jeito que já foi um dia
Tudo passa, tudo sempre passará
A vida vem em ondas como o mar
Num indo e vindo infinito
Tudo que se vê não é
Igual ao que a gente viu há um segundo
Tudo muda o tempo todo no mundo
Não adianta fugir
Nem mentir pra si mesmo
Agora há tanta vida lá fora
Aqui dentro, sempre
Como uma onda no mar
Como uma onda no mar
Como uma onda no mar

____

____

Bem, se agora você acrescentou que a característica do mundo contemporâneo é a velocidade com que as mudanças ocorrem, chegamos a um acordo. É isso. Como o título do livro de Marshall Berman nos diz, "*tudo que é sólido desmancha no ar*".

No início do século passado, falava-se que, na era da eletricidade e do vapor, o que ocorria em um século passou a ocorrer em uma década; hoje, na era da informática e das telecomunicações, podemos dizer que o que acontecia em décadas passou a acontecer em segundos. O presente nos escapa da mão.

A velocidade das mudanças é, portanto, uma dimensão extremamente relevante no mundo contemporâneo. Você pode citar outras?

____

____

____

Sua lista, certamente, revela a complexidade do mundo contemporâneo. Veja se o que você elencou coincide com o que aqui sintetizo:

- ❑ a era da informação e o processo de globalização;
- ❑ as forças e fraquezas do modelo de desenvolvimento;
- ❑ o surgimento de novos valores pessoais e a emergência de um novo paradigma.

Coincidiu? Bem, pode ser que você tenha listado mais outras dimensões, mas estou certa de que as que arrolei estão também em sua lista. Convido-o, agora, a visitar cada uma delas. Vamos lá?

1.1 A Era da Informação e o processo de globalização

No passado, a agricultura constituía a base da sociedade. Embora se possa dizer que embriões de fábricas existiram na antiga Grécia e em Roma, há dois milênios, nada havia que pudesse assemelhar-se ao que viria depois: a sociedade industrial. Como nos ensina Alvin Toffler,[1] o industrialismo trouxe chaminés, linhas de montagem, "*colocou o trator na fazenda, a máquina de escrever no escritório, a geladeira na cozinha (...), produziu o jornal e o cinema, o trem suburbano e o DC-3*", o correio.

A sociedade agrícola, lembra-nos Toffler, tirava sua energia de homens, animais, sol, vento, água. A sociedade industrial tirava-a do carvão, do gás, do petróleo, de combustíveis fósseis.

São características da sociedade agrícola o enraizamento das famílias com seus membros bem unidos e canais de comunicação reservados a ricos e poderosos. São características da sociedade industrial relações alteradas nas famílias, educação em massa, canais de comunicação abertos, separação entre produtor e consumidor, padronização da organização do trabalho, especialização.* O operário chapliniano de *Tempos modernos* ilustra com rara felicidade a questão da especialização. Lembra-se do filme? Se tiver tempo,

---

[1] TOFFLER, Alvin. *A terceira onda*. Rio de Janeiro: Record, 1980.

reveja-o, pois vale a pena ver de novo. Só os 12 minutos iniciais já nos dão uma ideia da face da sociedade industrial.

> Adam Smith forneceu bases justificadoras da era da especialização. Em 1776, escreveu um livro denominado *A riqueza das nações*, no qual preconizava que tal riqueza viria da divisão do trabalho. É bastante conhecido o trecho em que Smith descreve a fabricação de um alfinete: 18 operações diferentes realizadas por 10 trabalhadores, cada um fazendo uma ou algumas das operações. Smith apresenta tal divisão do trabalho como o máximo para garantir produtividade.
>
> A pergunta que hoje fazemos é a seguinte: com um trabalho tão dividido, tão fracionado, que imagem total do alfinete pode ter esse trabalhador? Em outras palavras, se faz uma tarefa tão reduzida, que conceito pode ter de um processo e que produto pode visualizar?
>
> Outra pergunta: tarefa tão segmentada pode levar à produção de um trabalhador alienado de seu próprio trabalho?
>
> Uma terceira pergunta cabe ainda: a alienação no trabalho ajuda a produzir alienação política e social?
>
> Você já pensou sobre essas questões? Qual sua conclusão?

A sociedade industrial construída com carvão, ferro, aço, eletricidade construiu também uma lógica de pensamento que privilegia a fragmentação porque, como alerta Toffler,[2]

> "*deu ênfase à nossa capacidade de desmantelar problemas em seus componentes; recompensou-nos com menos frequência pela habilidade de combinar as peças novamente. A maioria das pessoas é culturalmente mais hábil como analista do que como sintetizadora. Esta é uma razão por que as nossas imagens do futuro (e de nós mesmos nesse futuro) são tão fragmentárias*".

A sociedade industrial gerou o que Peter Drucker[3]* denomina de visão bitolada, considerada por ele como a doença degenerativa dos especialistas e seu enfoque restrito e limitado.

> Peter Drucker foi o mais conhecido dos consultores de organizações, tendo sido mesmo considerado o guru da administração. Teve vasta produção de livros e até falecer, em novembro de 2005, era o mais solicitado dos consultores na área. Lecionava na Claremont Graduate School, no sul da Califórnia, EUA.

2 TOFFLER, Alvin. *A terceira onda*. Rio de Janeiro: Record, 1980.

3 DRUCKER, Peter. *As novas realidades*: no governo e na política, na economia e nas empresas, na sociedade e na visão de mundo. São Paulo: Pioneira, 1989.

Muito do que Drucker disse há muitos e muitos anos é dito hoje por outros, com outras palavras, como se fossem novos conceitos. Às vezes, a gente se esquece de dar o mérito a quem realmente tem, não é verdade? Outras vezes, porque Drucker dizia que no futuro seria assim e assim, as empresas corriam a fazer o que Drucker dizia. Nesse caso, a profecia se cumpria. Outras vezes, Drucker servia como o legitimador de ações que as empresas já desenvolviam. Essas circunstâncias apontam para a imensa responsabilidade que lhe cabia em seus pronunciamentos. Instiga nossa reflexão, por exemplo, saber que Drucker afirmava que é obsoleto o ponto de vista segundo o qual as empresas devem criar e manter a harmonia social, atendendo aos interesses dos trabalhadores. Argumentava que o funcionário seria, cada vez mais, menos importante (Revista *HSM Management*, nº 12, jan./fev. 1999). Ora, das 100 maiores economias mundiais, 51 são de corporações transnacionais e 49 de países. Em termos econômicos, a Mitsubishi, por exemplo, é maior do que a Indonésia, o quarto país mais populoso do mundo. A afirmação de Drucker, portanto, tanto pode remeter à ameaça crescente ao desemprego em massa, quanto à possibilidade de uma nova relação na organização do trabalho.

Nem todos gostam de Drucker. As diferenças são o natural da vida. Entretanto, Drucker tinha uma atitude que a mim parece, particularmente, digna. Não se envergonhava de mencionar em determinada obra que, em alguma outra anterior, tinha dito tal coisa em relação a um ponto específico e naquele momento reconhecia que estava errado. São suas palavras, por exemplo: "*Maslow mostrou (...) por que McGregor e eu estávamos errados*" (*Training*, dez. 1998). Bem, aí você me dirá: então, Drucker era igual aos outros que você antes mencionou. Não é bem assim. Ele não era um demolidor "arrebenta pedreira"; ademais, o que falava tinha sólida fundamentação teórica.

Interessante que esse consultor, em vídeo divulgado pela HSM no primeiro semestre de 1998, informou a seus telespectadores que iria fazer um curso de estatística em determinada escola, pois há 60 anos não a estudava e percebia que muita coisa tinha mudado.

A sociedade industrial foi o palco iluminado para a burocracia, uma forma de organização do trabalho que privilegia:

- a divisão do trabalho, visando à especialização;
- a hierarquia, percebida como propulsora da eficiência;
- a padronização, que, acredita, leva à previsibilidade de tudo, inclusive do comportamento humano;
- a impessoalidade, pois na burocracia as regras existem para o cargo, independentemente de quem o ocupe;
- a meritocracia, uma vez que os membros das burocracias, sendo especialistas treinados, fazem carreira de acordo com seus méritos;
- o administrador que não é, necessariamente, o dono dos meios de produção; é um profissional contratado para administrar;
- o contrato, a carreira, o salário e a aposentadoria (afinal, ninguém é de ferro, não é?).

Bem, você não precisa me dizer que não é bem assim. Concordo, mas esse é o modelo ideal de burocracia, percebido naquela época. Na prática, tantas são as disfunções do modelo, que acabam por responsabilizar-se pela conotação pejorativa com a qual a burocracia é conhecida.

Bem, se tivemos a sociedade agrícola e a industrial, hoje vivemos uma nova sociedade: a da informação e do conhecimento. Ela introduz movimentos interessantes, como a mudança do eixo do poder dos músculos para a mente e a identificação do conhecimento como recurso primeiro, em detrimento da terra, capital e trabalho braçal, que assumem papel secundário.

A sociedade da informação* desnuda para nós a complexidade das relações econômicas, políticas, sociais, tecnológicas, culturais e dos valores pessoais e faz emergir o que Peter Drucker denomina *knowledge society*, isto é, sociedade instruída, aquela que se organiza em torno da aplicação dos conhecimentos de seus membros.

Peter Drucker escreveu bastante sobre a sociedade da informação, na qual se tem o trabalhador intelectual, aquele cujo trabalho exige esforço cerebral, em detrimento do manual, corporal ou maquinal. Trabalhadores intelectuais são, por exemplo, o escritor que escreve um livro, o financista que analisa as taxas de juros e também o operário responsável por eletronicamente controlar o chão da fábrica.

É claro que a Era da Informação também tem seus problemas. Um deles é que excesso de informação atrapalha e ainda não aprendemos a selecionar aquela que é, realmente, relevante. Além disso, nem sempre sabemos transformar informação em conhecimento.

De qualquer maneira, a informação viola as fronteiras geográficas e revela o movimento de globalização. Tem-se, então, a integração do espaço físico aliada à aceleração do tempo e à construção de um sistema cada vez mais interdependente, que envolve países, estados, cidades, organizações, pessoas.

Nesse mundo de partes tão interdependentes, nunca se viu tanto o que Ilya Prigogine* alertou: "*um leve bater de asas em Pequim pode vir a provocar um furacão na Califórnia*". Bem, que nos digam as crises econômicas e políticas de diversos países, e como isso está afetando a economia gobal. Um bom exemplo é a crise deflagrada nos Estados Unidos em 2008.

Ilya Prigogine é autor do livro *O fim das certezas*, publicado em 1996, em São Paulo, pela Fundação Unesp. Prêmio Nobel de Química em 1977, russo criado na Bélgica, Prigogine desenvolveu o que chama de "teoria do caos". Você já ouviu falar nela? É muito interessante.

O "efeito borboleta" que Prigogine menciona foi descoberto na década de 60 pelo meteorologista Eward Lorenz.

Na sociedade da informação, os centros de decisão movem-se por continentes e países, embalados por negócios, movimentos do mercado e exigências de reprodução do capital; invadem cidades, pequenas e grandes empresas, fluxo de comércio de bens e serviços, mercado de ações, telecomunicações, formas de trabalho e de vida, modos de ser e pensar e produções culturais.

A sociedade da informação gera e nutre a sociedade do conhecimento, aquela que resulta de experiências, de valores, do estabelecimento de relações, da elaboração da informação de forma contextualizada e refletida.

Fibra ótica e satélites exponenciam possibilidades. O céu é o limite. O mundo, afinal, virou uma "aldeia global", como disse McLuhan há várias décadas? Virou um grande empório? Que você acha? Estou lembrando-me agora que, em 1996, fui à África do Sul e, ao comprar uma blusa em uma loja, ela veio em uma sacola na qual estava escrito "*made in the world*". Corporações como, por exemplo, Michelin e L'Oréal recrutam pessoas para trabalharem em qualquer parte do mundo onde tenham negócios. Cunhou-se nas empresas a expressão "expatriados". Viramos cidadãos do mundo?

O movimento da globalização terá sepultado as culturas locais? Que você acha a esse respeito?

Eis aí uma boa discussão: globalização *versus* culturas locais. É certo que a possibilidade de aculturação, isto é, de interpenetração de culturas, de novos comportamentos provenientes do contato com culturas diferentes da nossa, sempre existiu na história da humanidade. Entretanto, é certo também, como nos lembra Thich Nhat Hanh,[4] que "*precisamos de raízes para sermos capazes de ficar eretos e fortes*". Por outro lado, em meu entender, a globalização vai tornar cada vez mais evidentes as diferenças culturais.

Você me dirá que discutir a questão cultural não estava em nosso *script*. É verdade. Contudo, não resisti à tentação de provocar-lhe (e a mim também) uma reflexão.

Voltemos a nosso *script*, então. Vale a pena mencionar dois fenômenos que também estão ocorrendo nessa nova era: a crescente participação feminina em todos os aspectos da vida e o envelhecimento das populações.

Será que você pode itemizar, sintetizar em itens, o que vimos até agora? Vou fazê-lo também, e depois comparamos nossas sínteses. Está bem?

____

____

____

____

____

____

____

____

____

____

[4] HANH, Thich Nhat. *Vivendo Buda, vivendo Cristo*. Rio de Janeiro: Rocco, 1997.

Eis a minha síntese:

Características da sociedade da informação e o processo de globalização:

- ❑ desnudamento dos paradigmas, das contradições. Elas saltam aos nossos olhos;
- ❑ alta complexidade, velocidade e quantidade das informações, migração de ideias;
- ❑ interdependência dos fenômenos;
- ❑ economia sem fronteiras, globalização e também fragmentação, regionalismos, postulações tribais;
- ❑ alta competitividade e também parcerias, alianças;
- ❑ crescente participação feminina e envelhecimento das populações.

Tivemos pontos comuns?

Se você gosta de ver filmes, sugiro-lhe o filme *GEO*, produzido pela Siamar. É uma forma visual interessante de apresentar as mudanças. Vemos o filme, que foi produzido na década de 90 do século passado, e já nos damos conta de que Mandela se separou da mulher e casou-se com outra, a queda do muro de Berlim já não é uma festa, a Internet, não mencionada no filme, está levando-nos a ser navegadores e outras descobertas que você fará.

Bem, em nossa conversa, agora cabe indagar: se as relações econômicas ganham características cosmopolitas e cruzam fronteiras, os benefícios advindos do crescimento econômico e do avanço tecnológico estão atendendo às demandas políticas e sociais em um escopo, uma base global? Qual sua opinião?

____

____

Estou certa de que sua resposta foi fruto de reflexão. A minha também. Veja se elas coincidem, no item a seguir.

1.2 Forças e fraquezas do modelo de desenvolvimento

Neste mundo de mudanças tão rápidas, a grande estrela foi, sem dúvida, a tecnologia. *Tablets*, *smartphones*, automação bancária, código de barras, produtos *tailor made* (por exemplo, automóveis e calças *jeans* ao gosto do cliente), engenharia genética, naves espaciais, robôs, mísseis inteligentes, prospecção em águas profundas e uma lista sem fim dá à tecnologia um lugar de destaque. Tão grande esse lugar que às vezes nos fixamos no dedo e esquecemos de olhar para onde ele aponta, ou esquecemos de apontá-lo para a direção que os filósofos chamam de: "vida boa", aquela sublinhada pela ética, pelo que dá significado à vida. Tecnologia é meio, é o dedo; desenvolvimento a "vida boa".

Não há dúvida de que a tecnologia tem facilitado nossas vidas, mas, por si, não tem sido capaz de aumentar o Índice de Desenvolvimento Humano.

O Relatório do Desenvolvimento Humano publicado pela ONU em 2014 revela a discrepância entre países. Entre eles, a Noruega ocupa o mais alto posto e o Brasil o 75º.

Enquanto podemos fazer nosso pedido de compras ao supermercado, encomendar um terno a um alfaiate londrino, ou ter altos bate-papos com alguém lá do outro lado do mundo via Internet, sudaneses morrem de fome, despedaçados por guerra civil e seca interminável e bem aqui, no Brasil, pessoas moram no lixo e vivem dele (você já viu o filme *Ilha das flores*, considerado o melhor filme apresentado no Festival de Gramado, em 1989?), nordestinos do sertão atribuem à vontade Divina o flagelo de suas vidas. As crianças, bem, umas moram em condomínios fechados, passeiam na Disneyworld, navegam no espaço cibernético; outras, abandonam pais alcoólatras, drogam-se, têm o céu como teto, roubam, matam. Fatalidade?

Outra questão crucial que não podemos deixar de atrelar à tecnologia, apesar de muitas opiniões contrárias, é o desemprego. No caso do Brasil, a relação tecnologia-desemprego não é muito evidente porque, ao contrário dos países ditos desenvolvidos, ainda não chegamos a um estágio de desenvolvimento tecnológico tal que possamos abrir mão da tarefa realizada por pessoas. De qualquer maneira, nós, que utilizamos serviços bancários, por exemplo, sabemos o que é dispensa de empregados.* Por outro lado, contraditoriamente, há oferta de emprego não preenchida, para pessoas que detêm certas habilidades e possuem tipos especiais, avançados, de informação. As áreas de informática, de biotecnologia, de tecnologias petrolíferas, de engenharia são bons exemplos. No Brasil, chega-se a importar pessoas detentoras desses conhecimentos para preencher vagas existentes.

Veja esses depoimentos apresentados na Revista *Veja* (16-10-96):

"*Quebramos o paradigma da estabilidade. A cultura sempre foi entrar no banco e casar com ele.*" João Batista Camargo. Banco do Brasil.

"*Tem de ser frio. Se for pensar nas pessoas que serão demitidas, você fica louco. Prefiro esquecer o mais rápido possível.*" Nilson Guilherme. Metal Leve.

"*É inevitável e é um movimento mundial. Nos Estados Unidos, quando as empresas demitem, suas ações sobem na bolsa de valores.*" Lázaro Brandão. Bradesco.

"*A ilusão acabou e estamos caindo no real. Ascensorista pode ser substituído por um botão.*" Cesar Castro. CPBO.

"*Quando vou à videolocadora e aparecem seis pessoas para me atender, penso no custo da folha de pagamento.*" Joaquim Tadeu de Oliveira. Votorantim.

"*Olho no olho é mais honesto. Horrível é encontrar quem será demitido e baixar o olhar.*" José Antônio Schmitt de Azevedo. Rede Ferroviária Federal.

Além do que se pode observar como descompasso entre geração e distribuição de riquezas, nota-se que o elevado desenvolvimento tecnológico que, de certa forma, aproxima, convive com um baixo desenvolvimento pessoal, interpessoal e moral. Nesse caso, o isolamento instala-se. Ao mesmo tempo em que somos capazes de viajar aos planetas vizinhos e mergulhar no universo microscópico dos átomos, somos pouco capazes de buscar conhecer-nos a nós mesmos e de lidar com diferenças individuais e culturais.

Conversamos, via Internet, com pessoas do outro lado do planeta e, no entanto, muitas vezes somos incapazes de dizer *bom dia* ao vizinho que, todos os dias, entra no elevador conosco.

Semelhante ao que ocorre entre o desenvolvimento tecnológico e o pessoal e interpessoal, é também notória a ausência de sintonia que caracteriza nossas relações com o ambiente natural. Violamos o equilíbrio dos ecossistemas naturais. Ilustrativo é o que aconteceu na África. Matamos elefantes, porque havia excesso, deixamos elefantes órfãos, eles se tornaram jovens transviados e depois tivemos que correr atrás do prejuízo. Buscamos as fêmeas adultas para colocá-las novamente junto aos jovens, administrar as relações e resgatar a harmonia (Revista *Veja*, 15-10-97).

Veja-se, também, fenômenos como o aquecimento global, a chuva ácida e a destruição da camada de ozônio. Lá pela década de 70 do século passado, meu caseiro lá de Teresópolis, em sua simplicidade de analfabeto, me dizia: "*não sei não, Teresópolis hoje é muito mais quente do que há 70 anos*". Não é por acaso todo o movimento mais fortemente desencadeado nos últimos anos, em todo o mundo, visando à sustentabilidade do planeta. Veja, por exemplo, que em Curitiba, capital do Paraná, desde a década de 90 do século passado, 60 a 70% da população separa o lixo para reciclagem, configurando-se como o mais alto índice do mundo (Revista *Exame*, 30-6-2010).

Ao visualizar ecologia, economia e ética como partes de um todo, parece que os vínculos se mostram frágeis e que, de repente, nos vemos diante de escolhas: competição ou cooperação; dominação ou parceria; quantidade ou qualidade; expansão ou conservação; controle da população ou direito à vida; recessão econômica ou consumismo exacerbado. "Ou isto, ou aquilo", como no poema de Cecília Meireles. Dilemas?

Sugiro-lhe agora que sintetize as ideias contidas nesse item e, depois, compare-as com as minhas, a seguir resumidas.

____

____

____

____

____

____

____

Eis o meu resumo:

As forças e fraquezas do modelo de desenvolvimento:

- ❑ crescente consciência ecológica, alguns recursos naturais cada vez mais escassos, consumismo;
- ❑ elevado desenvolvimento tecnológico, baixo desenvolvimento interpessoal;
- ❑ aproximação tecnológica, isolamento físico;
- ❑ oferta de emprego para pessoas detentoras de certas habilidades e informações, desemprego.

E aí? Seu resumo coincidiu com o meu?

Bem, apesar dos desequilíbrios com que hoje nos deparamos, não é ainda o fim do mundo, para desespero dos catastrofistas. Vem crescendo a consciência do *estar no mundo*, o que coloca em evidência um processo cujo entendimento é fundamental para a compreensão do contexto atual. Trata-se da mudança de valores pessoais. O que ela significa? Como se tem manifestado? Explicite aqui sua opinião.

____

____

____

____

____

____

____

____

____

____

Bem, agora veja se sua opinião coincide com a minha, pelo menos em parte.

1.3 O surgimento de novos valores pessoais e a emergência de um novo paradigma

Alguns denominam de pós-modernismo o sistema de valores que, diferente da ênfase exclusiva no crescimento econômico que caracterizou a sociedade industrial, moderna, valoriza aspectos relacionados à qualidade de vida.

Vou arriscar reunir os valores emergentes em dois grupos, mesmo correndo o risco de ser excessivamente simplista. O primeiro conjunto diz respeito ao desejo de maior participação pessoal, expressa pelo exercício de direitos, deveres e responsabilidades. O segundo está relacionado à realização do potencial humano. Ambos nos remetem à possibilidade de um mundo mais humanizado. Você concorda?

Os valores mencionados estão orientados para uma transformação pessoal, para um olhar para dentro de si mesmo. O Programa de Valores e Estilos de Vida do Instituto de Pesquisa de Stanford chama-os de “valores voltados para o interior”.

Posso contar-lhe uma história sufi, que serve para ilustrar o que digo? Lá vai.

Nasrudin, um misto de sábio e tolo, certo dia, quando procurava alguma coisa no jardim, foi abordado por um vizinho.

– *Que você perdeu?* – perguntou o vizinho.

– *Minha chave* – respondeu Nasrudin.

O vizinho, então, ajoelhou-se e começou a ajudá-lo a procurar. Passados alguns minutos, o vizinho perguntou:

– *Onde a deixou cair?*

– *Em casa* – respondeu Nasrudin.

– *Então por que está procurando a chave aqui no jardim?*

– *Porque aqui tem mais luz* – respondeu o sábio-tolo.

Quantas vezes somos Nasrudin e procuramos fora a solução que está dentro de nós? Valeria a pena resgatarmos o velho Sócrates, quatro séculos antes de Cristo, e o que ele ensinava: "*Conhece-te a ti mesmo*", tal como escrito no Oráculo de Delfos.

Também valeria a pena refletirmos sobre as palavras de Nelson Mandela. Segundo esse grande líder sul-africano, nosso maior medo é o de que nosso poder seja maior do que imaginamos.

E o que podemos dizer em relação à visão de mundo, ao paradigma ainda reinante no mundo contemporâneo, que tanto seduziu as empresas e ainda seduz? Estará coerente com os valores emergentes?

O paradigma reinante argumenta que os fenômenos só podem ser compreendidos se forem reduzidos a seus componentes básicos. Como diria Jack, o estripador, é preciso dividir, cortar em pedacinhos. Essa visão reducionista, fragmentada, tem um lado bom, aquele que nos permite criar modelos, fazer categorizações, lidar mais facilmente com as coisas de nosso cotidiano; mas tem um lado ruim: cria sérios obstáculos à compreensão das mudanças que estão hoje ocorrendo no mundo, porque não dá conta das inter-relações que as caracterizam. Que tem a ver, por exemplo, a crescente exigência dos consumidores quanto à qualidade de produtos e serviços oferecidos e a crescente consciência política dos empregados quanto a seus deveres e direitos? Que têm ambos a ver com a autocracia que cai do pódio que tanto tempo a sustentou? Que tem a ver a crescente participação feminina no mercado de trabalho com a vida em família e as formas de gestão? Que tem a ver o envelhecimento observado nas populações de todo o mundo com hábitos de compra, requisitos do consumidor, decisão de serviços? Que tem a ver as mudanças em estilo de vida com as decisões empresariais?

É aí que vale a pena a gente dar uma olhadinha no que diz a Física Quântica* e outras áreas do saber, porque elas nos apontam um novo paradigma que se caracteriza por:

- ênfase ao holismo que, diferentemente da visão reducionista, propõe que as partes de um fenômeno (por exemplo, uma tomada de decisão sobre determinada compra de equipamento) sejam tratadas segundo seus mútuos relacionamentos (por exemplo, custos, necessidades do consumidor, inovação, resultado financeiros, vendas, poluição) e o relacionamento com o todo (a empresa inteira);
- visão do homem segundo uma perspectiva integrada, que não aceita dicotomias, separações do tipo mente separada do corpo ou espírito separado da matéria. O ser humano passa a ser considerado, portanto, como um todo de natureza física, intelectual, emocional, espiritual;

❖ valorização do ser humano que, visto sob uma perspectiva integrada, não pode ser considerado um recurso (recurso humano), mas um gerador de recursos.

> A Física Quântica representa uma mudança paradigmática no campo das ciências, com efeitos em nossa vida pessoal e associada. Ela nos diz que eventos têm tendências a ocorrer, não certezas; que o mundo apresenta possibilidades e que nelas a consciência tem de estar envolvida; que a realidade tem os contornos de quem a observa e que escolhe o que e como observar. Incrível, não?
>
> Se você tiver interesse em aprofundar esse entendimento, sugiro-lhe ver o filme *Quem somos nós?* Ele foi produzido nos Estados Unidos e levado aos cinemas em 2005.

Tente fazer uma síntese em itens do que agora tratamos. Depois, compare com a minha. Vamos ver se temos pontos de convergência.

O surgimento de novos valores pessoais e a emergência de novo paradigma:

- ❑ crescente exigência dos consumidores, crescente consciência política dos empregados, autocracia em baixa;
- ❑ crescente participação feminina, envelhecimento das populações;
- ❑ mudanças em estilos de vida;
- ❑ valorização do ser humano.

E aí? Nossas sínteses coincidiram?

Bem, também percebi as relações do mundo contemporâneo com o ambiente de negócios. E você? Percebeu? Então, para você, que transformações mais relevantes estão ocorrendo nesse ambiente? Liste-as.

____

____

____

____

____

____

____

____

____

2 Características do Ambiente de Negócios

Vou dizer-lhes agora o que eu e Paulo Durval Branco[5] pensamos a esse respeito. Veja se coincide com suas respostas.

Tomando como referência algumas das mudanças que vêm acontecendo em escala global, é possível identificar a teia que tecem no ambiente de negócios em que as empresas atuam. A primeira dessas mudanças diz respeito à emergência de uma sociedade baseada na informação e no conhecimento e que se manifesta na forma de acelerado desenvolvimento tecnológico. A segunda refere-se ao processo de globalização, que viola a noção de mercados domésticos. As fronteiras geográficas, que durante séculos representaram limites para as transações comerciais, já não os representam. Apoiando-se nos avanços da teleinformática, a comercialização de bens e serviços já não enfrenta obstáculos no que se refere a distâncias.

Ao mesmo tempo em que se verifica acirrada competição de base global, contraditoriamente identifica-se no ambiente de negócios nítido movimento de cooperação, parcerias, alianças que configuram novas relações entre países e empresas, empresas e concorrentes, empresas e fornecedores. Muitas vezes, motivados por ameaças comuns (diante de um inimigo comum, juntamos forças, não é verdade?) ou, por necessidade de redução de custos operacionais, as relações tornam pouco nítidas as fronteiras que, tradicionalmente, definiram os limites das empresas.

No que se refere aos clientes, pode-se dizer que hoje expressam elevado nível de exigência em relação à qualidade dos produtos e serviços oferecidos. Essa exigência se deve não só à maior possibilidade de escolhas, como também ao poder crescente dos consumidores de fazerem valer seus direitos. É a questão da cidadania de que tanto se fala. Se, no passado, o mercado consumidor podia ser tratado como massa amorfa, hoje expressa individualidade e espera ser atendido em suas pretensões de forma cada vez mais customizada. É célebre a afirmação de Ford, no passado, de que "*o consumidor poderia escolher a cor do carro que quisesse, contanto que essa cor fosse preta*". Esse

[5] VERGARA, Sylvia Constant; BRANCO, Paulo Durval. Competências gerenciais requeridas em ambiente de mudança. *Anais*... 19º Enanpad, v. 1, nº 9, set. 1995.

tempo mudou. Você me dirá que o consumidor está cada vez mais afastado de pessoas; máquinas fazem a intermediação entre ele e a empresa. É verdade. A Internet e os caixas eletrônicos são um bom exemplo. De qualquer forma, o consumidor quer ser atendido em seus mínimos desejos.

À medida que as empresas passam a desempenhar papel cada vez mais expressivo na sociedade,* aumentam as possibilidades de serem fontes de distúrbios e desequilíbrios no ambiente em que operam. A crescente preocupação com a degradação dos recursos naturais, cada vez mais escassos (veja, por exemplo, o problema da água e do solo), é hoje motivo de mobilização de diferentes grupos sociais e mesmo de empresas, que têm se voltado para negócio e estratégias de sustentabilidade.

Sugiro-lhe a leitura dos seguintes livros de Peter Drucker:

1. *As novas realidades*: no governo e na política, na economia e nas empresas, na sociedade e na visão de mundo. São Paulo: Pioneira, 1989.
2. *Administrando em tempo de grandes mudanças*. São Paulo: Pioneira, 1995.

Também sugiro-lhe a leitura do seguinte livro de Omar Aktouf:

A *administração entre a tradição e a renovação*. São Paulo: Atlas, 1996.

Vamos fazer um esforço de síntese e relacionar as principais características do ambiente de negócios na contemporaneidade? Faça seu resumo e depois compare-o com o meu.

____

____

____

____

____

____

____

Veja o meu resumo:

- ❑ fluxo intenso de informações;
- ❑ acelerado desenvolvimento tecnológico;
- ❑ ampliação das fronteiras geográficas;
- ❑ acirrada competição de base global;
- ❑ movimentos de cooperação, parcerias, alianças;
- ❑ elevação da consciência de cidadania do consumidor;
- ❑ customização;
- ❑ degradação de recursos naturais.

Coincidiu meu resumo com o seu?

Bem, se tomadas em conjunto, as características atuais do ambiente de negócios têm em comum a ocorrência de mudanças cada vez mais difundidas, persistentes e velozes. Tais mudanças dão origem a incertezas e ambiguidades que a todo instante desafiam a capacidade de adaptação das empresas.

3 Impactos nas Empresas

Considerando-se que as empresas não são entidades isoladas, mas, ao contrário, estão em interação dinâmica com o ambiente em que se encontram, cabe investigar as mudanças pelas quais elas vêm passando como decorrência do ambiente de negócios em que atuam. Você pode mencionar algumas?

____

____

____

____

____

Veja se o que você citou coincide com o que digo aqui. Para efeito de ordenação das ideias, Paulo Durval Branco e eu[6] dividimos as mudanças em três áreas:

- tecnológica;
- humana;
- organizacional.

Essa divisão não pretende negligenciar o caráter de interdependência que existe entre essas áreas; assim, ela cumpre, apenas, uma função didática. Veja se você consegue associar situações cotidianas a cada uma das áreas.

Associou? Eu também. Vamos ver se nossas associações coincidem?

3.1 Mudanças tecnológicas

A tecnologia, com seu poder computacional, avanços em inteligência artificial e formação de redes mundiais cada vez mais amplas, impacta profundamente o ambiente de negócios; expressa-se nas formas de organização do trabalho, nos fluxos de tarefas e na exigência de novas habilidades por parte dos empregados. Ao mesmo tempo em que requer habilidades diferenciadas, a tecnologia muitas vezes se faz presente na forma de equipamentos e de processos que dispensam a presença do trabalhador para a execução da tarefa, conforme pode ser observado em inúmeros casos de automação e de informatização.

Se considerada separadamente, a tecnologia da informação, que conta como aliados os avanços da microeletrônica e das telecomunicações, promove enorme impacto no fluxo e tratamento das informações. Apesar de não garantir melhor desempenho quanto à comunicação, que continua a ser o maior problema de todas as empresas, bem como quanto à tomada de decisão, que envolve aspectos técnicos, políticos, organizacionais e psicológicos, a tecnologia da informação torna possível melhorias substanciais e rapidez no fluxo das informações.

[6] VERGARA, Sylvia Constant; BRANCO, Paulo Durval. Competências gerenciais requeridas em ambiente de mudança. *Anais*... 19º Enanpad, v. 1, nº 9, set. 1995.

Por outro lado, a tecnologia traz a oportunidade do que se convencionou chamar organização virtual ou teletrabalho. Pessoas podem ter sua *home office*,* ligando-se às empresas por meios eletrônicos. Sem dúvida, isso muda as relações de trabalho e conceitos tão caros à administração como, por exemplo, o de controle e o de subordinação. Empresas precisam, então, aprender a trabalhar com parceiros e a controlar, não mais pessoas e seu tempo, mas resultados.

Outro dia, contaram-me um caso hilariante, mas, ao mesmo tempo, preocupante.

Um homem instalou seu escritório nas dependências de empregada de seu apartamento. Munido de toda a parafernália tecnológica, lá estava "*linkado*" a sua empresa.

Como tinha um filho de 3 anos que, provavelmente, não o deixaria trabalhar, todos os dias saía pela porta da frente, despedia-se do menino (*Papai vai trabalhar*) e tornava a entrar pela porta dos fundos, alcançando as dependências de empregada, isoladas do restante do apartamento por uma porta bem fechada.

O lado engraçado é que, em verdade, ele não saía de seu apartamento, embora fizesse crer ao menino que saía. Sua saída era virtual, não somente seu escritório. O lado preocupante é como ficará a cabeça dessa criança quando descobrir que seu pai a enganava. É verdade que ele ia trabalhar, mas em casa mesmo.

Mas há quem considere que misturar vida doméstica e vida profissional não dá certo. Então, ao invés do espaço de casa, pessoas que nem se conhecem utilizam *hubs*, um galpão no qual elas se juntam munidas de seus instrumentos tecnológicos.

Além das novas formas de trabalho, as mudanças de natureza tecnológica viabilizam novos tipos de produtos e serviços, os quais passam a ter em comum elevado grau de diferenciação. Nos casos em que a tecnologia deixa de ser considerada um diferencial, a ênfase desloca-se para os serviços agregados. Veja que mesmo os bens tangíveis passam a ser vistos como um pacote de serviços, de cuja quantidade e qualidade dependem a conquista e a manutenção dos clientes.

Se as mudanças de ordem tecnológica que se verificam nas empresas revelam-se nas novas formas de trabalho, no fluxo e no tratamento das informações, na individualização de produtos e na ênfase em serviços adicionais, o que pode ser atribuído à dimensão humana? Arrisque alguma coisa.

____

____

____

____

____

____

____

Bem, eu também arrisquei. Vamos ver se temos pontos em comum?

3.2 A dimensão humana das mudanças

Referindo-se a uma mudança no tipo de perguntas que lhe fazem nos seminários que realiza, Peter Drucker,[7] nosso velho conhecido, que em 1977 mencionava que há 15 ou 20 anos as pessoas costumavam perguntar-lhe: "*Como posso preparar-me para a próxima promoção?*" Agora, elas indagam: "*O que eu preciso aprender que possa ajudar-me onde quer que eu venha a trabalhar?*"

Por trás dessa mudança na natureza das perguntas mencionadas por Drucker, é possível identificar o caráter de não permanência que está marcando as relações empregador-empregado. Se, antes, essas relações giravam em torno de um pacto psicológico no qual, de um lado, oferecia-se um bom salário, benefícios e garantias de emprego e, de outro, lealdade, assiduidade e pontualidade, hoje elas são bem diferentes. Essa é a ferida aberta pela reengenharia e todas as possibilidades tecnológicas! Bem, você me dirá: *há empresas que ainda cultivam a permanência do empregado*. É verdade. Opostos sempre existem, não é verdade?

Por outro lado, nas atuais relações de trabalho, o paternalismo dá lugar ao compartilhamento de responsabilidades; espera-se que as empresas ofereçam oportunidades para o desenvolvimento de seus empregados e parceiros e que estes cuidem de suas próprias carreiras e comprometam-se com resultados. A esse novo pacto podem ser somadas as expectativas provenientes de valores emergentes da sociedade, como, por exemplo, o desejo de maior participação e a busca de autorrealização.

Outro aspecto das mudanças de natureza humana diz respeito à ética, que passa a ser exigida no ambiente de negócios e no interior de cada empresa. Veja que, nas relações que se vêm estabelecendo entre fornecedores e concorrentes, confiança e ética são pilares fundamentais. Não é diferente dentro da empresa. As crescentes demandas por parte da sociedade por decisões e ações empresariais responsáveis relacionam-se a posicionamentos éticos no nível individual.

E no que concerne às mudanças organizacionais? Que você pensa a esse respeito?

Veja se o que você pensa alinha-se ao que eu penso.

[7] DRUCKER, Peter. Apud: HARRIST, George. The post-capitalist executive: an interview with Peter Drucker. *Harvard Business Review*, May-June 1993.

3.3 Mudanças organizacionais

Têm surgido novas estruturas organizacionais que tornam bem mais frágil a tradicional pirâmide hierárquica e, dessa forma, reduzem as barreiras que separam a empresa de seu ambiente, bem como aquelas que separam suas áreas internas. Ganham destaque a redução dos níveis hierárquicos pela horizontalização das estruturas e as estruturas em rede.

Verifica-se ênfase crescente em equipes multifuncionais com bastante grau de autonomia, aquilo que se convencionou chamar de equipes autogerenciadas, bem como em levar a decisão cada vez mais para perto do cliente. Exercita-se a capacitação das pessoas dentro das empresas, bem como o compartilhamento de poder. O conceito de delegação amplia-se.

Espera-se que visão e ação estratégica que, praticamente, sempre estiveram restritas à alta direção, façam hoje parte do cotidiano de todas as pessoas na empresa, à medida que se orientem para resultados pretendidos e para tarefas que adicionem valor ao que é produzido.

Outro dia, fui ao supermercado à procura de passas. Não as encontrei. Um funcionário estava junto às gôndolas e, então, perguntei-lhe:

– *Você sabe onde estão as passas?*

– *Naquela parte lá, senhora* – respondeu, apontando para determinado lugar.

– *Não, não está lá. Já procurei* – retruquei.

– *Bem, a senhora tem de ter suas passas. O cliente tem de ficar satisfeito. Olha, o gerente está lá daquele lado. Vamos perguntar a ele.*

Caminhamos ambos na direção do gerente. O funcionário, então, lhe disse:

– *Essa senhora está querendo passas. Você sabe onde ela as pode encontrar?*

Respondeu o gerente com pouco caso, sem nem mesmo olhar para nós:

– *Não sei, não.*

É fácil a gente concluir que o funcionário tinha visão estratégica. Ele sabia, de algum modo, que as empresas precisam dos clientes, sob pena de morrerem. No entanto, seu gerente não a tinha.

Um amigo meu contou-me outro caso. Foi visitar uma empresa. Para entrar, tinha necessariamente de passar por um jardim. Era lindo. Viu o jardineiro, abaixado, cuidando das plantas. Não resistiu a fazer-lhe um elogio.

– *É você quem cuida do jardim? Parabéns! Ele está lindo!*

Respondeu todo feliz o jardineiro:

– *Ah! Obrigado, é que eu sou um homem de marketing.*

– *De marketing?* – Surpreendeu-se o meu amigo.

– *É. Por onde as pessoas passam primeiro? Qual é o cartão de visitas da empresa? Então, eu sou um homem de marketing.*

Sem dúvida. Ele era.

Bem, outro ponto que merece nossa reflexão é que, como resultado das mudanças no mundo, as empresas se veem às voltas com a necessidade de se orientarem para o mercado global. Atuem ou não fora das fronteiras geográficas de seus países, estados ou cidades, as empresas são afetadas pela globalização da economia. De qualquer maneira, elas estão sujeitas aos movimentos de competidores estrangeiros.

Em um ambiente no qual a administração da mudança inclui a necessidade de administrar surpresas, as empresas, frequentemente, se veem diante da necessidade de aprender com seus próprios erros. Essa capacidade de aprender continuamente tem identificado muitas empresas com o que se convencionou chamar de *learning organization*, organizações de aprendizagem.*

☆

A expressão foi cunhada por Chris Argyris, na década de 70. Depois disso, a literatura tornou-se vastíssima, explodindo a partir dos anos 90, com a popularização do termo por Peter Senge.

Para Senge,[8] organizações de aprendizagem são aquelas nas quais as pessoas ampliam, continuamente, sua capacidade de criar os resultados que desejam, nas quais a aspiração coletiva é libertada e nas quais as pessoas aprendem, permanentemente, a aprender em grupo.

Senge elenca cinco disciplinas: maestria pessoal, modelos mentais, visão compartilhada, aprendizado em equipe e pensamento sistêmico.

Maestria pessoal significa ampliar nossa capacidade pessoal. É nos tornarmos um craque. Como Pelé, por exemplo. Modelos mentais são nossos quadros internos do mundo, são as formas pelas quais o vemos. Visão compartilhada é a visão comum, coletiva, da empresa que se quer criar; dá foco e coerência às diferentes atividades. Aprendizado em equipe consiste em desenvolver inteligência e capacidade maiores do que a soma dos talentos individuais. Pensamento sistêmico está referido à capacidade de estabelecer relações.

Vamos ver se você captou conceitualmente o que é organização de aprendizagem. Faça o exercício proposto, que construí com base no livro de Senge. Você estará candidatando-se a um grande prêmio: dar a volta ao mundo em um belíssimo iate. Vamos lá? Ah! Cuidado, há cascas de banana. Não escorregue!

---

[8] SENGE, Peter. *A quinta disciplina*. São Paulo: Best Seller, 1990.

Que são organizações de aprendizagem?

Você tem, a seguir, uma lista de características organizacionais. Algumas delas referem-se a organizações tradicionais (*T*); outras, a organizações de aprendizagem (*A*). Ao lado de cada característica escreva a letra *T* ou a letra *A*. Seu registro revelará sua percepção quanto ao que seja uma organização de aprendizagem.

1. ( ) Valores e objetivos são definidos pela cúpula organizacional. Eles podem ser alcançados por obediência dos membros da organização.
2. ( ) Requer prática do diálogo, da discussão e do equilíbrio entre diálogo e discussão. Diálogo é a exploração livre e criativa de questões complexas. Discussão é a apresentação e a defesa de opiniões diferentes.
3. ( ) Usa o raciocínio sistêmico, aquele que apreende toda a realidade, cujas partes são articuladas.
4. ( ) Usa o tempo em ações, reflexões, ações, reflexões.
5. ( ) Opta pela centralização. A cúpula raciocina e pensa; os demais agem. Raciocínio é processo. Pensamento é resultado do processo. Ação é pensamento na prática.
6. ( ) Estimula, basicamente, a aprendizagem individual.
7. ( ) Estimula atividades defensivas, expressas em equipes de "superfície calma" ou, então, polarizadas. Equipes de superfície calma são aquelas nas quais os membros acham que devem reprimir suas opiniões conflitantes, a fim de manter o grupo unido. Equipes polarizadas são aquelas em que os chefes falam, emitindo opiniões profundamente enraizadas.
8. ( ) Valores e objetivos são compartilhados. Ao compartilhamento chega-se por engajamento. Engajamento é energia, paixão, empolgação, fé.
9. ( ) Produz certezas advindas de modelos simplificadores da realidade.
10. ( ) Acredita e investe na impessoalidade das relações.
11. ( ) Vê nos erros cometidos oportunidades de crescimento.
12. ( ) Investe em procedimentos administrativos que controlam o comportamento das pessoas.
13. ( ) Enfatiza o medo e o autoritarismo.
14. ( ) Provoca tensão criativa.
15. ( ) Usa todo o tempo em atividades.
16. ( ) Cúpula e demais raciocinam, pensam, agem.
17. ( ) Pensa a organização em partes, fragmentadamente.
18. ( ) Usa franqueza participativa e reflexiva. Franqueza participativa consiste em expressarmos nossas opiniões. Franqueza reflexiva consiste em olharmos para dentro de nós mesmos.
19. ( ) Percebe a complexidade das interações.
20. ( ) Provoca tensão desgastante.
21. ( ) Integra razão e intuição.
22. ( ) Entende conflito como sendo uma ideia diferente.
23. ( ) Baseia-se, unicamente, no passado.
24. ( ) Investe na melhoria da qualidade do raciocínio, na capacidade de reflexão, nas descobertas grupais e na análise conjunta de problemas complexos.

Agora, vamos às respostas. Confronte-as com suas respostas:

Organização tradicional: 01, 05, 06, 07, 09, 10, 12, 13, 15, 17, 20, 23.

Organização de aprendizagem: 02, 03, 04, 08, 11, 14, 16, 18, 19, 21, 22, 24.

E aí? Você vai passear de iate, ou tudo o que você conseguiu é ir de barca do Rio a Niterói?

Agora que você já sabe as características de uma organização de aprendizagem, pare e reflita: até que ponto a empresa onde você trabalha aproxima-se do conceito de *learning organization?* Observe, no entanto, que ao definir "organizações tradicionais" e "organizações de aprendizagem", estou falando de extremos, de tipos puros. Na vida, as organizações têm características de uma e de outra, embora certas características prevaleçam e permitam definir a organização como sendo tradicional ou de aprendizagem.

Bem, não há dúvida de que a busca de adaptação por parte das empresas manifesta inúmeras relações com o que se passa no ambiente em que atuam, o que atesta a pertinência de abordá-las sistemicamente, e não como entidades imunes ao que se passa no contexto mais amplo.

Você seria capaz de fazer um quadrinho, relacionando as características no ambiente de negócios com as mudanças requeridas nas empresas? Tente.

Agora, compare meu quadro com o seu. Veja se coincidem.

Características no ambiente de negócios	Mudanças nas empresas
• acelerado desenvolvimento tecnológico • impacto significativo da tecnologia da informação	• novas formas de trabalho • grande diferenciação de produtos e serviços • ênfase em serviços adicionais • mudanças no fluxo e tratamento das informações
• competição em mercado globalizado • novas relações com fornecedores e concorrentes	• orientação para um mercado global, independente de atuar ou não fora de seu país • relevância da ética • parcerias, alianças
• elevado nível de exigência dos clientes	• visão e ação estratégica de todos os membros, com orientação para resultados
• pressões da sociedade em geral	• exercício da responsabilidade social
• mudanças difundidas, persistentes e velozes	• novas relações entre empregador e empregado • busca de participação e autonomia por parte dos empregados • estruturas organizacionais flexíveis • ênfase em equipes multifuncionais e autogerenciadas • orientação para o aprendizado organizacional

O que aqui apresentei coincide com a resposta que você deu? Há pontos de divergência? Há acréscimos?

Resgatando o que vimos até agora, num esforço de síntese podemos dizer que vivemos uma era sem precedentes na história da humanidade, em termos de mudanças profundas e velozes nos campos político, econômico, tecnológico, social e dos valores pessoais. Eles, basicamente, dizem respeito a:

- ❑ desnudamento dos paradoxos;
- ❑ alta complexidade, velocidade e quantidade das informações, migração de ideias;
- ❑ alta competitividade;
- ❑ interdependência dos fenômenos;
- ❑ economia sem fronteiras, globalização, fragmentação, regionalismos, postulações tribais;
- ❑ alta competição, parcerias, alianças;
- ❑ alguns recursos naturais cada vez mais escassos, crescente consciência ecológica, consumismo;
- ❑ elevado desenvolvimento tecnológico, baixo desenvolvimento interpessoal;
- ❑ isolamento físico, aproximação tecnológica;
- ❑ desemprego, oferta de emprego para pessoas detentoras de certas habilidades e informações;

- crescente exigência dos consumidores, crescente consciência política dos empregados, autocracia em baixa;
- crescente participação feminina;
- envelhecimento das populações;
- mudanças de estilos de vida.

As características apontadas configuram uma teia de relacionamentos dialeticamente cooperativos e conflitivos. Você concorda com a afirmação? Concorda também que toda a dinamicidade do mundo contemporâneo traz para as empresas novas necessidades no que se refere às formas de organização do trabalho, novas necessidades de aprendizagem para lidar com a complexidade desse mundo que nos impacta, bem como traz alto grau de incerteza? Como lidar com ela?

A formação de nosso modo de pensar foi fragmentada, cartesiana* e crente no alcance de certezas. Como mudar?

O termo *cartesiano* vem de René Descartes, filósofo, físico e matemático do final do século XVI e início do século XVII, que introduziu nas ciências um modo de pensar segundo o qual, a partir da dúvida que se tenha sobre algo, é preciso buscar evidências para comprovação ou refutação, o que deve ser levado a efeito por meio da análise, da síntese e da verificação. Do ponto de vista filosófico, Descartes argumenta que o corpo é separado da mente e que o primeiro é material, enquanto a segunda é espiritual. Graças ao método cartesiano, sem dúvida, foi possível o avanço considerável das ciências e das tecnologias. Contudo, graças também à análise que o método enfatiza (analisar é dividir, decompor, segmentar), bem como à separação mente/corpo, defendida por Descartes e sublinhada por seus seguidores (seguidores acabam sendo mais realistas do que o próprio rei), temos hoje a visão fragmentada do mundo e de nós mesmos, que tanta crítica e insatisfação vem provocando nos dias que correm, e que tanta busca de reversão vem instigando, gerando um movimento que Marilyn Ferguson denominou *A conspiração aquariana*.

A certeza buscada por Descartes e tantos outros eminentes filósofos, físicos, matemáticos, desmancha-se aos nossos olhos. Que fazer? No caso que aqui focalizamos – a gestão de pessoas –, quais competências se apresentam como necessárias?

4 Competências Requeridas do Gestor

É interessante observar que admitimos a necessidade de adaptação das empresas, em resposta às mudanças no ambiente de negócios; no entanto,

[9] FERGUSON, Marilyn. *A conspiração aquariana*. Rio de Janeiro: Record, 1980.

nem sempre reconhecemos a necessidade de novas qualificações profissionais. É como se empresas flexíveis, adaptáveis às mudanças, socialmente responsáveis e comprometidas com a aprendizagem, pudessem prescindir, abrir mão de pessoas com idênticas características. Paulo Durval Branco, meu amigo, sempre chama a atenção sobre isso.

Ao discutir os reflexos da atuação das empresas em um mercado global sobre o processo de desenvolvimento de gerentes, Rhinesmith[10] propõe um ciclo de aprendizado de competência global, no qual relaciona:

- mentalidade;
- característica pessoal;
- competência.

Que você entende a respeito de cada um desses elementos? Dê sua opinião. Depois, confronte com a conceituação de Rhinesmith.

____

____

____

____

____

____

____

____

____

____

Para Rhinesmith, pessoas de **mentalidade** global são as que investem na imagem mais ampla; aceitam a vida como um equilíbrio de forças contraditórias que devem ser apreciadas, ponderadas e geridas; confiam no processo, a fim de lidar com o inesperado, em vez de confiarem na estrutura; dão valor à diversidade e ao trabalho em equipes multiculturais como o *forum* básico dentro do qual realizam objetivos pessoais e organizacionais; veem a mudança como oportunidades; sentem-se à vontade com surpresas e ambiguidades; buscam continuamente estar abertas a si mesmas e aos demais; repensam limites e encontram novos significados, mudando sua direção e conduta.

Associadas às mentalidades, Rhinesmith lista seis **características pessoais**. São elas: conhecimento, conceituação, flexibilidade, sensibilidade, julgamento, reflexão. Vejamos cada uma.

- conhecimento – precisa ser amplo e profundo, cobrindo aspectos técnicos e do negócio e contribuindo para gerir adequadamente o processo competitivo.

[10] RHINESMITH, Stephen. *Guia gerencial para a globalização*. Rio de Janeiro: Berkeley, 1993.

- conceituação – diz respeito ao pensamento abstrato, à capacidade conceitual necessária para lidar com a complexidade das organizações atuais. Para tanto, gestores devem ser, simultaneamente, especializados e holísticos em sua maneira de pensar, o que implica conciliar análise e síntese.
- flexibilidade – refere-se à adaptabilidade necessária para lidar com as mudanças rápidas do ambiente, o que permitirá ser capaz de lidar com processos, em vez de regras e procedimentos.
- sensibilidade – é necessária para lidar com as diferenças individuais presentes nas equipes. Para isso, é importante não só estar integrado e emocionalmente estável, como também aberto para outros pontos de vista e predisposto a questionar suposições, valores e convicções.
- julgamento – está associado à qualidade de lidar com a incerteza, cada vez mais presente nas decisões gerenciais.
- reflexão – oferece a perspectiva necessária para lidar com as exigências de um aprendizado contínuo.

Após relacionar mentalidades e características pessoais, Rhinesmith argumenta que elas representam o lado ser da gestão, enquanto as competências referem-se ao lado *fazer*. Para o autor, **competência** é "*uma capacidade específica de executar a ação em um nível de habilidade que seja suficiente para alcançar o efeito desejado*".

Uma competência é desenvolvida pelo fluxo constante entre mentalidade, prática e tarefa; portanto, mentalidade não é competência. Na verdade, uma competência só se estabelece quando a mentalidade é transformada em comportamento. Da mesma forma, característica não é competência. Uma pessoa pode ser sensível para lidar com diferenças individuais e, no entanto, não aplicar essa sensibilidade no trabalho em equipe. A sensibilidade transforma-se em competência gerencial quando o gestor a usa para conhecer a si e aos outros, bem como para criar, desenvolver e manter equipes de trabalho.

As competências elencadas por Rhinesmith são:

- gestão da competitividade;
- gestão da complexidade;
- gestão da adaptabilidade;
- gestão de equipes;
- gestão da incerteza;
- gestão do aprendizado.

Vamos ver cada uma delas?

Gestão da competitividade refere-se à capacidade de coletar informações em uma base global e utilizá-las.

Gestão da complexidade diz respeito ao que outro teórico – Senge – chamou de pensamento sistêmico. Trata-se da capacidade de lidar com muitos interesses concorrentes, contradições, conflitos.

Gestão da adaptabilidade está relacionada à flexibilidade e à disposição para a mudança.

Gestão de equipes diz respeito à capacidade para lidar com múltiplas habilidades funcionais, níveis diferenciados de experiências e múltiplas origens culturais.

Gestão da incerteza refere-se à capacidade de lidar com as mudanças contínuas, pelo equilíbrio adequado entre fluxo e controle. Para não desfrutarem da sensação de impotência e frustração, é melhor que os gestores se preparem para a mudança, e não contra a mudança.

Gestão do aprendizado relaciona-se à capacidade de aprender sobre si mesmo, assim como de facilitar o aprendizado dos outros.

A diversidade de competências mencionadas por Rhinesmith chama a atenção para a necessidade de que seja revisto o modelo proposto por R. L. Katz.[11]

Largamente utilizado pelas empresas até hoje, o modelo de Katz argumenta que existem três habilidades no interior das empresas: técnicas, humanas e conceituais. Tais habilidades variariam à medida que se caminhasse entre os níveis de supervisão, intermediário e de alta direção. Ao passar dos níveis inferiores da hierarquia organizacional para os níveis superiores, aumentaria a necessidade das habilidades conceituais, em detrimento das técnicas. Ocorre que as empresas mudaram e as estruturas hierárquicas que davam sentido a esse raciocínio estão esfacelando-se. Diante da complexidade do contexto em que os gestores têm que atuar, ficam cada vez mais tênues, mais fracas, as distinções entre os momentos e os espaços em que as diversas competências se fazem necessárias. Se a visão sistêmica e a orientação estratégica, por exemplo, são competências hoje requeridas de todos os membros da empresa, a adoção do modelo de Katz pode comprometer os esforços da gestão de pessoas para um mundo tão diferente da época na qual ele foi proposto. É como se andássemos de carroça numa via expressa.

Bem, vamos sintetizar o que vimos a respeito de competências requeridas do gestor?

Utilizei as ideias de Rhinesmith,* o qual argumenta que um ciclo de aprendizagem global inclui: mentalidade, característica pessoal e competência. Apresentei a definição de cada um desses elementos, procurando evidenciar suas diferenças. Também apresentei o que o autor considera como competência, ou seja, a gestão da competitividade, da complexidade, da adaptabilidade, de equipes, da incerteza e do aprendizado. Finalmente, fiz a crítica ao modelo de Katz, ainda utilizado pelas empresas.

Além do livro de Stephen H. Rhinesmith, sugiro-lhe a leitura do livro de Gareth Morgan que trata de competências:

Riding the waves of change: developing managerial competences for a turbulent World. San Francisco: Jossey-Bass, 1988.

Também sugiro ler: *Objetivo*: competência, de Philippe Zarifian, editado em São Paulo, pela Atlas, em 2001, e *Estratégias empresariais e formação de competências*, de Afonso e Maria Tereza Fleury, também editado pela Atlas em 2001.

11 KATZ, R. L. Skills of an effective administrator. *Harvard Business Review*, Sept./Oct. 1974.

Este capítulo tratou das **Características do mundo contemporâneo e a teia que tecem**. Abordou os seguintes aspectos:

1. Complexidade do mundo contemporâneo
    1.1 A Era da Informação e o processo de globalização
    1.2 As forças e fraquezas do modelo de desenvolvimento
    1.3 O surgimento de novos valores pessoais e a emergência de um novo paradigma
2. Características do ambiente de negócios
3. Impactos nas empresas
    3.1 Mudanças tecnológicas
    3.2 Na dimensão humana
    3.3 Mudanças organizacionais
4. Competências requeridas do gestor

Com esse conteúdo, pretendi que você alcançasse os seguintes objetivos:

- identificar a complexidade do mundo contemporâneo;
- perceber as características do ambiente de negócios nesse mundo;
- identificar os impactos nas empresas;
- levantar as competências requeridas do gestor.

Você alcançou?

O capítulo teve uma finalidade: pretendi que oferecesse um contexto do qual pudesse pinçar cinco temas relevantes à gestão de pessoas. São eles:

- processos motivacionais;
- liderança requerida nesses novos tempos;
- mentoria;
- poder nas organizações;
- trabalho em equipe.

Os temas virão nos capítulos a seguir. Começaremos com **Processos motivacionais**.

2

Processos Motivacionais

Neste capítulo, espero que você alcance os seguintes objetivos específicos, todos atrelados aos objetivos gerais do livro e aos objetivos específicos do Capítulo 1:

- estabelecer a diferença entre motivação e estímulo;
- relacionar motivação, frustração e mecanismos de defesa;
- identificar as forças energéticas que nos impulsionam à ação;
- estabelecer a relação entre motivação e funções psíquicas;
- reconhecer o significado do trabalho como fator motivacional;
- reconhecer que, porque as pessoas são diferentes, seus motivos também o são;
- identificar o que se pode fazer para provocar a motivação nas pessoas em um mundo de tantas mudanças.

Componho o capítulo em sete itens, a saber:

1. Que é motivação?
2. Motivação, frustração e mecanismos de defesa.
3. As forças energéticas.
4. Motivação e funções psíquicas.
5. O significado do trabalho como fator motivacional.
6. O autoconhecimento e o autodesenvolvimento.
7. Provocando a motivação nas pessoas.

1 Que é Motivação?

A expressão *processos motivacionais*, que dá título a este capítulo, já nos remete à ideia de que motivação não é um produto acabado; antes, um processo que se configura a cada momento, no fluxo permanente da vida. Tem caráter de continuidade, o que significa dizer que sempre teremos à nossa frente algo a motivar-nos. Mas o que é motivação? Arrisque uma resposta. Formule sua definição e, depois, compare-a com a minha.

Veja se sua resposta coincide com a minha. Se sua definição foi no sentido de explicitar que motivação é uma força, uma energia que nos impulsiona na direção de alguma coisa, estamos de acordo. Se você ainda acrescentou que ela nos é, absolutamente, intrínseca, isto é, está dentro de nós, nasce de nossas necessidades interiores, sua formulação foi mais completa.

Porque a motivação é intrínseca, quando autores de determinados *best-sellers* falam em automotivação, estão cometendo um pleonasmo, uma redundância, um equívoco. A palavrinha *auto* está sobrando. Porque a motivação é intrínseca, também não podemos dizer que motivamos os outros a isso ou aquilo. Ninguém motiva ninguém. Nós é que nos motivamos, ou não. Tudo o que os de fora podem fazer é estimular, incentivar, provocar nossa motivação. Dito de outra maneira, a diferença entre motivação e estímulo é que a primeira está dentro de nós e o segundo, fora. É ilustrativo o caso de Romário e de Marcelinho Carioca. Em 2003, ambos receberam propostas milionárias de times do Qatar (Al Saad e Al Ettehad, respectivamente) para ficarem por lá alguns meses. Romário aceitou e foi; Marcelinho não aceitou e ficou no Brasil. Embora admita-se a existência de estímulos secundários (fama, poder, por exemplo), um é evidente: dinheiro. Um jogador sentiu-se motivado a ir para o Qatar com esse estímulo; o outro, não.

É comum gerentes não entenderem por que determinada pessoa não se sente motivada para fazer alguma coisa quando ele, gerente, se sente. É... queremos que todos sejam à nossa imagem e semelhança. Que pena!

Uma vez, ao dar um curso para altos executivos de certa empresa, ouvi deles que não podiam compreender por que os peões "não vestiam a camisa da empresa", porque faltavam tanto ao trabalho, porque bebiam e por aí afora. Os executivos ganhavam bons salários, tinham secretárias, não marcavam o cartão no relógio de ponto; se precisavam ir ao médico, à escola dos filhos ou à academia de ginástica, abriam espaços em suas agendas de trabalho sem ter que dar satisfação a quem quer que fosse e outras situações. Os peões ganhariam aquele salário também no boteco da esquina, não participavam das decisões que os afetavam, não podiam atrasar-se ou faltar sob pena de perder partes do salário e outras situações. Não se está discutindo aqui o motivo da falta do peão (doenças do filho, necessidades da família ou até uma bruta ressaca), nem se o executivo precisa ou não relaxar, porque toma decisões que põem em jogo a sobrevivência da empresa. Não é esse o ponto. O que se enfatiza é que as situações que motivavam os executivos estavam ausentes da vida do peão e vice-versa; logo, a energia, a força que impulsionava os executivos não era a mesma que instigava os peões. Compreender diferenças é exigência que se impõe.

Freud nos daria uma bela lição. Ele nos diria que são nossos conteúdos psicológicos – diferentes de pessoa para pessoa – que nos encaminham em determinada direção, embora tais conteúdos possam servir-se de fatores externos. E ainda: alocamos mais tempo nas atividades para as quais estamos motivados. Você já reparou que pessoas que gostam de ler, por mais ocupadas que sejam, sempre arranjam um tempo para leitura? Entusiastas de ginástica sempre conseguem um tempo para "malhar"? Internautas de carteirinha varam a noite, navegando no espaço cibernético? O caráter de interioridade da motivação nos diz que ela é experimentada por cada pessoa, não sendo, portanto, generalizável.

O tema motivação é, sem dúvida, fascinante. Primeiro, porque mexe com nossas entranhas; segundo, porque as empresas precisam de pessoas motivadas para que o tão propalado binômio produtividade-qualidade aconteça. Assim, desvendar o tema tem sido a preocupação de inúmeros teóricos. A questão básica é: por que algumas pessoas se sentem altamente motivadas para realizar determinadas tarefas que a outras parecem enfadonhas, desinteressantes, ilógicas, malucas, muito certinhas, completamente sem parâmetros ou desprovidas de *glamour*? Por quê? – pergunto eu a você.

____

____

____

Caso você tenha respondido que isso ocorre porque as pessoas têm valores diferentes, necessidades diferentes, interesses diferentes, organização familiar diferente, *background* cultural diferente, formação profissional diferente, enfim, uma história de vida diferente que condiciona suas motivações, você está no caminho adequado.

Lidar com essas diferenças é a arte e a magia do gestor. O primeiro passo é ter sensibilidade para compreender e aceitar as diferenças. Provavelmente, então, sua tarefa se tornará mais fácil, mais leve.

Da literatura sobre motivação, que é extensa, destaquei aqui, para você, as principais teorias existentes. Se você conhece algumas, faça um esforço para enunciá-las. Se não conhece (o que talvez seja impossível), o jeito é seguir adiante.

____

____

____

Apresento, a seguir, algumas das principais teorias sobre motivação. Depois, discuto a questão da frustração e os mecanismos de defesa que usamos para neutralizá-la. Vamos lá?

2 Motivação, Frustração e Mecanismos de Defesa

Ao mesmo tempo em que vou enunciar para você as principais teorias existentes, peço-lhe que vá estabelecendo a relação com sua experiência de vida, com sua prática cotidiana. Essa ligação ninguém pode fazer por você, porque a experiência pessoal é única, pertence a cada um. De acordo? Então, vamos lá. Vou destacar as seguintes teorias: teoria das necessidades, de Maslow; teoria da motivação/higiene, de Herzberg; teoria das necessidades secundárias, de McClelland; teoria da expectativa, de Vroom; e teoria da equidade, de Adams. Em seguida, apresento considerações de Geertz e de Bergamini. Depois, digo o que tenho aprendido com as teorias.

2.1 Teoria de Maslow

Abraham Maslow, na década de 50 do século passado, desenvolveu uma teoria, tomando como eixo a questão das necessidades humanas. Para ele, tais necessidades estão organizadas hierarquicamente e a busca de satisfazê-las é o que nos motiva a tomar alguma direção. Distingue dois tipos de necessidades: primárias e secundárias. As primeiras formam a base da hierarquia.

Necessidades primárias são as fisiológicas e as de segurança. Necessidades fisiológicas dizem respeito à sobrevivência das pessoas. Exemplo: fome, sede, sono, sexo. São as necessidades mais baixas na hierarquia. As segundas estão relacionadas à necessidade de proteção contra alguma ameaça real ou imaginária. Exemplo: salário, casa própria, seguro-saúde, aposentadoria e até emprego.

Necessidades secundárias são as afetivo-sociais, as de estima e as de autorrealização, estas últimas constituindo o topo da hierarquia. Necessidades afetivo-sociais falam do desejo de amar e de ser amado, de pertencer a um grupo. Necessidades de estima relacionam-se à autoestima, desejo de ser reconhecido, prestígio, *status*. Necessidades de autorrealização dizem respeito à realização de nosso próprio potencial. Exemplo: tarefas desafiadoras.

Para Maslow, à medida que as necessidades mais baixas da hierarquia vão sendo satisfeitas, dão lugar às mais altas. Entretanto, isso não é, digamos, engessado. Para ele, as pessoas podem subir e descer na hierarquia. Por exemplo: se estou com muita fome, nem quero saber de ficar realizando meu potencial.

Estou lembrando-me agora que uma vez, dando um curso para empresários em Fortaleza, um deles, proprietário de uma empresa de conservação, disse-me que a produtividade do pessoal ia mal e que ele resolveu promover um *pic-nic*, com muito futebol. O empresário focou, portanto, as necessidades afetivo-sociais. De nada adiantou. Uma luzinha, no entanto, iluminou-lhe a mente. Descobriu que a carência de produtividade era devida ao fato de que o pessoal sentia fome. Um sopão (sopa, literalmente, com carne, legumes e macarrão) resolveu a questão. A produtividade aumentou.

Lee Iaccoca, um dos executivos mais bem pagos do mundo, diz que o que o motiva a trabalhar é o dinheiro. Será que suas necessidades de segurança ainda não estão satisfeitas? Ah, lembrei-me! Dinheiro pode significar poder. Está explicado.

A teoria de Maslow, ainda tão largamente aceita, tem sofrido críticas. Você pode arrolar algumas?

____

____

____

Certamente, você fez algumas críticas. Possivelmente, em sua relação está incluída aquela segundo a qual a teoria deixa de considerar que as necessidades variam de cultura para cultura e de pessoa para pessoa. Algumas culturas, como a japonesa, por ilustração, colocariam as necessidades afetivo-

-sociais na base da hierarquia. Também é possível que cariocas ponham lá a necessidade de segurança (física). Por outro lado, é plausível que, por exemplo, algumas pessoas tenham fortes sentimentos de insegurança, a despeito de usufruírem de situação financeira que a outros deixaria muito confortáveis. Também é possível que um artista passe horas a fio sem se alimentar, desafiado a completar sua obra.

2.2 Teoria de Herzberg

Frederick Herzberg, na década de 60 do século passado, focalizou a questão da satisfação para formular sua teoria. Segundo ele, existem dois fatores que explicam o comportamento das pessoas no trabalho: os higiênicos e os motivacionais.

Fatores higiênicos localizam-se no ambiente de trabalho. São extrínsecos às pessoas. Nessa categoria estão elencados: salário, benefícios sociais, condições físicas de trabalho, modelo de gestão, relacionamento com os colegas. Os fatores higiênicos, se presentes, deixam de causar insatisfação às pessoas, mas não chegam a causar satisfação. Um bom salário pode não ser garantia de satisfação no trabalho, por exemplo. Se ausentes, os fatores higiênicos causam insatisfação. Faço greve.

Fatores motivacionais são intrínsecos. Dizem respeito aos sentimentos de autorrealização e reconhecimento. Se presentes, causam satisfação. Se ausentes, deixam de causar satisfação, mas não chegam a causar insatisfação.

A teoria de Herzberg também tem sofrido críticas. Quais as que você faz?

____

____

____

Não vá dizer-me que algumas pessoas atribuem seus sentimentos de satisfação a seus próprios talentos e os de insatisfação às "forças ocultas", ao inimigo que está lá fora; logo, satisfação/insatisfação é uma questão de ego. Será? Nesse caso, Herzberg deixou de considerá-lo.

2.3 Teoria de McClelland

David McClelland tomou como eixo novamente a questão das necessidades. Identificou três: poder, afiliação e realização. Ele argumenta que não nascemos com tais necessidades; elas são adquiridas socialmente. Poder refere-se a relações com pessoas, *status*, pretígio, posições de influência. Afiliação diz respeito ao que Maslow chamou de afeto. Realização é concernente à autoestima e à autorrealização.

Você dirá: *é bem parecida com a teoria de Maslow*. É verdade. A diferença é que McClelland não só não as colocou em uma hierarquia, como diz que essas necessidades podem ser aprendidas. Você concorda com ele?

____

É... Eu também concordo.

2.4 Teoria de Vroom

A teoria da expectativa, apresentada na década de 60 do século passado por Victor Vroom, relaciona desempenho com recompensa. A teoria argumenta que você se sente motivado a esforçar-se em fazer alguma coisa, quando acredita que será bem avaliado pelo seu desempenho e que esta avaliação resultará em recompensas que atendem às suas metas pessoais. Se você considera que se varar a noite na frente de um computador seu chefe o elogiará (e isto é o que você quer), então, você vai varar a noite. Se considera que o chefe não dará a menor bola, então, você não fará isso.

2.5 Teoria de Adams

Segundo essa teoria, desenvolvida por J. Stacy Adams na década de 60, as pessoas comparam seu trabalho e os resultados obtidos com os de outras. Elas se sentirão mais ou menos motivadas para o trabalho, à medida que percebam, ou não, a presença da justiça, da igualdade nas relações de trabalho. Favoritismo, por exemplo, seria considerado iníquo, injusto; logo, a pessoa que o percebesse se sentiria desmotivada.

Você acha que essas duas últimas teorias fazem sentido?

Eu acho que fazem sentido.

2.6 O pensamento de Geertz

Cliford Geertz[1] faz diferenciação entre motivação e disposição.

Motivação é, para ele, um vetor, tem uma direção, dura um período de tempo mais ou menos extenso. Disposição não leva a coisa alguma. Surge de certa circunstância, mas não responde a qualquer fim. É como neblina: surge e desaparece.

Sabendo das motivações de uma pessoa, podemos dela esperar certos comportamentos. Eis o exemplo de Geertz, apropriado de G. Ryle:

> *"Sabendo que um homem é vaidoso, ou seja, é motivado pela vaidade, esperamos que ele se comporte de determinada maneira, isto é, que fale muito de si mesmo, que só procure companhias importantes, que rejeite a crítica, que procure aparecer e que se afaste das conversas elogiosas a outrem. Esperamos que ele ponha tons de rosa em seus sonhos acordados de sucesso, que evite lembrar seus fracassos e que planeje seu próprio progresso. (...) Sem dúvida, esperamos também que o homem vaidoso sinta certos temores e angústias em determinadas situações; esperamos que ele se sinta afundar quando uma pessoa importante esquece o seu nome, e que ele se sinta eufórico e vivaz ao saber das desgraças de seus rivais. Entretanto, os sentimentos de ressentimento ou os de euforia não são mais indicativos da vaidade, do que os atos públicos de vangloriar-se ou o ato privado de sonhar acordado."*

Que você acha do pensamento de Geertz? Será a vaidade uma força energética que nos conduz na direção de algo? Adiante, no item 3, veremos isso.

1 GEERTZ, Cliford. *A interpretação das culturas*. Rio de Janeiro: Zahar, 1978.

2.7 O pensamento de Bergamini

Cecília Bergamini[2] afirma que há diferença entre motivação e condicionamento. Explica:

> *"Todo e qualquer estudo mais detalhado deixa flagrante a grande confusão que se tem estabelecido entre o verdadeiro e genuíno sentido do comportamento motivacional, que é de ordem intrínseca, e aquele que se conhece como puro condicionamento, no qual as pessoas, simplesmente, se movimentam dentro das organizações. Essa movimentação é induzida por variáveis extrínsecas, representadas por recompensas ou punições advindas do ambiente que é periférico às pessoas. (...) na realidade tem parecido mais fácil conseguir que as coisas sejam feitas no trabalho pelo movimento e pela manipulação, do que por meio da ação conjunta das pessoas realmente motivadas."*

Bergamini nos provoca, pelo menos, duas reflexões. Você pode mencioná-las?

____

____

____

____

____

____

Veja se sua resposta coincidiu com a minha. Penso que Bergamini provoca, pelo menos, as seguintes reflexões:

- O conceito de disposição de Geertz tem afinidade com o conceito de condicionamento de Bergamini.
- Como conseguir que as pessoas se sintam, realmente, motivadas para o trabalho?

2.8 Aprendendo com as teorias

Tenho aprendido com as teorias mencionadas e com outras que aqui não foram citadas. Elas me provocam reflexão. Vou expô-la para você.

Acredito que, quando as pessoas realizam um trabalho, seja ele qual for – jardinagem, modelo de nave espacial, decisão mercadológica –, colocam nele seu raciocínio, sua emoção, sua capacidade motora, enfim, a pessoa coloca-se no trabalho. Produto e produtor não se separam. Com esse sentido que aqui estou dando, o trabalho pertence à pessoa que nele colocou seu esforço.

[2] BERGAMINI, Cecília. *Revisão crítica dos conceitos tradicionais de motivação e levantamento de um perfil motivacional brasileiro*. 1983. Tese (Doutorado) – Universidade de São Paulo, São Paulo.

Por outro lado, é natural do ser humano gostar de sentir-se importante, de ser reconhecido. Se é assim, ele vai buscar a recompensa por aquele esforço que fez.

Quando o reconhecimento não se dá, dá-se a frustração, o vazio e o ser humano não pode experimentar o vazio. Então, ele vai buscar preenchê-lo. Como? Por meio de **mecanismos de defesa*** que, quase sempre, são inconscientes. Embora no fundo todos tenham um componente psicológico, posso agrupá-los em quatro ordens: psicológicos, sociológicos, químicos e tecnológicos. Você pode discriminar cada uma dessas ordens? Tente, depois compare com o que apresento.

- Mecanismo de defesa foi uma expressão criada por Sigmund Freud, em 1894, "para descrever a luta do ego contra ideias ou afetos dolorosos ou insuportáveis".

Uma análise objetiva e didática de tais mecanismos é feita por Anna Freud, filha de Freud, no livro *O ego e os mecanismos de defesa*, publicado pela editora Civilização Brasileira, no Rio de Janeiro. A 10ª edição é de 1996.

Eis minha discriminação, meu detalhamento, acerca das ordens psicológicas, sociológicas, químicas e tecnológicas dos mecanismos de defesa. Veja se ele coincide com o que você apontou.

Mecanismos de defesa psicológicos são, por exemplo, a racionalização, a fantasia, a projeção, o deslocamento, a sublimação, o isolamento, a compensação, a regressão, a apatia, a generalização, a somatização. Vamos ver o que significa cada um deles?

Racionalização é uma justificativa que se dá para o que se sente ou se faz. Aplica-se sob medida a esse mecanismo a fábula de La Fontaine, *A raposa e as uvas*. A raposa queria comer as uvas que estavam na videira, lá no alto, mas não podia alcançá-las. Então, racionalizou: *Também, eu não queria. Elas estão verdes*. Contam também um caso de alguém que comprou um bilhete da loteca, certo de que iria ganhar. Afinal, até sonhou que estava dirigindo uma Ferrari... Não ganhou. Racionalizou: *Ser rico é chato*.

Fantasia é um devaneio, é a troca do mundo que temos por aquele com o qual sonhamos. Minha fantasia? Um mundo de paz.

Projeção é vermos nos outros coisas que, em verdade, são nossas. Como diria Peter Senge,* "*O inimigo está lá fora*." Por exemplo: uma pessoa tinha um talento incrível para chegar atrasado, esquecer tarefas, fazê-las mal. Foi transferido. Projetou: "*Meu chefe me persegue*."

> Segundo Peter Senge, "*existe em cada um de nós uma propensão a procurar alguém ou alguma coisa para culpar quando as coisas não dão certo*".
>
> Como disse o filósofo existencialista Jean-Paul Sartre, "*o inferno é o outro*".

Deslocamento ocorre quando uma emoção associada a uma ideia que é para nós inaceitável transfere-se para outra, aceitável. Por exemplo: quero matar meu chefe. Não posso. Afinal, dizem que os presídios não são bons lugares para se morar. Que faço? Grito com meu marido, chuto meu cachorro, atiro um prato na parede.

Sublimação ocorre quando a energia é descarregada em ações socialmente aceitáveis. Por exemplo: quero ter filhos, não posso porque não sou casada e tenho os valores de uma época em que não se pensava em reprodutor e produção independente, então, crio gatos. Outro exemplo: um poeta, impossibilitado de obter o amor de sua amada, sublimava nos poemas seus desejos.

Isolamento revela-se no "estar só na multidão". É o caso, por exemplo, daquela pessoa que, nas situações menos propícias a isso, pega um livro e, na leitura, isola-se do mundo que a cerca. Ou daquela que permanece de óculos escuros, ainda por cima sem grau, no interior de uma sala de reuniões. Estará com conjuntivite?

Compensação é um mecanismo que permite cobrir deficiências pelo desenvolvimento de outras capacidades. Outro dia, até me contaram o caso de uma moça que era ruim de redação, mas compensava com a letra bonita que possuía, muito requisitada quando a tarefa era subscrever convites de casamento.

---

[3] SENGE, Peter. *A quinta disciplina*. São Paulo: Best Seller, 1990.

[4] SARTRE, Jean-Paul. *La nausée*. Paris: Gallimard, 1932.

Regressão significa não comportar-se de acordo com a idade que tem. Conheço um gerente que, toda vez que é contrariado, bate o pezinho como uma criança malcriada.

Apatia é não ser contra, nem a favor; muito pelo contrário. Você conhece alguém assim? Sei de um caso de um engenheiro, altamente motivado para realização de projetos de engenharia, a quem o chefe mandou que fizesse um projeto de casas populares num grande canteiro de obras. O engenheiro passou dias e noites debruçado sobre pranchetas e concluiu seu trabalho. Entregou-o ao chefe numa manhã. O chefe olhou-o desdenhosamente, disse: "*Está uma droga!*" e rasgou a planta. Naquele momento, o chefe não rasgou um papel. Rasgou a alma do engenheiro. Resultado? Apatia do engenheiro em relação a outros projetos.

Generalização ocorre quando atribuímos a um grupo maior de pessoas, ou à humanidade, aquelas verdades desagradáveis a nosso ego. O que é particular torna-se universal. Por exemplo: políticos de todo o mundo são falsos; todos os italianos falam demais; o ser humano não presta; todos os homens são iguais.

Somatização refere-se a algum tipo de doença provocada por conteúdos psicológicos. Conheci uma pessoa que, toda vez que era contrariada em seus objetivos, tinha taquicardia. Outra desenvolveu uma tendinite justo no braço direito, com o qual digitava sua tese de doutorado que não via chegar ao fim.

Provavelmente, o homem vaidoso mencionado por Geertz utilizaria um desses mecanismos quando alguma pessoa importante esquecesse seu nome, não é verdade?

Mecanismos de defesa sociológicos dizem respeito a meu estar em sociedade. Sou eu e a torcida do Flamengo. Se me sinto deprimida, vou ao *shopping* e compro uma porção de roupas (com cartão de crédito, é claro). Se o namorado me deixou, vou ao supermercado e compro tudo o que há lá (ainda com cartão de crédito, é claro). Consumismo exacerbado insere-se, pois, como mecanismo de defesa sociológico.

Mecanismos de defesa químicos são concernentes ao uso de fumo, álcool, drogas. Japoneses e alemães, por exemplo, bebem muito após o dia de trabalho.

Mecanismos de defesa tecnológicos são os que se valem da tecnologia. Por exemplo: pessoas que não conseguem sair da frente de um computador, dia e noite, ou deixar de ter na mão um celular. Vivem navegando por oceanos infinitos. Às vezes, têm até de usar coletes salva-vidas.

Faça a conexão com a realidade sua e aquela na qual você está inserido. Cá para nós, você usa alguns desses mecanismos em certas circunstâncias, não usa? Veja bem que eles não são deliberados; são quase sempre inconscientes. Quando intencionais, fazem parte de outra esfera conceitual. Também você já deve ter visto outras pessoas usarem-nos, não é verdade?

Mecanismos de defesa funcionam como fugas. Se os aqui apresentados, e outros de que você se lembrou, vêm preencher o vazio que se dá na pessoa quando ela não tem seu esforço reconhecido, quando tal reconhecimento acontece, o que se dá? Arrisque uma resposta.

Veja se você concorda comigo. Quando o reconhecimento acontece, dá-se o contrário do vazio: a plenitude. Aí, ocorre uma coisa extraordinária: nós somos capazes de liberar potencialidades, talentos, características pessoais, que nem nos dávamos conta de que possuíamos. Você já se aplaudiu algum dia? Um executivo amigo meu já. Teve que falar para uma plateia de cientistas, ficou receoso em princípio, mas foi em frente. O olhar de aprovação da plateia deu-lhe forças, massageou sua autoestima, comunicou-lhe o reconhecimento. Ao terminar a palestra, o executivo teve vontade de aplaudir a si mesmo. Gostoso, não?

De onde vem, então, o reconhecimento? Arrisque uma resposta.

O reconhecimento pode vir do chefe, dos pares, da equipe, do fornecedor, do cliente, do mercado quando aceita novos produtos e serviços ou mantém-se fiel aos já conhecidos, dos amigos, até da humanidade em geral, como no caso dos cientistas. Como se manifesta esse reconhecimento? De novo, arrisque uma resposta.

O reconhecimento manifesta-se por meio de promoção, viagem-prêmio, novo cargo, uma palavra, um gesto, um olhar. Manifesta-se por meio de tantas coisas...

Certa vez, estando numa confecção de roupas de praia, conversei com as costureiras. Se você já viu uma costureira trabalhando, deve ter notado como é pesado seu trabalho. Você olha e nem sabe onde acaba a pessoa e começa a máquina. Costureiras, em geral, sofrem fortes dores lombares. Pois bem, perguntei a uma delas se se sentia motivada para o trabalho. Resposta: "*Sim, você não sabe a alegria que sinto quando vou a Ipanema e vejo os biquínis que eu faço, na vitrine das melhores butiques*." Para ela, de onde vinha o reconhecimento?

Se você respondeu que para ela o reconhecimento vinha da butique, cliente da confecção, que comprava os biquínis, e até do consumidor que os adquiria, estamos de acordo.

Veja também o caso do finlandês Linus Torvalds, que concebeu o Linux, um sistema operacional gratuito que já pode ser visto, por aproximadamente, 30 milhões de usuários, em 7,5 milhões de computadores. Torvalds afirma que não ficou milionário, mas ficou rico. O reconhecimento por ter criado o Linux manifesta-se na admiração dos internautas (http://counter.li.org).

A lição que nos fica é a de que o comportamento das pessoas é o resultado de diferentes motivações. O que motiva uma pessoa pode não motivar outra. E mais: o que nos motiva em determinado momento pode não motivar em outro.

Um exemplo simples que presenciei: um homem estava com a TV ligada para ver o Jornal Nacional. Uma criança da casa, que queria brincar com ele, postou-se na frente da TV. Foi um deus nos acuda! A motivação dele era ter informações; a dela, entreter-se. Outro exemplo: um homem, apreciador das possibilidades tecnológicas, queria instalar um novo programa no computador de sua amiga. Acontece que ela tinha um trabalho a digitar, com prazo marcado; logo, não queria permitir, nem participar da tal instalação. Santo Deus! A motivação dele era a das descobertas; a dela, a do compromisso.

A Revista *Exame*, de 9-9-98, também apresenta um interessante exemplo: o comportamento de duas executivas americanas de sucesso: Rebecca Mark e Elaine St. James.

Rebecca Mark, que atuava no mercado de energia, é conhecida por sua perseverança, destemor, capacidade de realização e feroz ambição, daí a chamarem de *Mark, the shark*.

Elaine St. James, que atuava no mercado imobiliário, está-se tornando cada vez mais conhecida exatamente pelo contrário. Recomenda a simplificação da vida, a diminuição do consumismo, a diminuição de horas de trabalho. Até escreveu um livro a esse respeito.

Como se pode notar, as duas executivas atribuem significados diferentes a suas vidas; logo, suas motivações, suas forças energéticas também são diferentes.

3 As Forças Energéticas

De modo geral, posso dizer que temos forças energéticas de três níveis: biológico, psicológico e espiritual.

Forças energéticas no nível biológico estão referidas ao desejo de alimento, de água, de sexo, de movimento, ou seja, aquilo que Maslow designou como necessidades fisiológicas.

Forças energéticas no nível psicológico são o ciúme, a esperança, a inveja, o orgulho, o sentimento de culpa, o remorso, o desejo de justiça, a vaidade, a generosidade, o senso moral. Algumas dessas forças, como a inveja, por exemplo, destroem a nós mesmos. Junto com o ódio, a inveja é o mais destrutivo dos sentimentos.

Forças energéticas no nível espiritual são a compaixão, a intuição, o amor (universal, não o amor de alguém por alguém, estritamente considerado). *"O maior inferno é a incapacidade de amar"*, dizia Dostoiéwski.

Energias biológicas, psicológicas e espirituais nos encaminham na direção de algo. Veja-se a energia do amor. Ela mobilizou Mahatma Gandhi, Madre Teresa de Calcutá, Irmã Dulce e Nelson Mandela,* todos grandes líderes que atingiram seus objetivos.

Mahatma Gandhi foi o grande líder indiano nascido em 1869 e morto em 1948. Induziu os indianos a lutarem por sua independência da Grã-Bretanha. Entretanto, a luta não foi armada; ao contrário, eximia-se de qualquer violência. Fez greve de fome para chamar a atenção do mundo e participou de negociações com os britânicos. Conseguiu a independência da Índia. Foi assassinado por um brâmane fanático, mas deixou a lição de sua doutrina, fundamentada no valor espiritual e na não violência.

Madre Teresa de Calcutá, da Índia, e Irmã Dulce, do Brasil, notabilizaram-se por suas ações de amparo aos desvalidos. Mulheres frágeis, fisicamente, e tão robustas do ponto de vista moral...

Nelson Mandela era o grande líder africano, nascido na tribo Zulu em 1918. Lutou contra o *apartheid*, regime racista que dava aos brancos a primazia sobre os destinos do negro. Passou 27 anos na prisão. Entrou como militante de um partido negro e incitador da luta armada. Saiu como pacificador. Negociou o fim da segregação racial e, em 1993, dividiu com De Klerk o Prêmio Nobel da Paz. Mandela deixa a lição de que é possível mudar de comportamento se a força energética muda.

Para você, onde são fecundadas muitas de nossas forças energéticas? Depois de responder, veja se sua resposta coincide com a minha.

____

Se você respondeu que muitas de nossas forças energéticas são fecundadas em nossa célula familiar, estamos de acordo. E o que tem isso a ver com nossos comportamentos na empresa? Arrisque uma resposta.

____

____

Concordamos se você respondeu que muitos de nossos comportamentos na empresa têm sua origem em nossas famílias. Laurent Lapierre[5] esclarece:

[5] LAPIERRE, Laurent. Interioridade, gestão e organização da realidade psíquica como fundamento da gestão. In: CHANLAT, Jean-François (Org.). *O indivíduo na organização*. São Paulo: Atlas, 1996. v. 2.

"A hereditariedade biológica tem uma influência que deve ser reconhecida em seu justo valor. (...) Do mesmo modo, a herança sociocultural dos diferentes meios no seio dos quais o sujeito é criado, educado e civilizado tem uma influência inegável sobre o psiquismo. Uma parte desta influência é, entretanto, transmitida pelos vieses das figuras paternas e da família. (...) As figuras dos pais podem ter estado interiorizadas como ativamente benevolentes ou perseguidoras, amantes ou dominadoras, o que leva o sujeito a utilizar mecanismos psicológicos bem conhecidos como a negação, a clivagem, a idealização, a inveja, a dominação onipotente, o desprezo etc. (...) A personalidade é (...) em grande parte animada por estes objetos introjetados."

É possível também que nossa motivação esteja associada a nossas funções psíquicas. Vamos ver o que isso significa?

4 Motivação e Funções Psíquicas

Jung*[6] afirma que temos quatro funções psíquicas básicas, responsáveis pelo modo de conhecer, e das quais outras derivam. São elas: o pensamento, a percepção (sensação), o sentimento e a intuição.

Carl Jung, médico, foi o discípulo mais amado de Sigmund Freud, o pai da Psicanálise. Freud achava mesmo que Jung seria seu continuador. No entanto, houve um momento em que suas vidas se separaram, porque Jung chegou à conclusão de que, se queríamos entender a psique humana, deveríamos transcender o puramente racional, e isso fugia às concepções de Freud.

Ao estudioso desavisado pode parecer que Freud e Jung se opõem. Não é bem assim. Tiveram visões diferenciadas da realidade; logo, para o leitor atento, o trabalho de um complementou o do outro. Ambos trouxeram contribuições inestimáveis à humanidade.

Segundo Jung, o pensamento e a sensação são conscientes. O sentimento pode ser consciente ou inconsciente, enquanto a intuição é inconsciente. Consciência é o complexo de representações percebidas pelo "eu" como tal. A palavra-chave é "percebidas". Inconsciência são as referências do "eu" não percebidas por ele como tal, ou seja, é um processo psicológico latente, que está lá nos nossos recônditos mais profundos. Por outro lado, o pensamento e o sentimento são funções racionais, porque se caracterizam pela primazia das funções racionais ou de julgamento. A sensação e a intuição* são irracionais (não racionais), porque não se baseiam em juízos racionais, e sim na intensidade da percepção. Toda pessoa possui essas quatro funções, mas há sempre o predomínio de uma sobre as outras.

6 JUNG, Carl. *Tipos psicológicos*. Rio de Janeiro: Guanabara, 1987.

Se você tiver interesse em discutir questões sobre intuição, sugiro-lhe ler três artigos meus. Os dois primeiros produzi sozinha; no terceiro, contei com a colaboração de Paulo Durval Branco.

1. Razão e intuição na tomada de decisão – um estudo exploratório. *Revista de Administração Pública*, v. 25, nº 3. Rio de Janeiro: Fundação Getulio Vargas, jul./set. 1991.
2. Sobre a intuição na tomada de decisão. *Revista de Administração Pública*, v. 27, nº 2. Rio de Janeiro: Fundação Getulio Vargas, abr./jun. 1993.
3. Intuição e programas de treinamento e desenvolvimento. *Revista de Administração Pública*, v. 28, nº 4. Rio de Janeiro: Fundação Getulio Vargas, out./dez. 1994.

O pensamento é, pois, uma função racional consciente que se nutre dos dados objetivos transmitidos pelas percepções sensoriais, bem como de fontes subjetivas (o que foi elucubrado em nossas mentes, percebe?), predominando estas sobre aquelas. O sentimento é também uma função racional, orientada para o objeto concreto ou para os valores aos quais o objeto está associado. É, portanto, uma função relativa a valores, a agrados, cujos conteúdos estão na consciência ou no inconsciente. Veja que podemos, às vezes, esquecer o fato, mas não esquecemos o sentimento associado aos fatos. Por exemplo: é possível que sintamos imensa alegria ao ouvirmos uma música, sem que saibamos as razões dessa alegria. (Quem sabe, ouvíamos a *Nona Sinfonia* de Beethoven quando alguém, que queríamos, nos convidou para jantar?) Somos, visceralmente, ligados a circunstâncias que tiveram considerável carga emocional. Para Jung, o pensamento é o que mais perturba o sentimento.

A sensação, função irracional e consciente, depende naturalmente do objeto, mas também do sujeito (a pessoa), o que significa dizer que há sensação objetiva (frio, calor, por exemplo) e sensação subjetiva (medo, sensação de impotência diante de um problema, por exemplo). À medida que o objeto provoque sensação, será aceito pela consciência, independente de qualquer julgamento racional. A intuição, também não racional, é uma função inconsciente. Jung acredita que é difícil definir a essência da intuição; no entanto, sustenta que ela é uma visão do todo que apreende alguma coisa e que fornece relações impossíveis de serem obtidas pelas outras funções. Segundo Jung, para que a intuição prevaleça, as outras funções, notadamente a sensação, devem ser diminuídas.

Faça um quadro-resumo que seja capaz de apresentar as diferentes características das funções psíquicas, isto é, racional, não racional, consciente, inconsciente e, depois, compare-o com o meu. Vamos lá?

Eis o meu quadro-resumo:

	Racional		
Consciente	Pensamento e sentimento	Sentimento	Inconsciente
	Sensação	Intuição	
	Não racional		

Seu quadro é coincidente com o meu? Se for, que bom!

Tendo refletido sobre as funções psíquicas, resta-nos uma pergunta: o que têm elas a ver com a questão da motivação? Vou deixar essa pergunta no ar, enquanto o convido para fazer um teste* e descobrir qual seu tipo psicológico, derivado das funções psíquicas. Vamos lá? Leia as instruções e atribua os pontos na folha de respostas, que é apresentada logo após o teste.

Teste – Qual meu tipo psicológico?

A seguir, você encontrará um teste com 18 questões designadas pelas letras A até S.

Cada questão apresenta quatro alternativas (I, II, III, IV).

Atribua os pontos 1, 2, 3 ou 4 a cada alternativa, de modo que 4 pontos sejam atribuídos à alternativa que tem mais a ver com você e vá decrescendo de modo a atribuir 1 ponto àquela que menos tem relação com você.

As alternativas de cada questão *não* deverão ter pontos repetidos. Mesmo que duas alternativas pareçam que significam o mesmo para você, ainda assim atribua pontos diferentes.

Não há respostas certas ou erradas.

Observe na folha de respostas que vem depois do teste que as letras correspondentes às questões podem não aparecer na ordem alfabética. Igualmente, os algarismos correspondentes às alternativas podem não aparecer na ordem numérica.

Veja a seguir um exemplo:

Questão T – Quando tenho de viajar:

Alternativas: T.I – se o percurso é relativamente curto, prefiro ir de automóvel.

T.II – mesmo que o percurso seja muito grande, viajo de ônibus.

T.III – penso logo em avião.

T.IV – não tenho preferência pelo meio de transporte.

Folha de respostas:

T.II	1		T.III	4		T.I	3		T.IV	2

Caso não tenha dúvida, inicie o teste pela questão A até S. Não deixe nenhuma questão em branco. Faça seguidamente, sem pular nenhuma questão. Não retroceda. Vamos lá?

A. Eu, provavelmente, devo impressionar os outros, como:

A.I ( ) prático e decidido.

A.II ( ) emotivo e um tanto estimulador.

A.III ( ) astuto e lógico.

A.IV ( ) intelectualmente orientado e um tanto complexo.

B. Quando realizo um trabalho, posso:

B.I ( ) querer que ele seja estimulante e desencadeie intensa interação e cooperação de outros.

B.II ( ) concentrar-me para assegurar que o trabalho seja desenvolvido de forma sistemática e lógica.

B.III ( ) querer assegurar que o trabalho tenha um retorno que justifique o meu gasto de tempo e energia.

B.IV ( ) estar mais preocupado em identificar se o trabalho aumenta meu reconhecimento ou o impede.

C. Ao me comunicar com os outros, posso:

C.I ( ) sem querer, expressar aborrecimento com conversa que seja detalhada demais.

C.II ( ) mostrar impaciência com aqueles que expressam ideias que não são claramente bem pensadas.

C.III ( ) mostrar pouco interesse em pensamentos e ideias que mostram pouca ou nenhuma originalidade.

C.IV ( ) tender a ignorar aqueles que falam sobre "implicações a longo prazo" e dirigir minha atenção ao que precisa ser feito imediatamente.

D. Quando circunstâncias me impedem de fazer o que quero, acho mais útil:

D.I ( ) rever as deficiências ou pontos fracos de meus argumentos e, em consequência, modificá-los.

D.II ( ) repensar tudo o que aconteceu e desenvolver um novo modelo de ação.

D.III ( ) ter em mente o essencial, identificar o obstáculo ou obstáculos-chave, e modificar meu planejamento, considerando tudo isso.

D.IV ( ) analisar as motivações dos outros e desenvolver um novo sentimento em relação à situação.

E. Às vezes, acho que posso parecer aos outros como sendo:

E.I ( ) emotivo demais ou sentimental demais.

E.II ( ) controlado quase demais ou talvez lógico demais.

E.III ( ) preocupado demais com detalhes, especificidades e assuntos relacionados ao "como fazer".

E.IV ( ) demasiadamente concentrado em ideias e uma pessoa um tanto difícil de entender.

F. Quando escrevo correspondência comercial para uma pessoa que não conheço, normalmente eu tento:

F.I ( ) esclarecer as razões fundamentais para o contato e relacionar isto a meu objetivo em escrever.

F.II ( ) pôr em relevo, em linguagem clara, o que quero, preciso ou espero da outra pessoa.

F.III ( ) mostrar como meus pontos principais se encaixam numa perspectiva mais ampla.

F.IV ( ) transmitir, pelo menos, alguma qualidade minha e meu estilo.

G. Quando confrontado por outros com pontos de vista diferentes, normalmente posso fazer avanços:

G.I ( ) conseguindo, pelo menos, uma ou duas ideias sobre as quais possamos discutir mais tarde.

G.II ( ) tentando colocar-me no lugar dos outros.

G.III ( ) mantendo minha calma e ajudando a ver as coisas de modo simples e lógico.

G.IV ( ) confiando em minha capacidade de trabalhar com conceitos e de reunir ideias.

H. Em termos de dimensão de tempo, provavelmente, concentro-me mais em:

H.I ( ) verificar se o que estou fazendo ou planejando fazer vai machucar ou perturbar os outros.

H.II ( ) assegura que qualquer coisa que eu faça seja congruente e me conduza ao objetivo que pretendo alcançar.

H.III ( ) minhas ações e envolvimentos imediatos e se eles fazem sentido hoje.

H.IV ( ) ações significativas a longo prazo que planejo executar e como elas se relacionam com o rumo de minha vida.

I. Ao pensar em pessoas que conheci socialmente, provavelmente devo considerar se elas:

I.I ( ) podem colaborar com ideias e desafios.

I.II ( ) parecem ponderadas e reflexivas.

I.III ( ) são interessantes e divertidas.

I.IV ( ) sabem o que estão fazendo e podem conseguir que as coisas sejam feitas.

J. Ao falar para grupos com os quais tenho pouco contato regular, gostaria de deixar a impressão de ser:

J.I ( ) um pensador que pode analisar o tipo de problema com o qual o grupo está preocupado.

J.II ( ) um pensador de amplas dimensões capaz de trazer alguma contribuição inovadora.

J.III ( ) uma pessoa pragmática e engenhosa que poderia ajudar o grupo a solucionar seus problemas.

J.IV ( ) uma pessoa ativa e realista que claramente está em contato com as necessidades e estado de espírito do grupo.

L. Em encontros tensos com os outros, ocasionalmente posso:

L.I ( ) perder a calma gratuitamente, expressando sentimentos, quando melhor teria sido não expressá-los.

L.II ( ) ser demasiadamente cauteloso e evitar contatos que poderiam ter-se revelado compensadores.

L.III ( ) ficar tão preocupado com uma dada característica de uma pessoa, que deixo de ver outras menos evidentes, porém importantes.

L.IV ( ) ser dominado por outros que são talentosos e perder minha direção.

M. Se eu não for cuidadoso, os outros podem, às vezes, achar que sou:

M.I ( ) altamente frio e inclinado a ser impessoal ou desinteressado.

M.II ( ) perseverante, apressado ou egoísta.

M.III ( ) um tanto esnobe, intelectualmente superior ou condescendente.

M.IV ( ) mal-humorado, excitável ou imprevisível.

N. Sinto-me satisfeito comigo mesmo quando eu:

N.I ( ) consigo realizar mais coisas do que planejei.

N.II ( ) compreendo os sentimentos ocultos dos outros e reajo de modo conveniente.

N.III ( ) resolvo um problema, usando um método lógico ou sistemático.

N.IV ( ) desenvolvo novos pensamentos ou ideias que podem ser relacionados.

O. Acho fácil ser convincente quando:

O.I ( ) estou em contato com meus próprios sentimentos e os dos outros.

O.II ( ) sou lógico, paciente e indulgente.

O.III ( ) vou até o ponto da questão.

O.IV ( ) estou intelectualmente além das coisas e levo em conta todos os fatores relevantes.

P. Gosto quando os outros me veem como:

P.I ( ) intelectualmente dotado e com visão.

P.II ( ) uma pessoa que sabe aonde vai e tem competência para chegar lá.

P.III ( ) criativo e estimulador.

P.IV ( ) uma pessoa que faz as coisas e é bem-sucedido.

Q. Quando um ponto importante é alcançado, sinto que é preferível:

Q.I ( ) fixar-me naquilo que foi considerado eficaz antes; embora correndo mais riscos, eu poderia conseguir mais algumas vitórias.

Q.II ( ) ser respeitado como original, mesmo se me custar algo a curto prazo.

Q.III ( ) concentrar-me em conseguir o que quero realizar imediatamente, mesmo que isso não seja de grande impacto.

Q.IV ( ) ser espontâneo e dizer o que realmente penso.

R. Quando outros me pressionam, fico:

R.I ( ) demasiado emotivo, impulsivo ou capaz de ser levado por meus sentimentos.

R.II ( ) muito inclinado a ser analítico e crítico deles.

R.III ( ) preocupado demais em demonstrar ação imediata.

R.IV ( ) inclinado a recuar para meu próprio mundo de pensamento.

S. Em situações difíceis, é possível que eu fique demasiadamente envolvido:

S.I ( ) em demonstrar inteligência na solução de problemas, ainda que os problemas sejam de outros.

S.II ( ) no imediato aqui e agora, conseguindo e fazendo o que eu desejo.

S.III ( ) no mundo dos conceitos, ideias e valores.

S.IV ( ) com os sentimentos dos outros.

Teste – *Folha de respostas*

A.I		A.II		A.III		A.IV		
B.III		B.I		B.II		B.IV		
C.IV		C.III		C.II		C.I		
G.I		G.II		G.III		G.IV		
H.III		H.I		H.II		H.IV		
I.IV		I.III		I.II		I.I		
N.I		N.II		N.III		N.IV		
O.III		O.I		O.II		O.IV		
P.IV		P.III		P.II		P.I		
S =		F =		R =		I =		= 90

D.III		D.IV		D.I		D.II		
E.III		E.I		E.II		E.IV		
F.II		F.IV		E.I		F.III		
J.III		J.IV		J.I		J.II		
L.III		L.I		L.II		L.IV		
M.II		M.IV		M.I		M.III		
Q.III		Q.IV		Q.I		Q.II		
R.III		R.I		R.II		R.IV		
S.II		S.IV		S.I		S.III		
S =		F =		R =		I =		= 90

Some (verticalmente) os pontos de cada coluna, na parte de cima. Depois, some (horizontalmente) os totais das quatro colunas. A soma desses totais tem de ser 90. Se não der 90, é porque ou você errou nas contas (uma calculadora ajuda) ou porque repetiu pontos nas alternativas do teste. Se você se lembra, a cada alternativa você tem de atribuir 4, 3, 2 ou 1, não podendo repetir pontos. Faça o mesmo com as colunas da parte de baixo.

Agora, passe uma linha em volta do maior total de cima e também do de baixo. Passou?

Bem, a parte de cima representa o funcionamento de nossa psique em momentos de tranquilidade, de normalidade, de paz. A de baixo, em momentos de estresse, de pressão, de guerra. A parte de cima e a de baixo representam as pontas de um *continuum*.

Se você atribuiu o maior número de pontos às colunas da letra S, predomina em você a sensação. Se atribuiu à letra F, predomina o sentimento. Se atribuiu à letra R, predomina a razão. Se atribuiu à letra I, prevalece a intuição. Como vê, é uma questão de predomínio, porque você tem todas as funções psíquicas apontadas.

Agora, veja suas características, conforme sua função psicológica predominante em tempos de paz e em tempos de guerra.

Teste – *As características de meu tipo psicológico*

	SITUAÇÃO DE PAZ	SITUAÇÃO DE GUERRA
 INTUITIVO (I)	• original • imaginativo • criativo • rápido ao pensar • carismático • idealista • intelectualmente tenaz • ideológico	• irrealista • distante • visionário • disperso • complicado • difícil de entender • dogmático • não prático
 RACIONAL (R)	• comunicador • decisivo • prudente • lógico • equilibrado • objetivo	• prolixo • indeciso • supercauteloso • superanalítico • distante, impessoal • não dinâmico • controlado e controlador • rígido
 SENSÍVEL (F)	• espontâneo • persuasivo • empático • conservador • introspectivo • extrai sentimentos dos outros • leal	• impulsivo • manipulativo • personalista demais • sentimental • fica adiando • procura culpados • provoca conflitos • subjetivo demais
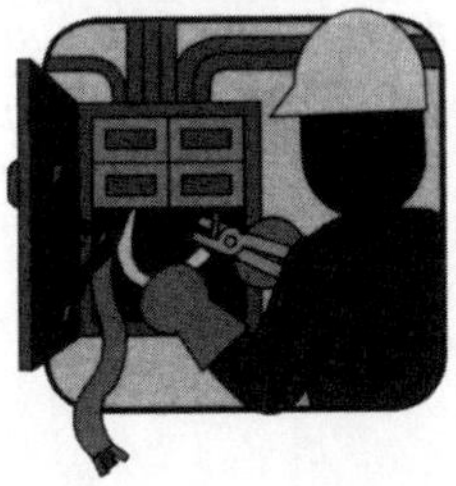 SENSITIVO (S)	• pragmático • diretivo • orientado para resultados • tecnicamente habilidoso • objetivo, baseia-se no que vê • procura perfeição	• visão curta • procura *status* • age primeiro, depois pensa • não confia nos outros • impõe suas vontades

Este teste é baseado na teoria de Jung e foi inspirado em teste produzido por Katherine Cook Briggs e Isabel Briggs Myers, denominado Myers-Briggs Type Indicator – MBTI.

Cabe aqui um alerta: o ideal é que tenhamos um certo equilíbrio entre as funções psíquicas, de modo que uma não dispare lá na frente e outra fique bem para trás. Como conseguir isso? Investindo no que nos falta. É possível, por exemplo, desenvolver a intuição.*

Vejo dois grupos de exercícios para desenvolver a intuição: os preparatórios e os libertadores. São eles:

1. Exercícios preparatórios:
   - ✓ Buscar estabelecer associações. No processo, identificar qual o tipo de associação: *A* complementa *B*? *A* se opõe a *B*? *A* subordina *B*? *A* e *B* são subordinados a *C*? E assim por diante.
   - ✓ Perceber as múltiplas possibilidades de e na compreensão da ocorrência de um fenômeno; descrever com riqueza de detalhes as possibilidades.
   - ✓ Substituir técnicas mecanicistas – as "receitas de bolo" – para a resolução de problemas, por abordagens livres, criativas, inovadoras, diferentes. Afinal, a vida está mais para feira livre do que para parada militar.
   - ✓ Buscar compreender a complexidade da vida, antes de simplificar os problemas, ou seja, adotar a premissa segundo a qual quanto maior a consciência do todo, maior a consciência da parte.
   - ✓ Descobrir as vantagens das crises no processo de reaprendizagem; tentar transformar uma ameaça em oportunidade. Ou, como diria um amigo meu, transformar um azedo limão numa gostosa limonada.
   - ✓ Identificar e compreender as diferenças individuais, fonte de conflitos e de criação, bem como descobrir as múltiplas racionalidades e sentimentos que fazem a pluralidade e a riqueza da vida.
   - ✓ Buscar perceber o que se sente em determinada situação. Por exemplo: que tipo de emoções se teve quando se entrou numa livraria ou se reencontrou alguém.
   - ✓ Há ainda a via terapêutica – tradicional ou alternativa – que consiga revelar para você seu estado de conexão com a totalidade da vida, bem como seu autodescondicionamento das "verdades" fragmentadas, por tantas eras em nós inculcadas.
   - ✓ Realizar exercícios respiratórios.
   - ✓ Ingerir alimentos leves.
   - ✓ Não desperdiçar energia com discussões, brigas, coisas destrutivas. Praticar uma vida harmoniosa, com discernimento, atenção, amor.
   - ✓ Desenvolver senso grupal, espírito de equipe, sintonia com outras mentes, empatia.

Os exercícios aqui mencionados são considerados preparatórios aos exercícios para a liberação da intuição. Não significa que tenham de ser desenvolvidos passo a passo, como numa linha de montagem.

2. Exercícios liberadores:

   ✓ Realizar procedimentos visuais e auditivos rítmicos que aumentem a coerência e a harmonia entre os padrões das ondas cerebrais, bem como a sincronia entre os hemisférios. Entre tais procedimentos estão o canto, a audição de música clássica e de música aparentemente monótona. *Hard rock* ou *funk* nem pensar!

   ✓ Usar o pensamento metafórico, aquele referido ao uso de imagens para explicar um fato ou um fenômeno. Exemplo: mudanças são ondas do mar, como diriam Lulu Santos e Nelson Motta, mencionados no Capítulo 1.

   ✓ Mecanismos de *biofeedback* que, reproduzindo sons e leituras visuais de processos do organismo, permitem o controle desses processos por meio de um estado de relaxamento.

   ✓ Realizar atividades artísticas em geral, como a música, a pintura, a escultura.

   ✓ Realizar atividades esportivas que provoquem a sensação de ausência de tempo. Velejar e voar de asa-delta são bons exemplos.

   ✓ Realizar psicodramas, dinâmicas de grupo, vivências interpessoais.

   ✓ Passear nas florestas, caminhar pelas praias e montanhas, deter o olhar na riqueza da natureza.

   ✓ Utilizar técnicas de controle da mente.

   ✓ Registrar e interpretar sonhos.

   ✓ Trabalhar a integração corpo-mente. Exercícios como o *tai-chi-chuan*, o ioga, a dança, a antiginástica, o *reiki*, o *aikidô*, a bioenergética, a técnica da polaridade são algumas das opções que temos.

   ✓ Praticar a meditação. Temos vários tipos de meditação: tibetana, budista, transcendental, cabalista, kundalini, cristã e outras. É só escolher aquela com a qual você se identifica.

Bem, vale a pena aqui fazermos uma consideração sobre o teste. É preciso cautela ao admitirmos seus resultados. Primeiro, porque todo teste tem caráter de transitoriedade. Se fizermos o mesmo teste algum tempo depois, o resultado pode não ser o mesmo; segundo, porque um único teste jamais pode ser absolutamente representativo de uma situação. Contudo, um teste emite sinais que nos podem ser bastante úteis.

Vou fazer-lhe uma provocação. Diga a outras pessoas que existem quatro tipos psicológicos: o sensitivo, o sensível, o racional e o intuitivo. Pergunte-lhes em qual desses tipos elas acham que você se enquadra. Compare com o resultado de seu teste. Esse é um bom exercício, porque nos ajuda a perceber que nem sempre a imagem que fazemos de nós corresponde à imagem que outros fazem.

Bem, lembra-se daquela pergunta que deixei no ar, ou seja: o que tem a ver o tipo psicológico com a motivação? Qual a relação que você faz?

Se você respondeu que o tipo psicológico predominante em uma pessoa pode motivá-la para uma tarefa e não para outra, estamos de acordo. Veja que um tipo predominantemente intuitivo não se sentirá motivado para tarefas rotineiras; um tipo predominantemente racional se sentirá motivado para trabalhos de planejamento, e assim por diante. A descoberta do nosso tipo psicológico pode ajudar-nos a entender por que botamos nossa energia numa coisa e não em outra, como também pode ajudar-nos a entender o que motiva as outras pessoas.

4.1 Um parêntese para a intuição

Do que pude descobrir sobre intuição, essa função psíquica tão esquecida, é que ela é não racional, e é complementar à razão. Pode ter o significado de impulso vital, palpite, inspiração, pressentimento, *insight*, premonição, profecia, revelação (iluminação). São graus de intuição, do mais simples ao mais complexo.

Thomas Kuhn,[7] o cientista que popularizou o termo *paradigma* e que é mencionado no filme da Siamar *A questão dos paradigmas*, apresenta o seguinte argumento:

> *"Paradigmas não podem ser corrigidos pela ciência normal. (...) a ciência normal leva (...) apenas ao reconhecimento de anomalias e crises. Estas terminam, não através da deliberação ou interpretação, mas por meio de um evento relativamente abrupto e não estruturado, semelhante a uma alteração da forma visual. Nesse caso, os cientistas falam frequentemente de 'vendas que caem dos olhos' ou de uma 'iluminação repentina' que 'inunda' um quebra-cabeça que antes era obscuro, possibilitando que seus componentes sejam vistos de uma nova maneira – a qual, pela primeira vez, permite sua solução. (...) nenhum dos sentidos habituais do termo 'interpretação' ajusta-se a essas iluminações da intuição através das quais nasce um novo paradigma."*

Lembrei-me de Landell de Moura, jesuíta gaúcho nascido no século XIX, precursor das telecomunicações. Instigado por sua intuição e motivado pelo desejo de descobertas (seriam as necessidades de autorrealização de que nos fala Maslow?), o padre realizou transmissão de voz por intermédio de um feixe luminoso, ou seja, antecipou-se ao emprego de raio *laser* em sistemas de comunicação. Também testou o telégrafo sem fio, antes de Marconi e a uma

7 KUHN, Thomas. *A estrutura das revoluções científicas*. São Paulo: Perspectiva, 1982.

distância bem maior do que a que foi por este utilizada. Todavia, a resposta popular às descobertas de Moura foi a de considerá-lo impostor, mistificador, bruxo, justificando, assim, a destruição feita a seu laboratório. Conta-se que Moura afirmou ao Presidente do Brasil Rodrigues Alves que, no futuro, os aparelhos de que dispunha serviriam até para comunicações interplanetárias. Foi tido como louco. Desiludido, o padre terminou seus dias com os aparelhos desligados, as anotações encaixotadas e a dedicação exclusiva ao sacerdócio no interior do Brasil.

Quais mecanismos de defesa à frustração foram acionados por Moura? Arrisque uma resposta. Depois, compare-a com a minha.

Certamente, você com rapidez descobriu que Moura acionou o isolamento e a sublimação.

Bem, no mundo ocidental há quem assegure estar a intuição na base do cérebro, na parte de trás, na glândula pineal, a "sede da alma", segundo Descartes. É ilustrativo lembrar Ezequiel (Bíblia, 3:12): "*Ouvi por trás de mim uma voz de grande estrondo que dizia* (...)", Isaías (Bíblia, 30:21): "*Os teus ouvidos ouvirão atrás de ti uma palavra*"; e São João (Bíblia, Apocalipse 1:10): "*Ouvi por detrás de mim grande voz.*"

Outros, como os cientistas Marjorie Le May, Nico Spinelli, Alexander Luria e Roger Sperry, que se têm dedicado ao estudo do cérebro, dizem que seu lado esquerdo é linear, segue as regras da racionalidade cartesiana, enquanto o lado direito é o campo da intuição. Segundo Marilyn Ferguson, a autora de *A conspiração aquariana*, de que falei no primeiro capítulo, "*sem intuição ainda estaríamos nas cavernas. Cada avanço, cada salto na história tem dependido das percepções do cérebro direito, de sua capacidade holística de detectar anomalias, processar novidades, perceber relacionamentos*".

Bem, o que interessa aqui é que você possa perceber a relação entre função psíquica predominante numa pessoa e motivação para a realização de determinada tarefa. Também interessa que você possa perceber que o processo motivacional é extremamente rico, incluindo necessidades, satisfação, expectativas, valores, modelos mentais e, certamente, o significado que atribuímos ao trabalho.

5 O Significado do Trabalho como Fator Motivacional

Autores como Christophe Dejours[8] têm afirmado que as organizações são lugares propícios ao sofrimento, ao tédio, ao desespero, ao desconforto existencial. Outros, como Diane Tracy,[9] afirmam que a maioria das pessoas acaba perdendo o interesse pelo trabalho e envereda pelo caminho da mediocridade. Você concorda com eles?

---

[8] DEJOURS, Christophe. Uma nova visão do sofrimento humano nas organizações. In: CHANLAT, Jean-François. *O indivíduo na organização*. São Paulo: Atlas, 1996.

[9] TRACY, Diane. *10 passos para o empowerment*. Rio de Janeiro: Campus, 1994.

Se você disse que não concorda, certamente é porque se sente motivado para o trabalho. Se disse que concorda, provavelmente é porque seu trabalho não lhe apresenta um significado que o justifique. Significado dá certa direção, informa-lhe as formas pelas quais as coisas fazem sentido para você. Encontrar um significado no trabalho o motivaria a crescer junto com a empresa, compatibilizando seus interesses pessoais com os objetivos empresariais.

Como somos diferentes uns dos outros, nossas motivações também o são. Alguém pode sentir-se predominantemente motivado por fatores econômico-financeiros e todas as suas possibilidades em termos de aquisição de bens e serviços. Se o trabalho lhe proporciona benefícios dessa ordem, é possível que nele encontre significado. Outro pode sentir-se predominantemente motivado pelo desejo de ser saudável, de ser amado, de sentir-se competente, de ser reconhecido, de participar de decisões, de realizar tarefas intrinsecamente desafiadoras e instigadoras, de trabalhar em clima de confiança, não de submissão, ou outra coisa qualquer. Se o trabalho lhe proporciona benefícios dessa ordem, é possível que nele encontre significado. Descobrir o significado, para você, do trabalho que você executa é, portanto, imprescindível. A busca da descoberta é um processo de aprendizagem que pode levá-lo ao inferno (e aí sugiro-lhe que saia dele) ou aos céus, mesmo com nuvens escuras, às vezes.

Quando Aristóteles, na Grécia antiga, afirmou que só os homens livres eram gente, deixando de fora homens escravos, mulheres e crianças, provocou um rastro de indignação (pelo menos, das mulheres). No entanto, tal indignação tem sua origem em certo tipo de leitura das palavras do filósofo. Outra leitura permitiria admitir que, realmente, só pessoas livres – no sentido mais amplo do termo – podem sentir-se gente, podem sentir-se motivadas para viver e trabalhar, podem encontrar significado no trabalho.

De modo geral, com Willis Harman e John Hormann[10] posso dizer que existem elementos que estão presentes em um trabalho significativo. Por exemplo:

- ❑ promoção da aprendizagem e do desenvolvimento da pessoa;
- ❑ oportunidade de proporcionar às pessoas um papel social nas atividades da sociedade;
- ❑ promoção, na pessoa, da sensação de estar contribuindo, de pertencer, de ser apreciado, o que permite desenvolver sua autoestima;
- ❑ oportunidade de produzir bens e serviços desejados pela sociedade;
- ❑ promoção de satisfação.

Que tal, agora, você fazer um exercício de reflexão, no sentido de identificar qual o significado do trabalho para você?

____

____

____

10 HARMAN, Willis; HORMANN, John. *O trabalho criativo*. São Paulo: Cultrix, 1990.

Espero, com todas as minhas forças, que o trabalho tenha um significado para você, que o motive, que oriente suas ações, que o faça feliz. A resposta que você tiver dado é sua, pertence-lhe; é seu exercício de autoconhecimento.

6 O Autoconhecimento e o Autodesenvolvimento

Conhecer a si próprio não é tarefa trivial, nem produto acabado; é um processo que não termina nunca. O que vale aí é a atitude, a predisposição para a busca. Resgatando o Oráculo de Delfos do qual lhe falei, "conhece-te a ti mesmo". Como? Há mil e uma maneiras, mas todas elas partem de um ponto: a vontade de conhecer-se. E mais: a humildade de reconhecer que pouco conhece a si mesmo. Que relação tem isso com motivação? Arrisque uma resposta.

____

____

____

____

Veja se sua resposta coincide com a minha: você descobriria o que o motiva e avaliaria se o que o trabalho representa para você é compatível com essa motivação. Por outro lado, encontrando significado no trabalho, você se sentirá motivado a realizá-lo. Lucra você e lucra a empresa, num contrato psicológico que, em essência, é um conjunto de expectativas. Você espera da empresa uma série de recompensas que irão satisfazer suas necessidades e a empresa espera de você que despenda sua energia para satisfazer aos objetivos dela.

Quais são suas necessidades? Serão iguais às de seus chefes, de seus pares, das pessoas que estão sob sua gestão, dos seus clientes, de seus fornecedores? Como você avalia esse conjunto? Observe e entreviste pessoas a seu redor. Busque descobrir o que lhes provoca motivação para o trabalho. Associe ao que vimos até agora. Tente chegar a uma conclusão.

Somos a "régua" com a qual avaliamos tudo e todos. Dito de outra maneira, somos a referência para avaliar o outro e chegar a conclusões. Como podemos fazer isso se não conhecemos essa régua? Esse conhecimento é subjetivo, diferente daqueles que podem ser avaliados em programas formais. Não há como descobri-lo por meio de testes de múltipla escolha ou outros similares. É um conhecimento sentido, vivenciado, encoberto, mas que se pode descobrir e essa descoberta se faz pela vida afora.

A busca do autoconhecimento, certamente, conduz ao autodesenvolvimento. Ambos, provavelmente, lhe permitirão entender suas motivações e as dos outros (acione suas funções psíquicas) e, a partir daí, contribuir, via estímulos, para que tal motivação, realmente, conduza à ação que a empresa espera.

Gestores de empresas, porque dependem da capacidade de perceber mudanças no ambiente e, deste modo, obterem conteúdo para suas decisões, dependem, também, da capacidade de ter a mente aberta a reflexões. Mudanças no ambiente, como você viu, estão referidas a tecnologias, ecologia, fluxo de informações, movimentos de cooperação e de competição e estão também referidas a valores individuais e coletivos que alimentam o processo motivacional. Refletir sobre elas ajudará o gestor no processo permanente de oferecer condições para que pessoas possam sentir-se motivadas a se comprometer com a empresa e contribuir para o alcance de seus objetivos.

7 Provocando a Motivação nas Pessoas

A literatura é rica de "receitas de bolo" para provocar a motivação nas pessoas. Um gerente, em um curso que ministrei, contou-me que tinha comprado o livro *Gerente um minuto*, que ensinava várias técnicas. Uma delas dizia: decore (memorize) o nome das pessoas. Um conhecido político diria: "não só o nome, mas a data do aniversário, para mandar-lhes flores". Pois bem, esse gerente resolveu aplicar o ensinado. Foi ao chão da fábrica e perguntou ao operário:

– *Então, Ermeraldo, está tudo bem?*

Resposta, com a cara sisuda:

– *P'ra uns.*

No dia seguinte, lá voltou o gerente:

– *E aí, Ermeraldo, tudo bem?*

Resposta:

– *Vai ficar, quando essa porcaria dessa fábrica der aumento.*

O gerente desistiu.

Outro executivo de uma importante empresa de cartão de crédito contou-me que tinha participado de inúmeros cursos nos quais eram ensinadas técnicas para provocar a motivação no pessoal. Nem sempre tais técnicas davam certo. Ele não entendia por qual razão. Afinal, tinham sido testadas na matriz, sediada nos Estados Unidos. O que posso dizer é que técnicas ajudam, sim, mas nosso ledo engano é imaginar que são suficientes. Esquecemos que a subjetividade humana não funciona como engrenagem de máquina.

Bem, você sabe que motivação é um processo intrínseco, ou seja, está no interior de cada pessoa. Mas sabe também que você pode provocar essa motivação por meio de estímulos (veja que não estou falando de aplicação de técnicas, pura e simplesmente). Há um filme, editado pela Hélicon Film, chamado *Querer é poder*, que é bem ilustrativo. Se tiver a oportunidade de vê-lo, não perca. Por enquanto, faça um exercício de reflexão. Liste algumas coisas que você, como gestor, pode fazer para provocar a motivação das pessoas. Depois, confronte sua lista com a minha.

____

____

____

____

____

____

____

Eis aqui minha lista:

- ▲ Desafie as pessoas a alcançarem seu padrão de excelência.* Afinal, todos nós temos potencial, pronto a desabrochar.
- ▲ Explicite os padrões empresariais desejados. Se eles não forem comunicados, que rumo as pessoas poderão tomar?
- ▲ Comunique. Como dizia o velho Chacrinha, "*quem não se comunica, se trumbica*".
- ▲ Estimule as pessoas a sentirem orgulho do que fazem. A autoestima precisa ser "massageada".

O poeta D. Mallock alertou-nos um dia:

Se você não puder ser uma árvore frondosa
No alto de uma montanha,
Seja um pequeno arbusto na beira do rio
Mas seja o melhor arbusto que você puder ser.

- Explicite as recompensas individuais e as grupais oferecidas pela empresa, em um processo de reconhecimento pelo esforço despendido.
- Reconheça, você mesmo, o trabalho realizado e explicite esse reconhecimento. Às vezes, basta um *Parabéns*!
- Lembre-se, como disseram os Titãs, "a gente não quer só comida".
- Elogie, incentive, confie, aposte nas pessoas.
- Aceite as possibilidades e os limites das pessoas. Todos nós, indistintamente, temos forças e fraquezas. Invista nas forças.
- Compartilhe autoridade. Temos a tendência a delegar tarefas sem compartilhar a autoridade necessária para realizá-las, desprezando, assim, a força do comprometimento embutida na autoridade. Comprometimento funciona como cumplicidade na busca e na realização dos objetivos empresariais.
- Permita que as pessoas errem e incentive-as a aprenderem com o erro. A questão crucial não é errar, mas insistir no erro. Você me dirá que um erro em um investimento financeiro pode levar uma empresa à bancarrota ou um erro de cálculo na estrutura de um prédio pode levá-lo a desabar. É verdade. Temos de evitar esses grandes erros, pela aceitação dos pequenos, desde que deles se possa tirar lição.
- Seja solidário com as pessoas. Reafirme-lhes o valor como seres humanos que são.
- Respeite o tempo das pessoas. Tem gente que, quando você vai com a farinha, ela já está vindo com o bolo. Tem gente que, quando você vai com a farinha, ela ainda está matutando sobre o porquê levar a farinha. Repare que uma não necessariamente é mais inteligente que a outra. Apenas os ritmos são diferentes. Não se irrite com isso.
- Eduque, sobretudo, pelo exemplo. O exemplo é, indubitavelmente, a forma mais eficaz de se educar e você, gerente, quer queira, quer não, é um educador.
- Nunca constranja uma pessoa na frente de outra. Isso dói muito, humilha, fere a autoestima.
- Dê às pessoas o direito de expressarem seus sentimentos.*
- Faça com que seu discurso corresponda à sua ação. Quando suas palavras correm para um lado e suas ações para outro, o que você ensina é isto: incoerência, desconfiança, insegurança.

Conta uma parábola chinesa que no século III o Rei Ts'ao mandou seu filho, o Príncipe T'ai, para um templo onde iria estudar sob a orientação do Mestre Pan Ku. Como o príncipe iria suceder seu pai, o mestre deveria instruí-lo para tornar-se um bom dirigente. Com esse intuito, Pan Ku mandou que o jovem príncipe fosse sozinho para a floresta Ming-Li e só retornasse ao templo depois de um ano, ocasião em que deveria descrever os sons da floresta.

Um ano se passou e, ao ser questionado pelo mestre sobre os sons que ouviu, o Príncipe T'ai respondeu:

> – *Mestre, eu pude ouvir o canto dos pássaros, o farfalhar das folhas, o zumbido dos beija-flores e das abelhas e o som dos ventos.*

Assim que o príncipe terminou sua descrição, o mestre mandou-o de volta para a floresta com a orientação de que ficasse atento ao que mais poderia ouvir.

Ainda confuso, o jovem T'ai retornou e, após passar quatro dias e quatro noites atento aos sons, não conseguiu identificar nenhum diferente dos que já havia ouvido. Até que certa manhã, sentado em silêncio entre as árvores, começou a discernir sons muito tênues, diferentes dos que havia percebido até então. Sentindo-se profundamente esclarecido, o príncipe voltou para o templo e, novamente abordado por Pan Ku, respondeu:

> – *Mestre, ao prestar mais atenção pude ouvir o inaudível: o som das flores se abrindo, o som do Sol aquecendo a Terra e o som do capim absorvendo o orvalho da manhã.*

Fazendo um gesto de aprovação, o mestre disse:

> – *Ouvir o inaudível é uma qualidade necessária ao bom dirigente. Somente quando o dirigente aprende a ouvir atentamente o coração das pessoas, percebendo seus sentimentos não comunicados, suas dores não expressas e suas queixas não formuladas, é que ele pode inspirar confiança, entender quando alguma coisa está errada e identificar as verdadeiras necessidades dos cidadãos.*

Sua lista coincidiu com a minha? Provavelmente, em muitos pontos, sim. De qualquer maneira, o que valeu aqui foi o exercício da reflexão que, certamente, é a reflexão sobre sua própria prática como gestor.

Este capítulo tratou de Processos Motivacionais. Abordou os seguintes aspectos:

1. Que é motivação?
2. Motivação, frustração e mecanismos de defesa
    - 2.1 Teoria de Maslow
    - 2.2 Teoria de Herzberg
    - 2.3 Teoria de McClelland
    - 2.4 Teoria das expectativas
    - 2.5 Teoria da equidade
    - 2.6 O pensamento de Geertz
    - 2.7 O pensamento de Bergamini
    - 2.8 Aprendendo com as teorias
3. As forças energéticas

4. Motivação e funções psíquicas
    4.1 Um parêntese para a intuição
5. O significado do trabalho como fator motivacional
6. O autoconhecimento e o autodesenvolvimento
7. Provocando a motivação nas pessoas

Com esse conteúdo, pretendi que você alcançasse os seguintes objetivos:

- estabelecer a diferença entre motivação e estímulo;
- relacionar motivação, frustração e mecanismos de defesa;
- identificar as forças energéticas que nos impulsionam à ação;
- estabelecer a relação entre motivação e funções psíquicas;
- reconhecer o significado do trabalho como fator motivacional;
- reconhecer que, porque as pessoas são diferentes, suas motivações também o são;
- identificar o que se pode fazer para provocar a motivação nas pessoas em um mundo de tantas mudanças.

Você alcançou?

Tendo como contexto o Capítulo 1, isto é, **Características do mundo contemporâneo e a teia que tecem**, este capítulo teve uma finalidade: instigá-lo a penetrar na subjetividade do ser humano e provocá-lo a buscar a relação entre **Processos motivacionais** e os outros temas que virão a seguir:

- liderança requerida nesses novos tempos;
- mentoria;
- poder nas organizações;
- trabalho em equipe.

3

Liderança Requerida nesses Novos Tempos

Dois foram os capítulos que provocaram nossa reflexão:

1. Características do mundo contemporâneo e a teia que tecem
2. Processos motivacionais

Neste Capítulo 3, pretendo que você alcance os seguintes objetivos específicos, todos atrelados aos objetivos gerais do livro e aos objetivos específicos dos Capítulos 1 e 2:

- estabelecer a relação entre motivação e liderança;
- revisitar, criticamente, teorias sobre liderança;
- reconhecer a liderança exigida nesses novos tempos;
- identificar as capacidades requeridas do gestor/líder;
- reconhecer o papel da intuição na tomada de decisão;
- identificar desafios postos a quem pretende exercer liderança.

Componho o capítulo em seis itens, a saber:

1. Que é liderança e qual sua relação com motivação?
2. Revisitando teorias sobre liderança.
3. Liderança e os novos tempos.
4. Capacidades requeridas do gestor/líder.
5. A intuição na tomada de decisão do gestor/líder.
6. Desafios postos a quem pretende liderar.

Vamos lá?

1 Que é Liderança e qual sua Relação com Motivação?

Para você, o que é liderança? Veja se sua resposta coincide com a minha.

Warren Bennis,[1] um estudioso de liderança, diz que ela é como a beleza: difícil de definir, mas fácil de reconhecer. De todo modo, se você respondeu que liderança é a capacidade de exercer influência sobre indivíduos e grupos, estamos de acordo. Essa resposta já nos suscita outras perguntas: todo chefe é líder? Todo líder é chefe? Que você acha?

Se você respondeu que nem todo chefe é líder e que nem todo líder é chefe, estamos de acordo. Há pessoas que, a despeito de ocuparem cargos de chefia, não exercem liderança. O máximo que conseguem é se fazerem obedecidas por coação, ou por interesse particular das pessoas a quem chefiam. Por outro lado, nós todos conhecemos pessoas que exercem influência sobre outras, independentemente de ocuparem cargos de chefia. Agora, se estamos falando de influência, há outra pergunta a ser levantada: para que exercê-la?

Se você respondeu que essa influência é necessária para que o propósito, a missão da empresa seja alcançada; para que a visão da empresa que se quer seja tornada realidade; para que os objetivos empresariais sejam atingidos, nossas respostas coincidem. Afinal, a construção da visão e da missão deve ser coletiva. Resta, porém, outra pergunta: tudo isso não seria alcançado independentemente de haver liderança?

Veja se sua resposta coincide com a minha. Dificilmente, missão, visão e objetivos seriam alcançados sem que houvesse liderança, uma vez que as empresas, como qualquer coletividade, são movidas por movimentos contrários de cooperação e de conflito; logo, é preciso magnificar a cooperação e direcionar os conflitos para seus aspectos contributivos de mudança e de criatividade. Este é o papel da liderança. É um papel integrador, muito necessário numa época até de organizações virtuais. Ele possibilita que pessoas se mantenham unidas, mesmo sem estarem fisicamente próximas.

[1] BENNIS, Warren. *A formação do líder*. São Paulo: Atlas, 1996.

Creio que agora você já percebeu a relação entre motivação e liderança. Mencione-a.

____

____

____

Se você mencionou que liderança está associada a estímulos, incentivos que possam provocar a motivação nas pessoas para a realização da missão, da visão e dos objetivos empresariais, estamos de acordo. O que discutimos em Processos Motivacionais (Capítulo 2) cabe, portanto, em tudo o que aqui vamos discutir.

Liderança, tal como motivação, é tema fascinante. Ele nos remete às questões mais subjetivas dos seres humanos, àquelas que dizem respeito a nossos recônditos, a nossas entranhas, ao que nos move, ao que faz sentido para nós, àquilo a que atribuímos significado. Não é por acaso que a literatura sobre o tema seja tão vasta. Teóricos, consultores e práticos de administração têm produzido obras infindáveis. Da literatura, retiro aqui, para você, as teorias mais importantes. Reflita sobre elas. Faça sua crítica.

2 Revisitando Teorias sobre Liderança

Das teorias sobre liderança destaco três: a dos traços de personalidade, a dos estilos de liderança e liderança contingencial (ou situacional). Convido-o a revisitá-las com espírito crítico. Criticar não é falar mal; é analisar, é identificar forças e fraquezas. Para tanto, é necessário que você vá fazendo pontes com histórias que você já leu e ouviu, bem como com a prática que você vivencia.

2.1 Teoria dos traços de personalidade

Segundo essa teoria, exerceria influência sobre indivíduos e grupos quem nascesse com determinados traços de personalidade: físicos, intelectuais, sociais e relacionados com a tarefa.

Traços físicos são:

- aparência (tem de ser um gato ou uma gata, vestir-se bem e estar cheiroso? Onde ficam Gramsci e Rosa Luxemburg, que tinha um defeito físico?);
- estatura (tem de ser assim tipo Charles de Gaulle, altíssimo? Ué! E Hitler, que era tão baixinho? E Napoleão? Onde ficam?);
- energia (tem de ser cheio de gás);
- força física (ué! E Ghandi, tão frágil fisicamente, onde fica? E Madre Teresa de Calcutá, um fiapo?).

Traços intelectuais:

- adaptabilidade;
- entusiasmo;
- autoconfiança;
- elevado QI, coeficiente de inteligência (você pensou que era Quem Indica, não é?).

Traços sociais:

- cooperação;
- habilidades interpessoais;
- habilidades administrativas.

Traços relacionados com a tarefa:

- impulso de realização;
- persistência;
- iniciativa.

Segundo a teoria dos traços de personalidade, quem nascesse com esses traços seria líder. Sempre. Quem não nascesse, certamente, seria liderado. Infere-se dessa teoria que líder nasce feito, ou seja, liderança é nata. Como uma manchinha na perna, ou olhos azuis, verdes, castanhos, a pessoa carrega os traços de liderança pela vida afora. Você concorda com essa teoria?

____

Se você disse que não concorda, ótimo. Pelos próprios exemplos que a História nos dá, é fácil concluir que essa teoria não se sustentou por muito tempo. Liderança não é nata. Se a reportagem da Revista *Veja*, de 9-9-98, estiver correta, a psicóloga da seleção brasileira de futebol da época, ao afirmar que Wanderley Luxemburgo, o então técnico, é um líder *nato*, enganou-se. Isso não existe.

Ora, se a pessoa não nasce líder, então é possível aprender a ser. Nesse caso, o que se vai ensinar? Qual o melhor estilo de liderança? Surge, então, outra teoria.

2.2 Teoria dos estilos de liderança

Segundo essa teoria, existem três estilos de liderança: o autocrático, o democrático e o *laissez-faire*.

Autocrático é aquele que ilustra o célebre ditado: "manda quem pode, obedece quem tem juízo".

Democrático é aquele que busca a participação. Às vezes, até nos faz crer que só temos direitos (onde estão os deveres?).

Laissez-faire é aquele conhecido na intimidade por *deixar rolar*.

Qual o melhor estilo?

Sabia que você ia dizer que é o democrático. Mas aí fiquei pensando numa situação extrema. Imagine uma batalha, inimigos um de cada lado e eu, do lado de cá, por ser um líder democrático, digo: "*Um momento, inimigo. Vou consultar as bases.*" Já pensou? Ou uma situação de incêndio no prédio onde você mora. Dá tempo de reunir os condôminos e, democraticamente, decidirem o que fazer?

Por outro lado, como ser autocrático com um pesquisador, por exemplo? Como exigir dele que faça suas descobertas em tal tempo e de tal forma?

E quanto ao *laissez-faire*? Não contraria o próprio conceito de liderança, ou seja, exercício da influência?

Interessante observar que a teoria dos estilos de liderança ensejou muitos modelos e programas com o objetivo de transformar as pessoas em líderes democráticos e, a mesmo tempo, com forte preocupação com a produção. Houve uma época, por exemplo, que a última palavra em treinamento era o Grid Gerencial. Robert Blake e Jane Mouton[2] desenvolveram um modelo com duas coordenadas: orientação para pessoas e orientação para tarefas. Cada coordenada tinha uma escala de 9 pontos. Líder 9.1, segundo eles, é altamente orientado para tarefa e pouco para pessoas; líder 1.9 é o contrário. Líder 1.1 é aquele pouco orientado para pessoas e para tarefas. Líder 5.5 é o meio-termo. Segundo Blake e Mouton, é medíocre. Líder 9.9 é o altamente orientado para pessoas e também para tarefas. É o ideal.

Lembro-me de que empresas reuniam o corpo gerencial e "subordinados" em hotéis para, sob forte treinamento, transformarem gerentes em líderes 9.9. Sei de um caso em que, depois de submetido a tal treinamento, um gerente de grande empresa petrolífera mandou retirar, literalmente, a porta de sua sala. Afinal, era agora um líder que gerenciava de *portas abertas*. Detalhe: continuava o mesmo autocrático de sempre.

O Grid Gerencial tem seus aspectos positivos. Colocando gerentes e "subordinados" juntos, trabalhava com a questão da imagem que cada um faz de si e a que os outros lhe fazem. Contudo, o Grid trabalha o nível do comportamento, isto é, o que é observável e que, quase sempre, escamoteia os motivos mais ocultos. A lição que fica é de que as pessoas se modificam, quando elas próprias mexem em seus valores, a energia que orienta ações.

Bem, mas aí vai minha pergunta: você considera que a teoria dos estilos de liderança sustentou-se?

Se você afirma que, tal como a teoria dos traços de personalidade, a teoria dos estilos de liderança é frágil, não se sustentando, portanto, estamos de acordo. Mas a teoria dos estilos sinaliza-nos para a questão das situações. Surge, então, a teoria situacional, também conhecida como teoria contingencial.

---

2 BLAKE, Robert; MOUTON, Jane. *O grid gerencial*. São Paulo: Livraria Pioneira, 1976.

2.3 Teoria contingencial

A teoria contingencial desfoca a atenção da figura do líder para o fenômeno da liderança. Alerta que ela é uma relação, ou seja, não se pode falar em líderes sem falar em liderados, não se pode falar em poder sem falar sobre quem ele é exercido. Nessa relação, vê três pilares fundamentais: líder, seguidores e situação.

No que concerne ao líder, destaca a questão da autoridade formal e a da personalidade. O fato de alguém ter a autoridade formal (aquela posição na hierarquia) não garante a liderança, mas pode facilitá-la. Por outro lado, características de personalidade tanto podem facilitar, como podem criar obstáculos. Imagine uma pessoa altamente autoritária, que tente exercer influência sobre um grupo que valoriza a participação, o trabalho em equipe. Fica difícil, não fica? Ela pode até conseguir o que deseja, pois coação existe. Entretanto, existe também coração, aquilo que dá o toque diferencial num trabalho de qualidade, e as pessoas não o entregarão a quem não as respeita.

No que diz respeito aos seguidores, a teoria destaca a questão das expectativas, dos interesses e das motivações, para afirmar que exercerá liderança aquele que as satisfizer. Lembrei-me de um fato que aconteceu comigo há alguns anos. Eu era professora de uma turma de graduação e chegara o momento de discutirmos questões relativas à liderança. A aula era sexta-feira e na quinta era feriado. Ora, o que acontece, especialmente no Rio de Janeiro, quando há um dia que antecede um feriado e precede um dia não útil (neste caso, o sábado)? Você acertou. Enforcamos o dia útil. Pois bem, havia na turma um garoto que todos consideravam líder. Sabe aquela pessoa que está sempre com uma rodinha de pessoas a seu redor, que todos param para escutar? O garoto era assim. Combinei com ele, longe dos colegas, que ele iria se dirigir a eles, incentivando-os a comparecerem à aula na sexta-feira, pois o assunto era importante. O garoto usou toda a argumentação de que dispunha, na tentativa de convencimento. Você pode imaginar o que aconteceu?

____

____

É. Foi isso mesmo. Ninguém acatou a sugestão do garoto. Que você pode depreender daí? Por que os colegas não atenderam ao apelo de seu suposto líder?

____

____

____

Se você disse que o sucesso não foi obtido porque a solicitação do garoto contrariava as motivações e os interesses do grupo, estamos de acordo. Não havia seguidores. Portanto, naquela contingência, não havia líder.

Bem, a teoria contingencial destaca também a situação, assim entendida não só a organização (empresa ou outro tipo de organização: organizações não governamentais, setores da administração pública, clubes, igrejas, universidades e por aí afora), cenário onde as coisas acontecem, como também a tarefa que é executada. Qual é a cultura dessa organização? Como está o clima psicológico no momento? Qual a relevância da tarefa a ser executada? Qual sua emergência? Quais os riscos de sua não execução? Questões desse tipo precisam, portanto, ser consideradas.

A teoria contingencial é bastante útil para a compreensão de determinadas situações. Veja o Caso do Diretor Industrial, a seguir apresentado. Reflita sobre ele e depois responda às seguintes perguntas:

- Segundo a teoria contingencial, liderança é um fenômeno que depende do líder, dos seguidores e da situação. Levando em conta esses três elementos, como você analisa o caso?
- O Diretor Industrial conseguiu exercer liderança, isto é, influenciar indivíduos e grupos no sentido do atingimento das metas da empresa?
- O caso está incompleto. Não relata o que acabou por acontecer com o Diretor Industrial. Que você acha que aconteceu?

Aí vai o caso.

O Caso do Diretor Industrial

A empresa em questão está com sua produção vendida para os próximos dois anos. No entanto, não está conseguindo honrar seus compromissos de entrega. Esse fato está causando vultosos prejuízos, na forma de rescisão de contratos e multas por atraso.

Foi realizada uma auditoria externa e constatou-se que o problema estava localizado na área industrial que, nessa empresa, compreende a Engenharia Industrial, o Controle de Qualidade, a Divisão de Testes, a Divisão de Compras e a Divisão de Planejamento de Materiais.

Procedeu-se a um remanejamento na diretoria, sendo o Diretor Industrial transferido para a Diretoria Comercial, uma vez que a auditoria não o apontou diretamente como responsável pela situação e seu perfil realmente se encaixava melhor nessa segunda atividade. Para a posição de Diretor Industrial, foi contratado um profissional que exercia essa mesma função em uma grande multinacional instalada no Brasil.

Esse profissional iniciou seu trabalho em condições amplamente favoráveis, uma vez que era visto como a pessoa que iria resolver definitivamente os problemas da empresa, tendo, inclusive, "carta branca" para efetuar as alterações que julgasse necessárias.

As gerências a ele subordinadas, mencionadas, eram ocupadas por pessoas que tinham feito sua carreira dentro da empresa, variando o tempo de casa entre 8 e 10 anos. Essas pessoas detinham o conhecimento da história da empresa e gozavam de grande prestígio não só com os proprietários, como também com o quadro funcional. Tinham, portanto, sólida reputação profissional, o que impedia que fossem descartadas sem maiores justificativas.

O novo Diretor, entretanto, tinha interesse não só em manter, como em fortalecer a posição privilegiada com a qual ingressara na empresa, e a permanência daquelas pessoas nos postos que ocupavam – e que podiam ser considerados postos-chave – não lhe era conveniente. Assim, deu início a uma estratégia, visando à retirada daquelas pessoas, sem que para isso tivesse que sofrer um grande desgaste em sua imagem. Essa estratégia consistiu, basicamente, em:

a. transferência dos gerentes de uma Divisão para outra, eliminando a interação já estabelecida entre cada gerente e seus antigos funcionários e criando a necessidade de todo um novo processo de adaptação, implicando isso, consequentemente, perda de rendimento;

b. estabelecimentos de prazos que, de antemão, já se sabia que não poderiam ser cumpridos, mas, mesmo assim, fazendo um acompanhamento normal das atividades e responsabilizando os gerentes pelo não cumprimento do estabelecido;

c. "chamadas à atenção" extremamente ríspidas feitas aos gerentes na presença de seus subordinados, com o objetivo definido de diminuí-los e enfraquecer-lhes a autoridade.

Com esses procedimentos, pouco a pouco o Diretor Industrial conseguiu que os gerentes fossem demitindo-se, e cada vaga aberta era preenchida por um homem de sua confiança, com o qual já tinha trabalhado. Ao término desse processo, ele conseguiu montar uma estrutura extremamente unida, em que cada gerente cobria qualquer eventual falha de outro, de tal maneira que os problemas que ocorriam na área industrial dificilmente eram conhecidos fora dali.

Além disso, paralelamente, foi feito um trabalho que consistiu em – por meio de argumentações diversas – trazer para a área industrial atividades que, anteriormente, eram exercidas por outras diretorias. Entretanto, a empresa, embora tenha conseguido melhorar um pouco seu nível de entrega, continuava, basicamente, a padecer dos mesmos problemas.

Como a posição do Diretor era extremamente forte, o não cumprimento das metas era, invariavelmente, atribuído às outras Diretorias que, por se sentirem enfraquecidas diante da Diretoria Industrial, não conseguiam reagir adequadamente, fazendo com que, cada vez mais, o poder do Diretor Industrial se solidificasse.

A agressão dos acontecimentos chegou a tal ponto que o próprio Diretor-Superintendente começou a ter sua posição ameaçada e viu-se, então, sem outra alternativa senão tomar medidas que fizessem parar o processo.

Compras representa, dentro de uma indústria, uma divisão de grande importância, uma vez que não só realiza transações que envolvem grandes quantias, como também é responsável pela aquisição dos insumos a serem utilizados na produção.

Com a justificativa de que a compra de materiais estava sendo feita de forma inadequada, o Superintendente condicionou a compra de qualquer material à assinatura de um assessor seu que, em tese, o representaria, mas que na prática significou pura e simplesmente a perda de poder do Diretor Industrial de autorizar a compra do que quer que fosse. Este, ressentido com essa decisão, discutiu várias vezes com o assessor designado para a tarefa, o que resultou num expressivo desgaste.

Outro fato relevante é que a empresa é a fusão de três outras empresas atuantes em ramos distintos da área de telecomunicações. Sob o pretexto de fazer uma avaliação mais exata de como estavam ocorrendo os processos de cada um desses ramos desde o desenvolvimento até a comercialização, o Superintendente designou os Gerentes de Desenvolvimento de cada uma dessas três áreas para fazer um acompanhamento de todo o caminho percorrido pelos produtos dentro da empresa, ou seja, tornou-os uma espécie de interventores, com o direito de requisitar qualquer informação que julgassem necessária. Os gerentes tiveram a incumbência de, três meses após iniciado o trabalho, apresentar um relatório detalhado de tudo o que tinham observado.

Embora, na prática, todas as Diretorias tivessem sido atingidas por essa medida, a Diretoria Industrial foi a mais prejudicada, não só pelo desgaste natural que uma intervenção provoca, como também pelo fato de que a estrutura de bloqueio de informações – desenvolvida pela Diretoria Industrial – foi seriamente atingida.

As eventuais falhas da Diretoria Industrial que conseguiam passar pelo bloqueio de informações e chegar ao conhecimento do restante da empresa eram, no entanto, quase invariavelmente justificadas pela falta de pessoal. O Superintendente providenciou, então, o pessoal supostamente necessário. Esse fornecimento não era feito por meio de novas contratações, mas por meio de deslocamento de pessoas que exerciam outras funções. Isto gerava nesses funcionários grande insatisfação, uma vez que a mudança implicava novo ambiente de trabalho, alterações das atividades às quais já estavam habituadas e se julgavam competentes, além da sensação de pouco prestígio.

Como se vê, as atitudes do Diretor Industrial geraram outras atitudes do Superintendente. Como após cada fornecimento de recursos solicitado se fazia intenso acompanhamento dos resultados, os sucessivos fracassos detectados minaram ainda mais a posição do Diretor.

Qual sua resposta às três questões apresentadas antes do caso?

☆ ___________________________________

____

____

____

____

____

____

____

____

☆ ___________________________________

☆ ___________________________________

____

____

Espero que sua resposta seja mais rica do que a minha, porque vou apenas sintetizar os pontos principais. Veja se minha resposta coincide ou, pelo menos, está incluída em sua.

☆ Resposta 1:

Segundo a teoria contingencial, liderança é uma relação de três elementos: líder, seguidores e situação. É, portanto, uma teia. O Diretor exerceu o poder atribuído a seu cargo, tanto que tinha "carta branca", mas aqueles a quem deveria conquistar como seguidores foram esquecidos. Não se lhes ouviu a história de suas experiências na empresa e desprezaram-se seus sentimentos de autoestima provenientes do prestígio que gozavam dentro da empresa, não só por não ouvi-los, como também por colocar-lhes prazos inexequíveis, fazer-lhes reprimendas em público e exercer toda sorte de pressões que os levaram a desligar-se da empresa. Por seu turno, os outros diretores não foram tratados como parceiros, ao contrário. Suas diretorias foram sendo esvaziadas. O Diretor Industrial veio de uma grande multinacional, onde obtivera sucesso. A situação mudou. Ele estava agora em outra empresa. E foi longe demais. Suas asas foram cortadas no momento em que mexeu com o Diretor Superintendente. Será que só aí perceberam que foi muita marola para pouco resultado, uma vez que a empresa continuava, basicamente, com os mesmos problemas que justificaram a contratação do Diretor Industrial?

Você me dirá: mas às vezes temos mesmo de fazer remanejamentos, demitir algumas pessoas não afinadas com a empresa e tomar outras medidas impopulares. É verdade. Todavia, isto tem de ser feito dentro de um quadro referencial que privilegie as metas empresariais e a valorização das pessoas. Tal quadro distingue, por exemplo, uma empresa inteligente (também conhecida como *learning organization*, organização de aprendizagem) de uma empresa de pessoas inteligentes. A primeira estimula que todos na empresa pensem, reconhece que todo mundo sabe* alguma coisa, valoriza a contribuição de todos os seus membros; a segunda valoriza o grupo de "sábios", aqueles que ditam ordens para os "não inteligentes" executarem.

Pierre Lévy e Michel Authier[3] nos provocam:

- "(...) todo ser humano, até sua morte, pode ser considerado como um reservatório, um estoque, um capital de conhecimento que nunca acaba de crescer".
- "(...) uma infinidade de conhecimentos, que todos podem possuir em um momento ou em outro, aqui e ali, sua pertinência econômica, lúdica, social, científica etc. circulam clandestinamente, crescem em silêncio, invisíveis, atuantes, prontos para servir."
- "Quando dizemos que alguém 'não sabe nada', enganamo-nos totalmente, pois todo ser humano sabe algo, na própria medida em que viveu."
- "Tendo como princípio que cada um sabe, enuncia-se a mais simples das verdades, restituindo a cada ser humano a sua dignidade."
- "Se é justo dizer que cada um sabe, é preciso imediatamente acrescentar que ninguém sabe tudo."
- "O conhecimento advém e dura somente por causa da imensa coletividade dos homens e de seus produtos, da fervilhante fábrica dos povos, do meio humano em geral. Quem segreda e sustenta o saber? A própria vida da espécie e de seu mundo. Todo o saber está na humanidade."

☆ **Resposta 2**:

Considerando-se que o papel do líder, na empresa, é influenciar indivíduos e grupos para que as metas da empresa sejam alcançadas, o Diretor Industrial não exerceu liderança. Se você respondeu que ele exerceu liderança *negativa*, esqueça. Isso não existe. Os adjetivos *negativo* e *positivo* estão referidos a valores, não ao conceito de liderança. Para você, por exemplo, o chefe do Comando Vermelho pode exercer liderança "negativa", porque seus valores (de você) repudiam o crime, mas para os seguidores de tal chefe sua liderança é muito "positiva", uma vez que os valores deles não estão referidos ao respeito a outras pessoas. O chefe do Comando Vermelho exerce liderança em relação a um grupo de criminosos seus seguidores, assim como Mandela em relação aos sul-africanos. Ambos influenciam indivíduos e grupos cujos valores, motivações, expectativas e interesses estão com eles sintonizados.

3 LÉVY, Pierre; AUTHIER, Michel. *As árvores de conhecimentos*. São Paulo: Escuta, 1995.

☆ **Resposta 3**:

Sabe o que aconteceu nesse caso real? O Diretor Superintendente chamou o Diretor Industrial e fez com que ele escrevesse, de próprio punho, uma carta pedindo demissão, *por motivos particulares*. A empresa concedeu, agradecendo ao Diretor Industrial pelos *inestimáveis serviços prestados à empresa*, lamentando a perda do Diretor e desejando-lhe muito sucesso em suas novas jornadas.

Você conhece algum caso assim?

3 Liderança e os Novos Tempos

Uma era que tem a informação como seu recurso primeiro é assustadoramente diferente daquela cujos principais recursos foram o capital em si, a força física, a matéria-prima, a terra. Você concorda?

____

____

Espero que tenha concordado. Ora, nessa nova era, a discussão sobre se liderança é ou não resultado de traços de personalidade, estilos na condução de indivíduos e grupos, ou marca de nascença torna-se espúria, deixa de fazer sentido. O que se quer são pessoas que, abraçando uma causa (causas têm sempre um componente afetivo, apaixonado, forte), mobilizem outras a fim de que o conteúdo dessa causa se torne realidade. Lembra-se da lenda de Pigmaleão, o escultor de Chipre? Conta-se que Pigmaleão apaixonou-se por Galatéia. Quem era? Uma escultura feita por ele. O escultor queria tanto que sua obra tivesse vida para poder com ela se casar, que Vênus, a deusa do amor, atendeu ao seu pedido. Lindo, não? A vontade, o desejo movidos por paixão tornam o sonho realidade.

Bem, nessa nova era, o que se quer são pessoas que, como afirmado por Rhinesmith de quem falei no Capítulo 1, tenham mentalidade global, aceitando e lidando com as contradições da vida, lidando com o inesperado, abrindo-se para si mesmas e para os outros, encontrando significado no trabalho e permitindo que outros também encontrem. Pessoas que, como Luther King, tenham um sonho (*I have a dream*) e busquem transformá-lo em realidade.

Parece claro que tais pessoas devem ter certas características pessoais capazes de facilitar o processo de influenciação. Se você se lembra, Rhinesmith menciona que deve ser uma pessoa com conhecimento do negócio e do ambiente competitivo no qual o negócio se insere, domínio conceitual (pensamento abstrato), sensibilidade, capacidade de avaliação, julgamento de situações, habilidade reflexiva, flexibilidade. Peter Drucker nos alerta: "*Se existe uma coisa que é certa hoje é que os gerentes e executivos de amanhã irão fazer coisas ainda mais diferentes daquelas feitas pelos gerentes e executivos de hoje. E eles as farão de maneiras muito diferentes.*"

Outra característica pessoal apontada por Rhinesmith é a disponibilidade para aprender continuamente. Este é o ponto. Liderança requer humildade suficiente para se aprender, permanentemente, a lidar com indivíduos e grupos, de forma a mobilizá-los para uma causa, no caso, atrelada às escolhas da empresa. Conheço uma executiva assim. Baixinha, magrinha, psicóloga capaz de fazer de cabeça cálculos matemáticos sofisticados; ela coloca metas extremamente desafiantes às pessoas com as quais trabalha, e o faz com tanto entusiasmo e num respeito tal que a pessoa desafiada, com a autoestima massageada, dá sua energia para que as metas sejam alcançadas. Quando uma pessoa vai falar com essa executiva, ela dispensa tanta atenção que é como se aquela pessoa fosse a mais importante do mundo. Os encontros podem ser breves, mas são intensos em dignidade. É uma executiva/líder.

Bem, nunca é demais lembrar que o gestor dessa nova era encontra-se às voltas com desafios de diversas naturezas.* Assim, além das qualidades desejadas do Príncipe T'ai (lembra-se da história que contei no Capítulo 2?), espera-se do gestor/líder a capacidade de atuar em cenários nos quais a convivência da ordem e da desordem se faz sentir. Espera-se que possua múltiplas habilidades, tanto de natureza comportamental quanto técnica que, ancoradas em valores e atitudes, lhe permita lidar adequadamente com ambiguidades. Espera-se que seja um mentor.

Se você tiver interesse em aprofundar essa questão, sugiro-lhe a leitura de artigo que escrevi com Paulo Durval Branco: Em busca da visão de totalidade. *Revista de Administração de Empresas*. São Paulo: Fundação Getulio Vargas, v. 33, nº 6, nov./dez. 1993.

Certa vez, uma gerente de uma grande empresa do ramo de comunicação contou-me que seu diretor desfrutava de alto prestígio na empresa, porque era um grande técnico, altamente criativo, perfeccionista, com grandes ideias; pena que fosse tão grosseiro, tão agressivo com as pessoas. Fiquei matutando: o que um gerente gerencia? Máquinas? Não. Máquinas são operadas, não são gerenciadas. Um gerente gerencia pessoas. Se é assim, em que era está a tal empresa que prestigia um diretor tão grosseiro? Perdeu-se no tempo? Vive num mundo cuja existência não mais se sustenta?

Lembrei-me de um pensamento de Eric Hoffer: "*em uma época de mudanças dramáticas, são os que têm capacidade de aprender que herdam o futuro. Quanto aos que já aprenderam, estes descobrem-se equipados para viver em um mundo que não existe mais*".

Lembrei-me também de uma história contada na Índia, segundo a qual um homem encontrou, em um trem, um sujeito velho e com aparência bastante frágil, que carregava um saco de papel pardo dentro do qual colocava pedacinhos de comida. Depois de algum tempo, o passageiro não aguentou de curiosidade e perguntou-lhe o que ele estava alimentando.

– *É um mangusto, sabe, aquele animal que mata cobras.*

– *Mas por qual motivo você o carrega?*

– *Bem* – respondeu o sujeito – *eu sou alcoólatra e preciso do mangusto para espantar as cobras quando tenho ataque de* delirium tremens.

– *Mas você não sabe que as cobras quando se tem* delirium tremens *são apenas imaginárias?*

– *É claro que sei,* respondeu o sujeito. *O mangusto também é.*

Assim como o sujeito que alimentava um animal inexistente, parece que aquele nosso diretor agia apoiado na crença de uma era tão real quanto as cobras que habitam as alucinações do alcoólatra. A diferença é que o sujeito da história tinha consciência de que tudo não passava de ilusão. Embora tenhamos de admitir que esse gestor-dinossauro e seu estilo de gestão ultrapassado é mais comum do que se pensa, temos também de admitir que é um dinossauro e, como ele, candidato à extinção.

Warren Bennis, de quem falei logo no início deste capítulo, afirma que em trabalhos anteriores ele não enfatizou a diferença entre liderar e administrar (a diferença entre líder e chefe, lembra-se?). Argumenta que àquela época não previu os "*abalos e terremotos que mudariam a cara do mundo*", mas agora entende que o líder do século XXI deve ser capaz de criar arquitetura social conducente à geração do capital intelectual: *ideias, know-how, inovação, cérebros, conhecimento e especialização*, bem como deve ser capaz de inspirar confiança e manter acesa a esperança.

Vale aqui um parêntese: por justiça, devo dizer-lhe que a empresa de comunicação da qual lhe falei cinco ou seis parágrafos atrás está mudando de rumo há algum tempo. A consciência está-lhe chegando. E a esse diretor também.

Veja que, além de estar apto a lidar com uma economia que há muito não respeita fronteiras geográficas, gestores/líderes devem ser versados nas técnicas mais diversas e também nos mistérios, na subjetividade da natureza humana. Devem estar conscientes de que cada pessoa é um todo integrado de natureza física, intelectual, emocional e espiritual.

Você se lembra de Maslow, aquele estudioso que desenvolveu no campo da motivação a teoria da hierarquia de necessidades (Capítulo 2 deste livro)?

Espero que sua resposta tenha sido: *sim*. Pois tenho uma surpresa para você. Nos últimos anos de sua vida, Maslow sustentava pontos do que se convencionou chamar de psicologia transpessoal. Segundo Maslow, as necessidades superiores, tais como as transcendentes, religiosas, estéticas e filosóficas da vida são tão reais e intrínsecas à natureza humana quanto quaisquer necessidades fisiológicas. Indo além, Maslow argumentou que a vida espiritual ou dos valores é passível de desenvolvimento com base em técnicas como a meditação.

Na linha de Maslow, Win Coleman e Pat Perrin,[4] reunindo teorias e métodos desenvolvidos por cientistas e outros profissionais das mais diversas correntes de pensamento, apresentam um guia prático para o autodesenvolvimento. Tal guia inclui lógica e disciplina, em um processo voltado ao pragmatismo e também inclui a intuição, sentimentos de risco, de surpresa, de

[4] COLEMAN, Win; PERRIN, Pat. *O livro de pragmágica de Marilyn Ferguson*. Rio de Janeiro: Record, 1992.

mistério, de prazer. O guia apresenta técnicas específicas para a compreensão dos processos cerebrais, corporais e espirituais. Vale a pena!

Gerentes/líderes devem mostrar-se hábeis para conduzir processos multidisciplinares e deles participar, visto que demandam poder de abstração, análise e síntese. Devem ser capazes de, ao contrário dos meteorologistas, antecipar as consequências do *bater de asas de uma borboleta em Pequim* (lembra-se de Ilya Prigogine de que falei no Capítulo 1 deste livro?). Não quero com isto dizer que o gestor/líder deva tornar-se candidato imbatível a uma vaga no Olimpo, lugar dos deuses, mas que deve estar consciente da necessidade de uma visão holística da realidade, visão essa que trata as partes segundo seus mútuos relacionamentos e o relacionamento com o todo, utilizando, portanto, o pensamento sistêmico. Você considera essa necessidade fácil de ser atendida?

____

Se você respondeu que sim, parabéns! Você já deve estar na nova onda. Se respondeu que não, concordo com você. Com certeza, não se trata de uma necessidade fácil de ser atendida. Mas é premente.

Cada vez há mais indícios de que pouca habilidade temos demonstrado no trato com a complexidade dos problemas atuais. Crises com as quais nos defrontamos desafia a todos. Não é à toa que Gary Hamel e C. K. Prahalad[5] afirmam:

> *"As bases para o sucesso obtido no passado foram abaladas quando, na maioria dos casos, a topografia do setor mudou mais rápido do que a capacidade da alta gerência de reformular suas crenças e premissas básicas sobre que mercados deveria servir, que tecnologias deveria dominar, que clientes deveria atender e como obter o melhor desempenho dos funcionários."*

Por ser assim, para Peter Senge (já falei sobre ele no Capítulo 1, lembra-se?), o papel do líder é o de projetista, professor e regente.

Projetista para construir o alicerce da empresa, referido a seus propósitos e valores essenciais, para definir políticas e estratégias que os realizem, bem como para criar processos de aprendizagem efetivos.

Professor para fazer aflorar os modelos mentais das pessoas e ajudá-las a reestruturar suas visões da realidade e, assim, serem capazes de enxergar as causas subjacentes dos problemas, aquilo que não está explícito, que não está escancarado.

Regente para catalisar os esforços das pessoas na realização da missão da empresa.

E aí? Você se considera um projetista, um professor e um regente?

____

[5] HAMEL, Gary; PRAHALAD, C. K. *Competindo pelo futuro*: estratégias inovadoras para obter o controle de seu setor e criar os mercados de amanhã. Rio de Janeiro: Campus, 1995.

Espero que sua resposta tenha sido sincera. De todo modo, sugiro-lhe um teste de autoavaliação. Designei-o por: estou no Caminho da Liderança? A palavra *caminho* é importante. Ela sinaliza o fato de que liderança é um processo, não um produto acabado. Não é um pacote de sabão em pó posto na prateleira do supermercado. É um processo permanente de aprendizagem.

Teste – *Estou no caminho da Liderança*?

Você deverá atribuir os graus 1, 2, 3 ou 4 a cada uma das afirmações feitas. Considere:

1 – nunca 2 – raramente 3 – algumas vezes 4 – frequentemente

Pronto? Ah! Um lembrete: seja sincero. Isso o ajudará no autoconhecimento e no autodesenvolvimento.

1.	Conheço as metas globais da empresa, seus projetos e os resultados que ela obtém.	
2.	Mantenho-me informado sobre os outros setores da empresa, suas metas e projetos, dificuldades e facilidades.	
3.	Ajudo todos, incluindo meu chefe, a enfrentar novos desafios.	
4.	Mantenho-me atualizado com o que acontece no mundo.	
5.	Envolvo-me na elaboração e disseminação da missão, visão e valores da empresa.	
6.	Percebo como minha atribuição contribui para o desejado desempenho da empresa.	
7.	Compartilho informações com todos os membros de minha equipe.	
8.	Busco significado em meu trabalho e procuro fazer com que os outros também o busquem.	
9.	Faço alianças com pessoas de outros setores, dentro ou fora da empresa, de modo a atingir metas que possam beneficiar a todos.	
10.	Considero que, enquanto estiver na empresa, tenho de ser comprometido com ela.	
11.	Procuro ouvir o ponto de vista de outras pessoas, mesmo quando discordo dele.	
12.	Admito que tenho muito a aprender e, portanto, a desenvolver-me.	
13.	Esforço-me para que as realizações inovadoras da empresa sejam bem-sucedidas.	
14.	Vejo crises, incertezas, turbulências como oportunidades para aprendizagem e mudanças.	
15.	Reconheço que minhas decisões são afetadas por sentimentos.	
16.	Reconheço e recompenso aqueles que contribuem para o sucesso da empresa.	
17.	Procuro aprender o máximo possível sobre problemas e com eles, independentemente de visualizar-lhes ou não uma solução.	
18.	Busco ser criativo.	
19.	Envolvo pessoas de vários níveis na realização de mudanças e decisões importantes.	
20.	Crio situações que estimulam o crescimento de indivíduos e grupos.	
21.	Tenho atitude positiva diante das dificuldades.	
22.	Uso palavras de estímulo quando os resultados não são satisfatórios, de modo que todos possam aprender com o erro.	
23.	Escuto a opinião da equipe, sempre estimulando os colaboradores a pensar, participar e assumir novos desafios.	

24.	Valorizo os sentimentos das pessoas com as quais trabalho e as estimulo a fazerem o mesmo.	
25.	Procuro ter alto astral.	
26.	Sei catalisar a energia das pessoas da empresa para a solução de problemas e para a realização dos projetos da empresa.	
27.	Sou cooperativo, leal, ético e jamais prometo algo que não posso cumprir.	
28.	Tenho humildade suficiente para aceitar meus pontos fracos, bem como as críticas.	
29.	Busco superar metas.	
30.	Procuro criar na empresa um ambiente de trabalho estimulante e desafiador.	
	Some o total de pontos	
	Divida por 30	
	Resultado	

Se você obteve 4 ou 3 pontos, tudo indica que você está no caminho da liderança. Abaixo de 3, compre uma bússola ou valha-se do GPS.

Vou detalhar para você o que considero capacidades necessárias ao gestor que pretenda ser líder.

4 Capacidades Requeridas do Gestor/Líder

Empresas precisam saber onde querem chegar. Afinal, como dizia Sêneca,* filósofo e poeta romano: "*Não há vento favorável para quem não sabe a que porto se dirige.*" Saber aonde quer chegar é visualizar a empresa de seus sonhos; é definir o que no jargão administrativo convencionou-se chamar de visão,* futuro que o gerente/líder e seus liderados desejam construir. Tal visão deve estar em sintonia com a missão da empresa, seu propósito, aquilo que justifica sua existência. A missão indica como será feita a construção da visão. Tomando como referência a missão, são estabelecidos objetivos e definidas metas. Para realizar visão, missão, objetivos e metas, são escolhidas estruturas, tecnologias, estratégias e desenvolvidas competências. A pergunta que agora faço é a seguinte: todos esses elementos devem ser apenas do conhecimento do corpo dirigente ou devem permear o tecido da empresa?

☆ Lucius Annaeus Sêneca nasceu em Córdoba, na Espanha, a 4 a.C. e morreu em Roma, na Itália, a 65 d.C. Foi o preceptor do jovem Nero; todavia, depois afastou-se. Nero, você deve lembrar-se, foi o imperador romano que mandou atear fogo em Roma e, depois, acusou os cristãos, a quem perseguiu inclementemente.

Francisco Carvalho não é um gestor, mas suas palavras podem ilustrar o que é visão. Iluminador de TV, um "pintor de imagens", como preferem chamá-lo seus companheiros, Francisco é ex-lavrador, completou apenas o 2º grau, não vai ao cinema, não lê livros sobre fotografia e foi o responsável pelas elogiadas fotografias das novelas *Kananga do Japão*, *Pantanal* e *Ana Raio e Zé Trovão*. Perguntado como consegue os efeitos, apenas responde: "*Não tem mistério. Imagino uma iluminação e faço.*"

Se você respondeu que devem permear o tecido da empresa, estamos de acordo. É aí que o líder forma outros líderes com cujos seguidores compartilha visão, missão, objetivos, metas, estruturas, tecnologia, estratégias. O desejado comprometimento das pessoas pode ser obtido pelo compartilhamento desses elementos. Afinal, como pode alguém comprometer-se com algo que desconhece?

Nesta época de mudanças tão velozes e de globalização, o gestor/líder deve perscrutar o ambiente externo, estar com as antenas ligadas para o que acontece no mundo, sob pena de ficar como a Carolina. Você se lembra dela? A Carolina do Chico Buarque. "*O tempo passou na janela e só Carolina não viu.*"

Uma vez, dando um curso para gerentes em uma empresa de médio porte, perguntei se era tarefa do gerente ficar atento ao que acontecia no mundo. Resposta de um deles: "*não, isso é tarefa do diretor*". Pensei comigo mesma: este nunca vai chegar a diretor. Pelo menos, não se o critério for de competência.

Há uma capacidade que também considero extremamente relevante ao gestor/líder: contribuir na formação de valores e crenças organizacionais dignificantes. Que dignifiquem quem? O ser humano, é claro. Se empresas não existem para satisfazer pessoas, então para que elas existem?

De um gestor/líder espera-se que seja hábil na busca de clarificação de problemas. Você deve usar mais tempo em identificar claramente o problema que a empresa tem do que fazê-lo apressadamente e ficar arrependido pelo restante de seus dias. Em ciência se diz: quando se parte de premissa errada, pode-se chegar a uma bela conclusão, mas ela estará errada. Às vezes, você pode supor que tem um problema de estratégia, quando ele está vinculado às necessidades de educação; outras, que tem um problema de estrutura, quando ele é de escolha tecnológica. Às vezes, você pode perder precioso tempo, tentando melhorar a forma de fazer algo, quando a questão é indagar se este algo merece continuar.

Até me contaram a seguinte história: num local qualquer havia uma cadeira colocada no centro de um pátio. Um homem armado com revólver guardava-a. Depois, acharam que a segurança era pouca e puseram quatro homens armados de escopeta. Não estava ainda bom. Melhoraram o sistema e puseram um circuito fechado de TV com alarme e tudo. Um belo dia alguém perguntou: "*por que esta cadeira está aí?*". Só então se deram conta da necessidade de saber que função aquela cadeira, no meio do pátio, exercia. Descobriram, perplexos, que ela, naquele lugar, tinha sido posta há muito tempo, quando fora pintada e não queriam que algum desavisado nela sentasse, sujando sua roupa e estragando a pintura.

Além de hábil na clarificação de problemas, espera-se do gestor/líder que seja criativo. Aliás, nunca se precisou tanto de pessoas criativas. Você considera que toda pessoa inteligente é criativa?

Se você respondeu que não, sua resposta coincide com a de Domenico de Masi, consultor internacional. Então, o que é uma pessoa criativa?

Ainda segundo Domenico de Masi, pessoa inteligente é a que tem grande capacidade de raciocínio e habilidade psicomotora. Pessoa criativa é a que, além de inteligente, tem também imaginação e capacidade de traduzi-la em fatos, fazendo a síntese entre a fantasia e o senso prático. Para Domenico, pessoa criativa é a que tem grande patrimônio de emotividade, opiniões e facilidade de relacionamento, além de mais de um interesse e grande curiosidade intelectual. Você seria considerado criativo por Domenico de Masi?

Espero que sua resposta tenha sido sincera.

Sobre inteligência, conversaremos mais no Capítulo 6. Aguarde!

Sobre criatividade, gosto da definição de John Kao.[6] Para ele, criatividade é um processo por meio do qual as ideias são geradas, desenvolvidas e transformadas em valor. Eunice Alencar[7] assinala como centrais no ato criativo as dimensões de relevância e originalidade, vale dizer, todo ato criativo deve ser apropriado a uma situação e representar algo mais do que o próximo passo lógico. Eu e Marcelo Carpilovsky[8] entendemos que criatividade engloba inovação, um processo de introdução de novidades; mas nem toda inovação é um ato criativo, podendo representar apenas uma novidade para determinado contexto.

Vamos ver se você usa sua criatividade na solução de alguns casos? Vou apresentar-lhe seis, sendo cinco inspirados em Nilton Bonder[9]* e um em Malba Tahan.[10]*

> Nilton Bonder tem imensa produção de livros. Engenheiro de formação, foi ordenado rabino pelo Jewish Theological Seminary, nos Estados Unidos. Atua no Brasil.

[6] KAO, John. *Jamming*. Rio de Janeiro: Campus, 1997.

[7] ALENCAR, Eunice. *Criatividade*. Brasília: Universidade de Brasília, 1993.

[8] VERGARA, Sylvia Constant; CARPILOVSKY, Marcelo Pomeraniec. A metáfora da organização como sistema criativo. *Revista de Administração Pública*, Rio de Janeiro: Fundação Getulio Vargas, v. 32, nº 3, maio/jun. 1998.

[9] BONDER, Nilton. *O segredo judaico da resolução de problemas*. Rio de Janeiro: Imago, 1995.

[10] TAHAN, Malba. *O homem que calculava*. Rio de Janeiro: Record, 1996.

Malba Tahan é o pseudônimo do professor Mello e Souza, que tanto encantou as alunas do Instituto de Educação dos áureos tempos, com suas aulas de matemática. A primeira versão do livro mencionado foi publicada em 1957 pela Editora Conquista. O livro foi reeditado pela Record e já passa da 43ª edição. É um magnífico presente para se dar a crianças, jovens e adultos.

Procure dar respostas criativas. Vamos lá?

Casos em busca de soluções

Caso 1:

Uma moça está em apuros. Vê-se ameaçada por um lutador que esbanja músculos e demonstra agilidade e destreza com seu punhal. Aparece um segundo homem, pequeno e magro. Quer salvar a moça. Que faz?

____

____

____

____

____

Caso 2:

Uma criança de um subúrbio foi encontrada morta. Acusaram um homem de ter sido o assassino e alegaram que a criança tinha sido usada em rituais macabros. O homem foi preso. Era inocente, mas sabia que não tinha chance de ser absolvido. Pediu que lhe trouxessem um padre com quem pudesse conversar. Trouxeram.

Desesperado, o homem conversou com o padre que lhe pediu que não desistisse, porque uma saída inimaginável lhe seria mostrada.

No dia do julgamento, o juiz, que estava disposto a condenar o acusado, quis mostrar imparcialidade e justiça. Chamou o réu, e disse-lhe que iria escrever em um pedaço de papel a palavra *inocente* e, em outro, a palavra *culpado*. O acusado deveria escolher um dos papéis, decidindo seu destino.

O juiz preparou dois pedaços de papel e, dissimuladamente, escreveu em ambos a palavra *culpado*.

Lembrando-se da palavra do padre, o réu pensou por um instante e, com brilho nos olhos...

____

____

____

____

____

Foi inocentado.

Caso 3:

Um professor pergunta a um rapaz: "*Como você dividiria em partes iguais 11 maçãs entre 12 crianças?*"

Respondeu o rapaz:

____

____

____

____

Caso 4:

A caminho da cidade, um pobre homem da roça encontrou na estrada uma carteira. Nela havia R$ 90,00, um nome, um endereço e um bilhete dizendo: "*Se esta carteira for encontrada, devolva-a, por favor. Dou R$ 10,00 de recompensa.*"

Ao devolvê-la, ouviu do dono da carteira que nela havia R$ 100,00, e que, portanto, faltavam R$ 10,00.

O caso foi levado à autoridade local, que ouviu o camponês e o dono da carteira. O dono perguntou à autoridade: "*Em quem você vai acreditar, neste homem ignorante ou em mim?*" Respondeu a autoridade: "*Em você, é claro.*"

No entanto, pegou a carteira e a deu ao camponês. O dono da carteira exasperou-se: "*O que está fazendo? Por que isso?*"

Respondeu a autoridade:

____

____

____

____

____

Caso 5:

Em um dia de calor intenso, a Sra. Minalva entrou em uma loja para comprar um leque. Perguntou que tipos havia. Respondeu o vendedor: "*Temos leques de R$ 0,05, de R$ 0,20 e de R$ 0,50.*"

A Sra. Minalva optou pelo de R$ 0,05. Dez minutos mais tarde voltou à loja, esbravejando, reclamando do produto que lhe fora vendido, haja vista que já tinha até quebrado.

Espantado, o vendedor perguntou: "*Quebrou? Mas como foi que a senhora o usou?*"

Respondeu a Sra. Minalva: "*Ora, como é que se usa um leque? Segurei-o com a mão e o balancei de um lado ao outro diante do meu rosto. Não é assim que se faz?*"

Respondeu o lojista:

____

porque ______________________________________

____

____

____

Caso 6:

Um grande matemático tinha um amigo que o seguia e que possuía um camelo. Um dia, passavam ambos por uma praça quando viram uma briga entre três pessoas. Um velho pai havia deixado como herança 35 camelos, e dizia que eles deveriam ser repartidos pelos três herdeiros, da seguinte forma: **A** deveria receber a metade; **B**, um terço; e **C**, um nono. Feito o cálculo, daria 17,50 camelos para **A**, 11,66 para **B** e 3,88 para **C**. Que fariam? Esquartejariam os camelos? Neste caso, em verdade, **A** receberia 17 camelos, **B**, 11 e **C**, 3. Como operacionalizar com vantagem a decisão tomada pelo pai?

O matemático abordou-os, dizendo que poderia fazer uma divisão na qual todos sairiam ganhando e, portanto, ficariam satisfeitos. Perplexos, os herdeiros indagaram: "*Como?*". O matemático, então, tomou uma decisão:

____

____

____

____

____

Claro que vai ser-me difícil avaliar se suas respostas foram criativas. Esse julgamento compete, pois, a você mesmo. Apenas vou mencionar aqui algumas das respostas que alunos meus têm dado.

Caso 1 – ▲ Arranca o revólver do cinto e dá um tiro no lutador, à moda de Indiana Jones.

▲ Gesticula muito, apontando na direção de algo. O lutador distrai-se, procurando o que está sendo apontado e o segundo homem sai correndo com a moça (ambos ganharam a última São Silvestre).

Caso 2 – ▲ ... disse para o juiz: escolho o que está escrito no meu papel. Assim, peço-lhe que abra o seu. Se estiver escrita a palavra *culpado*, no meu papel está escrita a palavra *inocente*.

▲ ... engoliu um dos papéis e disse: basta agora olhar o que restou; é o contrário do que engoli e que, portanto, escolhi.

Caso 3 – ▲ Fazendo um gostoso suco e o repartindo igualmente pelas crianças.

▲ Fazendo uma belíssima torta, dividindo-a em 12 pedaços iguais e dando um para cada criança.

Caso 4 – ▲ A carteira não é sua, porque na sua havia R$ 100,00 e nessa só há R$ 90,00.

▲ Estou ajudando na distribuição de renda. Afinal, esse país é vice-campeão em má distribuição de renda.

Caso 5 – ▲ Não, porque esse leque é decorativo; é de parede.

▲ Não, porque esse leque é especial. Você deveria segurá-lo firmemente e balançar sua cabeça.

Caso 6 – ▲ Pegou o camelo do amigo, somou aos 35 da herança. Ficaram 36 camelos. Deu a metade para A, que ficou com 18 camelos; deu um terço para B, que ficou com 12; deu um nono para C, que ficou com 4. No total, A, B e C tinham 34 camelos. Restavam 2. O matemático devolveu o camelo de seu amigo e ainda restou 1, do qual se apropriou. Todos saíram ganhando, não é verdade?

Suas respostas foram mais criativas do que as que aqui mencionei? Parabéns! É isso que se espera de um gerente/líder.

Além de criativo, espera-se também do gerente/líder que faça da informação sua ferramenta de trabalho. Informação é combustível gerador do movimento empresarial e alimento do processo decisório. Pergunto-lhe: onde ele pode obtê-la?

____

____

____

Veja se sua resposta coincide com a minha. O gerente/líder pode obter informação nos sistemas de informação, que são deliberadamente construídos pelas empresas para dar suporte a decisões e ações. Pode também obtê-la na informalidade manifesta da vida empresarial, mais conhecida na intimidade por rádio-peão, rádio-corredor, rádio-tricô. Em Manaus, dizem: rádio-cipó. Gerente/líder tem, portanto, de sair de sua torre de marfim, ir para o local onde as coisas acontecem e nele extrair as informações de que necessita. É certo que há informações que o gerente/líder não consegue nem no sistema formal nem no informal e outras informações que ele nem sabe que precisa ter para apoiar suas decisões. Isto gera certo grau de incerteza, mas aprender a lidar com ela é também tarefa do gerente/líder. A informação está também em nosso inconsciente pessoal (aquilo que deixamos adormecido lá na periferia de nossas mentes) e igualmente no que Jung denominou de "inconsciente coletivo", herança da humanidade (Pierre Lévy e Michel Authier já citados neste capítulo diriam: "*Todo saber está na humanidade*"). Acessar tais inconscientes é possível.

Às vezes, nos cursos que dou, peço aos participantes que façam uma roda, de mãos dadas. Eles ficam virados uns para os outros. Depois, peço-lhes que, continuando de mãos dadas, fiquem virados para fora, ainda numa roda. Digo-lhes que devem fazer isso, sem torcer os braços. Você quer experimentar essa brincadeira? Com oito pessoas já é possível fazê-la.

____

Conseguiram? Se conseguiram é porque acessaram seu inconsciente. Certamente, as pessoas da roda em algum momento de suas vidas dançaram ou viram alguém dançar quadrilha, não é verdade? Ou brincaram de *Passa, passa gavião*. O processo é o mesmo. Um par de pessoas levanta os braços e, vindas do outro lado, de mãos dadas, as demais pessoas passam por baixo dos braços erguidos daquele par e logo toda a roda está virada para fora. É uma alegria! Aproveito o momento e pergunto às pessoas: "*Como vocês se sentiram? Que emoções lhes afloraram quando lancei o problema? Que emoções sentiram quando o resolveram?"* Aproveito o ensejo para sinalizar-lhes que, em geral, nas empresas se compartilha o peso dos problemas e se esquece de compartilhar a alegria dos resultados. Pouco se celebra com os outros os resultados para os quais eles contribuíram. Que pena! Tal celebração, certamente, ajudaria no fortalecimento da autoestima de todos e os auxiliaria a encontrar significado no trabalho.

Requer-se do gerente/líder que tenha iniciativa, que seja comprometido com a empresa, engajado na realização da visão, missão, objetivos e metas, que tenha atitude sinérgica, na qual o todo é maior do que a simples soma das partes. Você acha que aquele nosso Diretor Industrial teve atitude sinérgica?

____

Se você disse que não concordo com você.

Requer-se do gestor/líder ousadia. Quando falo em ousadia, refiro-me à ousadia consequente, não àquela inconsequente do rei de Avilã. Lembra-se dele? Avilã tinha sérios problemas de inflação e o rei decidiu acabar com eles. Por decreto, confiscou os ativos financeiros de todas as pessoas de seu reino. Foi incrível! Num dia, as pessoas dormiram com uma taxa de inflação de 80%. No dia seguinte, ela havia sido zerada. E as contas bancárias dos contribuintes também. Eta ousadia!

Do gerente/líder espera-se que visualize sempre o sucesso. Quando se entra derrotado numa empreitada, tem-se tudo para sair derrotado. Então, em nossa tela mental o filme a ser passado é o do êxito. Ele pode não chegar imediatamente, mas chegará algum dia. Percalços no caminho servirão para valorizar seu alcance.

O gerente/líder deve construir formas de autoaprendizado. Você acha que aprendemos todos da mesma forma?

____

Se acha que não, concordo com você. Não aprendemos todos da mesma forma. Se é assim, é importante que cada um invista na maneira pela qual obtém mais vantagem. Gerente/líder deve buscar conhecer seus próprios pontos fortes para investir intensamente neles, bem como seus pontos fracos, para aprender com eles. Você já reparou como a gente tem imensa facilidade em identificar os pontos fracos... dos outros? Em relação a pontos fracos e fortes, deve-se ter cautela. Você concorda? Por quê?

____

____

Estamos de acordo se você disse que às vezes nossos pontos fortes podem tornar-se nossa fraqueza. Conheço um gestor que tem alta capacidade de fazer as coisas acontecerem. Começou a ser elogiado. As pessoas reconheciam seu trabalho. Empavonou-se. "Abriu as penas", perdeu a humildade necessária e tornou-se um autocrático concorrente de Luís XIV. Se este dizia: "*l'État c'est moi*", o Estado sou eu, nosso gestor não verbaliza, mas diz com seu comportamento: "*esta empresa sou eu*". Resultado: está perdendo espaço.

Espera-se do gerente/líder que seja capaz de ouvir e de ser ouvido (lembra-se das palavras do Mestre Pan Ku ao Príncipe T'ai?), e de aceitar críticas e sugestões. Esse é um ponto nevrálgico. Não gostamos de aceitar críticas. Sentimo-nos ameaçados por elas. E desperdiçamos uma grande oportunidade de reavaliar nossas práticas e crescer. Aliás, vou-lhe sinalizar algo. Quando alguém lhe disser alguma coisa e você se sentir extremamente abalado com o que foi dito, cuidado! De repente, aquela pessoa está apresentando-lhe um espelho (imaginário, é claro) e a imagem que você está vendo não lhe é das mais agradáveis; daí sua repulsa. Que tal repensar a si mesmo?

Veja também que todo mundo tem algo com que pode contribuir. Que o diga o inventor do *post-it*, aquele papelzinho que gruda, mas não cola. Foi "descoberto" por um funcionário da 3M e deu a ela dólares e dólares e dólares de retorno (bota dólar nisso). Lembra-se das palavras de Lévy e Authier? Pois bem, tire partido do conhecimento que todo mundo tem.

Por outro lado, viabilize a comunicação. Comunicação é o mesmo que informação?

Se você disse que não são a mesma coisa, concordo. Informação pode ter apenas uma via, mas comunicação é rua de mão dupla. Talvez porque confundam informação com comunicação, empresas em geral têm nesta última seu maior problema. Comunicação é processo complexo, que exige empatia, sensibilidade e códigos comuns de linguagem, no mínimo.

Lembrei-me de um fato contado por um gestor. Ele achava-se o máximo no relacionamento com as pessoas. Considerava-se o líder democrático de que nos fala a teoria dos estilos de liderança. Um dia, em reunião com seus "subordinados", um deles, uma moça, disse-lhe que ele era um chefe autocrático. O gestor levou um susto. Não desenvolveu mecanismos de defesa, contudo. Permitiu que a informação se transformasse em comunicação e tirou lição da situação. Cresceu.

Há outra capacidade requerida do gestor/líder que também destaco. Ela nos remete ao que ecologistas desde a década de 60 dizem: "*pense globalmente e aja localmente*". A esta afirmação posso acrescentar: *pense localmente e aja globalmente*. É isso. Globalização, por exemplo, não significa pasteurização. Todos os seres do planeta não vão virar patê *de foie gras*. Então, é preciso pensar em base global, mas respeitar as características locais do ambiente no qual a empresa está inserida. Veja que, por ilustração, ambientes de biotecnologia e de telecomunicações (como de resto, todos os outros) não sobrevivem sem parcerias locais; por isso é preciso identificar-lhes o sistema de crenças e valores que conformam suas culturas. Isto vale também para o interior da empresa. Pense nela holisticamente e aja no sentido de realizar as tarefas que concernem a você.

Como sinalizei no Capítulo 2, reconhecimento é mobilizador da motivação. Assim, espera-se do gerente/líder que seja capaz de reconhecer o trabalho das pessoas. Promoção e dinheiro não bastam. É preciso tratá-las como pessoas que são, portadoras de capital intelectual, e oferecer-lhes outras recompensas não tangíveis.

Não posso deixar de mencionar outras capacidades e qualidades. O gestor/líder deve ter alto astral, energia radiante, *entusiasmo* (em grego, entusiasmo significa: deus interno), bom humor, equilíbrio emocional, alegria de aprender, capacidade de lidar com diferenças, capacidade de fazer (não confundir com "ter que provar"), tato, compaixão, diplomacia, coerência, confiabilidade, firmeza, integridade, fé, esperança. O gestor/líder deve ser ético. É da ética que emana a legitimidade de sua autoridade. O gestor/líder tem de ensinar e aprender.

Você pode sintetizar o que analisamos sobre capacidades requeridas do gestor? Depois, compare seu resumo com o meu.

Após a análise levada a efeito, sintetizo aqui as capacidades requeridas. Veja se nossas sínteses são coincidentes:

- ❑ compartilhar visão, missão, objetivos, metas, estruturas, tecnologias e estratégias;
- ❑ perscrutar, monitorar o ambiente externo;
- ❑ contribuir na formação de valores e crenças dignificantes;
- ❑ ter habilidade na busca de clarificação de problemas;
- ❑ ser criativo;
- ❑ fazer da informação sua ferramenta de trabalho;
- ❑ ter iniciativa, comprometimento, atitude sinérgica, ousadia;
- ❑ visualizar o sucesso;
- ❑ construir formas de autoaprendizado;
- ❑ conhecer seus pontos fortes e os fracos;
- ❑ ouvir e ser ouvido;

- reconhecer que todo o mundo tem alguma coisa com que pode contribuir;
- viabilizar a comunicação;
- pensar globalmente e agir localmente;
- reconhecer o trabalho das pessoas;
- ter energia radiante;
- ser ético.

Sua lista coincidiu com a minha?

Quando você, gestor/líder, aprende tudo isso?

Se você disse: *pela vida afora*, concordamos. E aí vai outra pergunta: como você, gestor/líder, aprende?

Veja se nossas respostas coincidem. A minha resposta é que você aprende fazendo uso de sua experiência cotidiana. Ela fornece o conteúdo para seu saber. Mas não é suficiente; então, é necessário que você expanda sua consciência para além dela. Mantenha as conquistas da razão, rainha da ciência e da tecnologia, e libere a intuição, presente na tomada de decisão de todo gestor.

5 A Intuição na Tomada de Decisão do Gestor/Líder

A categoria básica com a qual a Administração lida diariamente é a decisão. É preciso optar por produtos, estratégias, mercados, políticas, estruturas, operações, tecnologias, objetivos. No processo decisório, a informação assume capital relevância à medida que, se adequada, diminui a incerteza provocada pelo ambiente. Nesse sentido, têm sido buscados métodos eficazes de coleta, tratamento e uso da informação que está no ambiente empresarial, seus mercados atuais e futuros, bem como no interior da empresa. O desenvolvimento da telemática, por exemplo, coloca à disposição do gestor ferramentas capazes de dar à informação tratamento razoavelmente seguro. Razoavelmente, porque limitado, como todas as manifestações humanas.

Criando e interagindo com o ambiente tecnológico estão as pessoas. Delas partirão as decisões baseadas nos sistemas de informação ou não. Porque as informações, como você viu neste capítulo, não estão somente consolidadas em sistemas de informação.

Por outro lado, imaginar que decisões são tomadas segundo os modelos racionais de decisão dos quais a literatura é pródiga é, no mínimo, ingênuo. Por quê?

Vamos verificar se sua resposta coincide com a minha. É, no mínimo, ingênuo, primeiro porque racionalidade é uma forma de organização do pensamento que não é uniforme, nem única; ou seja, existem várias formas de ordenar o pensamento; logo, existem várias racionalidades. Segundo, porque sensações, emoções, sentimentos e todo um conteúdo subjetivo interferem no processo (lembra-se das funções psíquicas de Jung?). Terceiro, porque a intuição também interfere e ela é não racional, como aprendemos com Jung. Se é, portanto, ingênuo imaginar que decisões são, inequivocamente, tomadas de forma racional, é desperdício deixar de lado as virtudes intuitivas próprias do ser humano.

A literatura está cheia de depoimentos de gestores segundo os quais muitas de suas decisões são intuitivas. Eles afirmam que tais decisões não se baseiam em dados objetivamente analisados, mas em algo que lhes indica uma direção e, inexplicavelmente, lhes dá segurança.

Ex-presidente de uma grande empresa brasileira de locação de automóveis, por exemplo, conta que em setembro de 1980, em Fortaleza, teve a intuição de que São Luís seria um excelente centro de investimentos. Correu para lá, comprou a única locadora da cidade, transformou-a em uma filial da empresa. Nos quatro anos seguintes, essa filial foi a mais importante da empresa, respondendo por 60% de seu faturamento. Outro depoimento é o do analista dos balanços do Grupo Matarazzo entre 1910 e 1978. Ele afirma que o primeiro conde sempre agiu por intuição. Mário Henrique Simonsen, por seu turno, afirmava que Octávio Gouvêa de Bulhões, ex-ministro da Fazenda, intuitivamente chegava rápido a conclusões que jovens economistas, utilizando o método econométrico, levavam anos para chegar. E Rebecca Mark, a exitosa executiva americana de quem falei no Capítulo 2, afirma, com toda a tranquilidade, que toma decisões intuitivas.

Em 1993, fiz entrevista com 57 gestores do primeiro, segundo e terceiro escalões da hierarquia organizacional de empresas públicas e privadas, de pequeno, médio e grande portes, de produção de bens e serviços, civis e militares, perguntando-lhes se tomavam decisões intuitivas. Não houve pressa nas entrevistas. Algumas duraram quase três horas. Foi, sem dúvida, um momento de aprendizagem para mim e para meus entrevistados. Posicionamentos foram discutidos, pontos de vista defendidos, reflexões foram feitas. Entrevistados e eu saímos enriquecidos.

Um dos entrevistados lembrou o *modus operandi* da intuição. Disse: "*É um processo de solução de problemas em que a solução é dada de imediato, em contraposição a um processo em que você, conscientemente, parte de um ponto e vai deduzindo, analisando, sintetizando.*"

Não faltaram reflexões sobre a era contemporânea, a "era da incerteza", provocada pelas mudanças profundas e velozes, tal como o economista

John K. Galbraith[11] afirma. Não há dúvida sobre essa incerteza, como se pode perceber pelo simples viver cotidiano. Um viver que também permite perceber que, mais do que uma era de incerteza, vive-se uma era de insatisfação. É essa insatisfação que vem provocando um repensar de práticas e dos modelos que as legitimaram, oferecendo-lhes fundamento.

Dos 57 gestores entrevistados, apenas um manifestou não acreditar em intuição. Os demais afirmaram acreditar na existência dela e apenas 9% disseram que acreditam, mas não tomam decisões intuitivas. Portanto, dos gestores entrevistados, 89% asseveram que tomam decisões intuitivas.

A grande maioria afirmou que a experiência cotidiana, a experiência em determinada atividade, é propulsora da intuição. Você concorda?

Se você não concorda, nossas respostas são coincidentes. Não é a experiência numa atividade específica que gera a intuição, mas a consequência dessa experiência. Dito de outra maneira: à medida que você tem experiência de algo, à medida que domina um conhecimento ou uma habilidade específica, você se despreocupa, relaxa e, dessa forma, ainda que não perceba, permite a liberação da intuição. Foi por isso que um dos gestores disse: "*A intuição não precisa da experiência. A intuição percebe, contrariando, inclusive, a lógica da pessoa. Eu acho que a coisa é mais profunda.*" Outro entrevistado argumentou:

> "*A intuição não depende do ramo de atividade, porque ela é anterior a uma atividade. Nós passamos a ter uma atividade mais ou menos definida em determinada etapa de nossa vida, quando a gente começa a assumir uma função, começa a ter uma responsabilidade, começa a ter um trabalho, mas a intuição preexiste a nosso início numa área qualquer de trabalho. Ela não depende da função em si, embora a função possa requisitar da pessoa o uso mais frequente daquela capacidade. Então, esse uso mais frequente permitirá um desenvolvimento maior, mas não que a intuição seja fruto da atividade ou da função.*"

A esse respeito, há inúmeros exemplos de pessoas que descobriram coisas, sem nenhuma experiência naquele ramo de atividade. Por exemplo: o inventor do barbeador era um vendedor de rolha, o coinventor do pneumático era veterinário, o inventor do sistema de discagem automática dos telefones era agente funerário, o inventor do processo de fundição contínua de aço foi um relojoeiro.

Neste ponto, vale lembrar as pesquisas sobre o cérebro. Ao revelarem que o hemisfério esquerdo parece especializar-se no processo rápido de estímulos altamente estruturados, enquanto o hemisfério direito integra informações novas e difusas, o que as pesquisas revelam também?

---

[11] GALBRAITH, John K. *A era da incerteza*: história das ideias econômicas e suas consequências. São Paulo: Pioneira, 1980.

Veja se sua resposta coincide com a minha. As pesquisas revelam também que o esquerdo tem a capacidade de estabelecer relações entre estímulos e o que já é conhecido, enquanto o direito lida com o que não se teve experiência prévia.

Se a intuição nos vem inteira, como explicá-la? Como comunicar a intuição que se teve aos outros membros da empresa?

____

É possível explicar e comunicar a intuição que se teve, acessando o pensamento (uma das funções psíquicas de Jung, lembra-se?), o qual faz uso de esquemas conceituais, simbólicos. Por que precisamos de símbolos?

____

____

____

Estamos em concordância se você disse que é porque a mensagem só é informação se captada pelo receptor e a forma da qual as pessoas se valem é simbólica. Linguagem é símbolo. Nas palavras de um gestor: "*Quando você tem intuição, tem aquela sensação, a sensibilidade e pronto. Depois, tua razão vai explicar isso.*"

Lembrei-me agora de Pítia, a sacerdotisa (pitonisa) do Templo de Apolo, na cidade de Delfos, na antiga Grécia. As pessoas iam ao Templo consultar Apolo. Por meio da pitonisa, o deus ditava oráculos, isto é, respostas a quem o consultava. Pítia (uma mulher) usava uma linguagem metafórica, difícil de ser compreendida pelas pessoas. Assim, seu sacerdote assistente (um homem) a decodificava. Podemos fazer uma analogia: Apolo é o cosmo, o universo, a grande energia; Pítia é a intuição; o sacerdote assistente é a razão.

Decisões tomadas intuitivamente conduzem aos resultados esperados? Perguntados sobre isso, 2% dos gestores confessaram não saber dizer, 23% afirmaram que sim, pelo menos com eles foi assim, 26% disseram que nem sempre, e os outros não se manifestaram.

A circunstância de uma decisão dita intuitiva não dar certo comporta algumas explicações. Você pode dar algumas?

____

____

____

____

____

____

____

____

____

____

Tenho três explicações. Veja se coincide com as suas. Uma decisão dita intuitiva pode não dar certo, primeiro, porque a decisão pode ter sido um produto de rápidas associações do pensamento, não um produto preponderante da intuição. Segundo, porque, conforme uma visão holística ajuda a compreender, além de esvaziar a mente pensante, é preciso estar com o emocional equilibrado. Nas palavras de um dos gestores entrevistados: "*Se eu estiver num momento assim de alta depressão, por exemplo, as intuições que eu tiver não serão necessariamente boas, serão de teor energético inferior, porque inferior é meu estado espiritual.*" Ou seja, ela está poluída. Terceiro, porque pode ocorrer que a decodificação, a explicação da intuição, pelo pensamento, seja feita de forma equivocada, à medida que no processo interferem questões de toda ordem, inclusive "idiossincrasias", como mencionado por um dos gestores entrevistados.

Como você, certamente, já notou, não são poucas as capacidades requeridas do gestor/líder. Àquela lista que tínhamos feito, podemos acrescentar mais um item:

- ❑ liberar a intuição.

Bem, as capacidades requeridas remetem-nos aos desafios que lhe são postos.

6 Desafios Postos a quem Pretende Liderar

Você pode arrolar alguns desses desafios? Depois compare sua resposta com a minha.

____

____

____

____

____

____

Sua resposta pode não ser plenamente coincidente com a minha, mas, certamente, terão pontos em comum.

Não há dúvida de que o primeiro desafio está referido ao autoconhecimento e ao autodesenvolvimento. É preciso que o gerente/líder busque conhecer-se, num processo permanente e, estando atento às lições que o mundo lhe oferece, busque desenvolver-se nos planos físico, emocional, intelectual e espiritual.

A partir daí, outro desafio é o de mexer com a cabeça das pessoas, o que não significa "fazer a cabeça" delas. Desconstruir para construir. É preciso que o copo se esvazie para poder encher. Você já viu o filme *Sociedade dos poetas mortos*? É um bom exemplo de desconstrução para construção. Lembre-se, no entanto, de que é fundamental que os outros confiem em você. Repare que vivemos uma época em que necessitamos do pensamento e da intuição das pessoas. Vivemos uma época em que o capital em si perde poder. Como pessoas é que detêm conhecimento, o poder está com elas (veja que falo em conhecimento, não em informação). Você me dirá: *sim, mas é possível obrigar uma pessoa a fazer um trabalho*. É verdade. Entretanto, não se pode obrigá-la a entregar sua criatividade, absolutamente necessária numa época de tanta incerteza, nem sua paixão, aquele sentimento que oferece suporte a uma causa. Criatividade e paixão são fundamentais a uma época em que o cérebro, muito mais do que o músculo, é o responsável por resultados.

Outro desafio é superar os próprios medos e ajudar as pessoas para que também superem os seus. Veja esse caso, por ilustração: um gestor contou-me que a tia por quem fora criado apavorava-se quando chovia. Cobria os espelhos (crendice popular), guardava tesouras, ajoelhava-se junto com o menino e começava a rezar para Santa Bárbara. Ele cresceu assim. Resultado: mesmo adulto, tem pavor de chuva. No trabalho, quando o tempo muda, ele não consegue fazer mais nada. Fica parado, entra em estado de angústia. Quem vê seu comportamento pode concluir: *ele não quer nada com o trabalho*. Um pouco de sensibilidade e empatia, no entanto, o ajudaria a abrir-se ao outro e a buscar caminhos para superar o medo.

Há medos do chefe, também. Que pena! Pessoas com medo podem tornar-se apáticas ou extremamente agressivas, desde aquela agressividade-violência até a agressividade sutil que se manifesta na ironia, nas brincadeiras fora de hora. Entre apatia e agressividade, desdobra-se uma série de comportamentos pouco contributivos.

Medo é um sentimento muito ruim. Temos medo de não ser ou não ter aquilo que queremos. E quando somos ou temos, ficamos com medo de perder aquilo que somos ou temos. Outro sentimento ruim é o de culpa. Devemos livrar-nos dele pois, se em determinada época fizemos o que nosso conhecimento (emocional, intelectual, espiritual) permitiu fazer, por que temos que nos açoitar às vezes até pelo resto da vida? Há, ainda, um terceiro sentimento muito ruim: a inveja. Não existe “inveja boa”. A inveja é ruim, porque ela começa por destruir a nós mesmos. Queremos ser o que o outro é ou ter o que o outro tem. Nossos olhos estão no outro. Onde está o tempo para nos voltarmos para nós mesmos?

Bem, outro desafio é ouvir com tranquilidade o que você considera inconsistente, contrário a seu ponto de vista ou até bobagem. É bom lembrar que criatividade é um desvio ao estabelecido. Estabelecido é reprodução. Sei que muitos executivos sugerem que se façam reuniões de pé, para que as pessoas falem pouco. Tudo bem, desde que, mesmo de pé, os membros da empresa possam manifestar seus pensamentos e sentimentos.

Já sei o que você vai dizer-me: que esqueci um importante desafio – aprender a negociar. Realmente. Contudo, você reparou que neste capítulo todas as vezes em que escrevi a palavra “subordinado”, coloquei-a entre aspas? Sabe por qual motivo?

____

____

____

Se você disse que essa palavra e o conceito que revela estão deslocados no mundo atual, concordamos. Você, gestor, não tem subordinados;

tem parceiros com os quais compartilha sua causa. Por isso, você é gestor/líder. Ora, com parceiros se negocia. E parceiros não são só os que estão no interior da empresa; são os clientes, os fornecedores e até os concorrentes; os *stakeholders* em geral.

Você pode fazer um esforço de síntese e itemizar o que aqui analisamos?

____

____

____

____

____

Veja se sua síntese coincide com a minha:

- ❑ buscar autoconhecer-se e autodesenvolver-se;
- ❑ mexer com a cabeça das pessoas;
- ❑ superar os próprios medos e ajudar pessoas a superarem os seus;
- ❑ ouvir o que pode ser considerado inconsistente, contrário a seu ponto de vista e até bobagem;
- ❑ negociar.

Coincidem nossos resumos?

Bem, aí vai uma palavra final para você, gestor/líder:

- espere o impossível;
- deseje o diferente;
- questione;
- ouça vozes menos experientes;
- abra as cortinas de sua mente e encontre possibilidades;
- acredite que organização inteligente é organização humanizada.

A liderança requerida nesses novos tempos é um processo de construção do ser, e essa construção é de responsabilidade de cada pessoa. Quando ela opta por, simplesmente, viver sua vida, expressando-se com plenitude e dignidade, suas ações ganham valor. E ela torna-se líder.

Este capítulo tratou de **Liderança requerida nesses novos tempos**. Abordou os seguintes aspectos:

1. Que é liderança e qual sua relação com motivação?
2. Revisitando teorias sobre liderança
    - 2.1 Teoria dos traços de personalidade
    - 2.2 Teoria dos estilos de liderança
    - 2.3 Teoria contingencial
3. Liderança e os novos tempos
4. Capacidades requeridas do gestor/líder

5. A intuição na tomada de decisão do gestor/líder
6. Desafios postos a quem pretende liderar

Com esse conteúdo, pretendi que você alcançasse os seguintes objetivos:

- estabelecer a relação entre motivação e liderança;
- revisitar, criticamente, teorias sobre liderança;
- reconhecer a liderança exigida nesses novos tempos;
- identificar as capacidades requeridas do gestor/líder;
- reconhecer o papel da intuição na tomada de decisão;
- identificar desafios postos a quem pretende exercer liderança.
- Você alcançou esses objetivos?

Tendo como contexto o primeiro capítulo, ou seja, **Características do mundo contemporâneo e a teia que tecem**, este capítulo teve por finalidade instigá-lo a pensar sobre si mesmo, gestor de pessoas em ambiente competitivo, relacionar motivação e liderança e provocá-lo a buscar a relação com os outros temas que virão a seguir:

- mentoria;
- poder nas organizações;
- trabalho em equipe.

4

Mentoria

Três foram os capítulos que instigaram nossa reflexão:

1. Características do mundo contemporâneo e a teia que tecem.
2. Processos motivacionais.
3. Liderança requerida nesses novos tempos.

Neste Capítulo 4, pretendo que você alcance os seguintes objetivos específicos, todos associados aos objetivos gerais do livro e aos objetivos específicos dos Capítulos 1, 2 e 3:

- identificar o que é mentoria;
- estabelecer a diferença entre mentor e outros papéis sociais;
- identificar os tipos de mentoria;
- relacionar condições de ordem organizacional para o exercício da mentoria;
- refletir sobre a visão mecanicista, a visão sistêmica e a da complexidade;
- relacionar condições de ordem individual para a ocorrência da mentoria;
- usar as dicas que lhe ofereço para o exercício da mentoria.

Componho o capítulo em nove itens, a saber:

1. Que é mentoria?
2. Diferença entre mentor e outros papéis que o faceiam.
3. Tipos de mentoria.
4. Condições de ordem organizacional para o exercício da mentoria.
5. Visão mecanicista, paradigma da teoria clássica de administração.
6. Visão sistêmica, promessa da teoria sistêmica para um novo paradigma.

7. Visão da complexidade, busca da teoria da complexidade.
8. Condições de ordem individual para a ocorrência da mentoria.
9. Dicas para o exercício da mentoria.

Vamos lá?

1 Que é Mentoria?

O filme *Gotti* apresenta o personagem John Gotti, um mafioso p'ra valer, de fala mansa e pausada, que aconselhava sua tribo de mafiosos sobre as práticas mais eficazes de fazer dinheiro. É verdade que o FBI o pegou e ele foi condenado à prisão perpétua por conta dos crimes que cometeu; mas que ele exercia influência sobre outros bandidos, exercia. Morreu em 2002.

Niccolò Machiavelli,* embora não tenha conseguido fazer a cabeça dos Médici, a quem seus conselhos de como governar eram dirigidos, exerce influência até os dias correntes sobre os amantes do poder. Na área de administração, não é raro vê-lo citado por empresários, consultores, professores e oradores das turmas de graduação, no momento de sua formatura.

Niccolò Machiavelli nasceu em Florença, na Itália, em 1459, e morreu em 1527. Foi político, historiador e comediógrafo. Sua obra mais famosa é *O Príncipe*. Preocupado com sua Itália, invadida e dividida, ele ensina à Casa Médici como governar.

Observador do comportamento humano e do que dele resulta, teve como modelo o contexto psicossocial da época, e foi nesse modelo que ele buscou a saída para o problema italiano.

Não se pode concordar com muitas de suas máximas. Exemplo: *Os homens devem ser ganhos com agrados, ou destruídos*. No entanto, com outras podemos até estar acordes. Exemplo: *É nos homens defeito comum não pensar na tempestade durante a bonança*.

Jesus Cristo, por seu turno, foi um dos homens que mais influenciou o mundo. Afora os aspectos espirituais, tinha pai e mãe como modelos. Uma mãe generosa, amorosa, e um pai trabalhador, honesto.

Sócrates,* filósofo grego do século IV, de quem lhe falei na Introdução deste livro, fez a cabeça de muitos jovens atenienses. É certo que isso lhe custou a morte por envenenamento, sob a acusação de que corrompia a juventude, mas é certo também que até os dias correntes o processo educativo denominado maiêutica, que Sócrates utilizava, provoca a admiração de milhões de educadores em todo o mundo. Sócrates praticava o que, de fato, significa educar: tirar de dentro, fazer aflorar as potencialidades do educando, levá-lo à reflexão e à concatenação de ideias.

A filosofia clássica tem sua origem em Sócrates. Esse grande filósofo, mestre de Platão, insurgiu-se contra as práticas políticas da época, preconizando a independência do pensamento. Sócrates nada deixou escrito. Valorizava o debate e o ensinamento oral.

Há um diálogo interessante sobre a virtude, que trava com Ménon. Ei-lo:

> Ménon: *Você pode me dizer, Sócrates, se a virtude é algo que pode ser ensinado ou que só adquirimos pela prática? (...)*
>
> Sócrates: (...) *O fato é que estou longe de saber se ela pode ser ensinada, pois sequer tenho ideia do que seja a virtude (...)*
>
> Ménon: *Mas não há nenhuma dificuldade nisso (...) A virtude de um homem consiste em ser capaz de conduzir bem seus afazeres de cidadão, de tal forma que poderá ajudar seus amigos e causar dano a seus inimigos, ao mesmo tempo tomando cuidado para não prejudicar a si próprio. (...) A virtude de uma mulher (...) ela deve ser boa dona de casa, cuidadosa com seus pertences e obediente a seu marido. Há ainda uma virtude para as crianças do sexo masculino ou feminino, uma outra para os velhos, homens livres ou escravos, como você quiser (...)*
>
> Sócrates: *Queria uma virtude e você tem todo um enxame de virtudes para me oferecer! (...) Vamos levar adiante esta metáfora do enxame. Suponha que eu lhe perguntasse o que é uma abelha, qual é a sua natureza essencial, e você me respondesse que há muitos tipos de abelha. O que você diria se eu lhe perguntasse então: mas é por ser abelhas que elas são muitas e de diferentes tipos, distintas umas das outras? Ou você concordaria que não é quanto a isso que diferem, mas quanto a outra coisa, outra qualidade como tamanho ou beleza?*
>
> Ménon: *Eu diria que enquanto abelhas elas não são diferentes uma das outras.*
>
> Sócrates: *(...) É exatamente isto que quero que você me diga. Qual é a característica em relação à qual elas não diferem, mas são todas iguais? Você teria algo a me dizer?*
>
> Ménon: *Sim.*
>
> Sócrates: *Então faça o mesmo com as virtudes. Mesmo que sejam muitas e de vários tipos, terão pelo menos algo em comum que faz de todas elas virtudes. (...) Que é a virtude?*

Se você tiver interesse em filosofia, sugiro-lhe ler:

MARCONDES, Danilo. *Iniciação à história da filosofia*. Rio de Janeiro: Zahar, 1997.

Sócrates influenciou Platão, outro grande filósofo da antiga Grécia, que influenciou Aristóteles, outro filósofo grego, que influenciou Alexandre, o grande guerreiro.

E bem aqui, na terra onde canta o sabiá, Francisco Gomes da Silva, mais conhecido como Chalaça, aconselhava D. Pedro I. Ele veio para o Brasil com a corte portuguesa e tornou-se confidente e serviçal do imperador. Em 1831 escreveu *Memórias oferecidas à nação brasileira*.

Que tem a ver essas lembranças históricas com o termo mentoria? Arrisque uma resposta.

____

____

____

Se você disse que os personagens citados podem ser apontados como mentores, sua resposta coincide com a minha. Mentoria é, portanto, a ação de influenciar, aconselhar, ouvir, ajudar a clarificar ideias e a fazer escolhas, guiar. Mentor é aquele que o auxilia a aprender alguma coisa que você, sozinho, não poderia aprender ou, pelo menos, teria dificuldade.

Você sabe a origem do termo *mentoria*?

____

____

____

O termo *mentoria* vem de Mentor, na mitologia grega, nome do amigo e guia de Ulisses, também chamado de Odisseu, e de seu filho Telêmaco.* Na Grécia antiga, mentor era aquela pessoa responsável pelo desenvolvimento físico, social, intelectual e espiritual dos jovens.

> Conta a mitologia que Ulisses, rei de Ítaca, tinha na deusa Atena uma amiga e conselheira, transformada num nobre ítaco chamado Mentor. Ulisses é aquele do cavalo de Troia, lembra-se?
>
> Mentor não aconselhava só a Ulisses. Também o fazia a Telêmaco, seu filho, nos 20 anos que Ulisses esteve fora de casa, longe de Penélope, sua mulher, e de Telêmaco.

Não é raro ver-se o termo *mentor* usado indiscriminadamente, como se fosse sinônimo de outros termos, que designam outros papéis sociais. Assim, como Sócrates nos ensinou, vale a pena você distinguir esses papéis, a fim de que identifique a essência do termo *mentor*. Vamos lá?

2 Diferença Entre Mentor e Outros Papéis Sociais que o Faceiam

Embora mentoria tenha uma velha tradição, a literatura em administração, sobre o tema, iniciou sua popularização no final da década de 70. Artigos publicados começaram a apontá-la como um modo de desenvolver líderes e altas *performances* das pessoas. O termo, contudo, não raro aparece confundido com outros, tais como:

- instrutor;
- professor;
- tutor;
- guru.

Foram esses papéis que você identificou?

____

____

____

Se foram esses papéis, qual a distinção que você faz entre eles? Dê sua resposta e, depois, verifique se coincide com a minha.

____

____

____

Para mim, instrutor é aquele que transmite regras. O tenente, no Exército, é um instrutor. Ensina regras de como deve portar-se um militar. Você me dirá: *nos programas de treinamento também temos instrutores*. É verdade. Mas ainda bem que você usou a palavra *treinamento*. Porque, se tivesse usado a palavra *desenvolvimento*, eu o convidaria a aprofundar sua reflexão. Existe uma diferença conceitual entre a ação de um instrutor e a ação de alguém que busca ajudar o outro a desenvolver-se. Instruir é treinar, adestrar, ensinar. Desenvolver é educar; está mais para a maiêutica socrática. É uma pena que até hoje se vejam programas chamados de *desenvolvimento* dizer que os *instrutores* são Fulano, Beltrano, Sicrano.

Professor deveria ser um educador, alguém preocupado com o “desenvolvimento integral do educando”, como reza a letra da lei sobre educação formal. Na prática, no entanto, não tem sido bem assim. Desenvolvimento integral pressupõe a atualização do potencial de todas as dimensões humanas: física, emocional, intelectual, espiritual. Todavia, professor tem sido um papel desempenhado por alguém que, dominando mais a esfera conceitual do que domina o instrutor, preocupa-se em transmitir teorias, modelos, técnicas e cobrar esse domínio de seus alunos. Há casos até em que o professor não aceita de seu aluno um pensar diferente. Que o digam os célebres testes de múltipla escolha, não é verdade?

Está bem, concordo com você quando diz que nem todos os professores são assim. Quem sabe, neste caso, eles são mentores também?

Tutor é aquele que se responsabiliza pelo aprendizado do educando. Toma conta dele. Veja, por exemplo, que, em questões levadas ao Tribunal de Justiça que envolvem menores de idade, o juiz nomeia um tutor para preservar os direitos do menor. No geral, presencialmente ou a distância, como nos cursos *online*, o tutor cuida para manter seu tutorado antenado às coisas que tem de aprender. É uma circunstância.

Guru é a quem as pessoas seguem incondicionalmente. Elas o admiram, às vezes por ele têm até fascinação. Philip Kotler não será o guru de muitos profissionais de marketing? Michael Porter não será o guru de muitos estudiosos de estratégias empresariais? Peter Drucker não era mesmo apontado como o guru da administração? Guru é um imã!

Sua resposta coincidiu com a minha?

____

____

____

Vale, aqui, uma ressalva. Esses papéis, embora distintos, podem ser desempenhados por uma mesma pessoa. Alguém pode ser, por exemplo, instrutor e mentor ao mesmo tempo; o que difere são os propósitos desse momento.

Bem, agora que você distinguiu mentor de outros papéis que o faceiam, tenho uma surpresa para você: existem dois tipos de mentoria. Veja a seguir.

3 Tipos de Mentoria

Para você, quais são os dois tipos de mentoria que podemos distinguir? Dê sua resposta e, depois, veja se coincide com a minha.

____

____

____

Sua resposta coincidiu com a minha se você disse que há a mentoria natural e a intencional. Qual a diferença entre elas?

____

____

____

Veja se concordamos. Mentoria natural é aquela que, como o nome está dizendo, ocorre naturalmente, informalmente, sem planejamento. Em geral, está associada à ideia de alguém mais velho ou de idade próxima, fora ou não da família do mentorado, que, exercendo influência sobre ele, ajuda-o a alcançar seus objetivos, a realizar seus sonhos, a compreender situações, a lidar com desafios. Tal tipo de mentoria não tem uma direção organizacional específica, nem produtos previamente definidos. É uma atração natural entre duas pessoas, uma questão de química. A mentoria natural termina quando o mentorado sente-se em condições de alçar seu voo sozinho. Já lhe aconteceu isso?

____

____

____

Mentores naturais podem estar no interior de uma empresa ou fora dela. Na empresa, em geral é um profissional *sênior* que, sem estar diretamente envolvido com a tarefa que você realiza, pode contribuir para redirecionar sua carreira ou, ao contrário, para fortalecê-la. Os efeitos de sua ação são mais de médio e longo prazos. Há mentores que estão fora da empresa também. Em entrevista à Revista *Exame* de 23-2-2000, Durk Jager, então presidente da Procter & Gamble, por exemplo, afirmou que era seu mentor uma jovem que não pertence aos quadros da empresa e que de vez em quando vai lá para contar-lhe quais são seus valores, ao que as pessoas de sua geração atribuem importância,* como ela organiza sua vida e outras informações que fornecem a Jager a possibilidade de entender como e por que as coisas acontecem. Interessante, não?

David Cannon,[1] consultor em Londres e Ph.D pela London Business School, fez um estudo no Canadá, Estados Unidos, Reino Unido e Holanda sobre a mudança de valores e atitudes para com o trabalho, do que designou por Geração X, jovens que no final da década de 90 do século passado tinham entre 18 e 29 anos de idade, contrapondo-a à geração dos *baby boomers*, pessoas nascidas logo após a Segunda Guerra Mundial. Os *boomers* têm em comum o fato de terem vivenciado, direta ou indiretamente, a guerra do Vietnã, Woodstock e *rock'n'roll*, por exemplo.

Pesquisa exploratória realizada por Moacyr Henrique di Palma Cordovil com alunos do curso de Mestrado em Administração de Empresas do Rio de Janeiro revelou semelhanças e diferenças entre valores e atitudes dos jovens europeus, canadenses e norte-americanos pesquisados por Cannon e esses jovens brasileiros. Cordovil identificou as seguintes semelhanças:

- ✓ dão importância à aparência das pessoas e do ambiente físico de trabalho;
- ✓ desconfiam de pessoas e de instituições;
- ✓ esperam sinceridade e *feedback* de seus supervisores;
- ✓ não são *workaholics*;
- ✓ dão grande importância ao relacionamento com amigos, família e colegas;
- ✓ desejam liberdade para administrar sua vida profissional e seu tempo;
- ✓ sentem-se felizes quando percebem que estão trazendo contribuições à empresa;
- ✓ desejam ter oportunidades de aprendizagem e o reconhecimento pelos resultados que alcançam.

Cordovil identificou como inerentes somente à Geração X brasileira:

- ✓ considera importante contestar e participar de reivindicações;
- ✓ tem interesse por política e por economia;
- ✓ não evita externar suas emoções, ao contrário dos estudantes pesquisados por Cannon, que contêm suas emoções de modo a esconder, sob uma fachada de autoconfiança, incertezas e insegurança.

---

[1] CANNON, David. *Generation X and the new work ethic*. Londres: Demos, 1995.

Se você tiver interesse em aprofundar o assunto, sugiro-lhe ler:

CANNON, David. *Generation X and the new work ethic*. Londres: Demos, 1995.

CORDOVIL, Moacyr Henrique di Palma. *A geração X brasileira e a motivação no trabalho*. Dissertação de Mestrado apresentada à PUC-Rio em março de 1999.

Estudos sobre gerações são interessantes. Veja, por exemplo, os que analisam a Geração Y, pessoas nascidas entre 1978 e 1994. Foi a primeira geração a crescer em contato com a mídia digital e se revela moldada pelo imediatismo da Internet.

Diferentes gerações são mais um componente da diversidade existente nas organizações.

Mentor natural é aquele que, cientista em seu modo de clarificar as coisas e artista em sua sensibilidade para compreender o outro,

- orienta;
- sugere;
- aconselha;
- reverte situações;
- provoca em você a possibilidade de um olhar diferente sobre o mesmo problema;
- faz você entrar em contato com seu potencial, com sua identidade, com o que você "é", não com o que você "faz";
- vê seu talento natural, podendo ajudá-lo a redirecionar-se, quando necessário;
- serve de guia, de exemplo, de provocador de reflexões, de facilitador de aprendizagens.

Mentor natural exercita a cooperação, a bondade, o reconhecimento, a agregação.

Com o mentor natural você pode retirar a *maquillage*, tirar a máscara, porque ele o aceita como você é. Porque ele o ama, incondicionalmente. Nada do que você lhe fala ele usa contra você. Numa época na qual florescem o espetáculo, os efeitos especiais, o capital simbólico, o simulacro, poder desnudar-se dá um alívio e tanto!

Mentor natural é aquele com o qual você gosta de estar junto, compartilhando o mesmo território físico, axiológico (de valores), ideológico (de ideias) e o território espiritual.

Mentor natural é aquele com o qual você estabelece parceria, cumplicidade, confiança e responsabilidade mútuas pelo aprendizado. Mentor natural é uma disponibilidade espiritual e psicológica. É um *must!* Você tem um mentor?

Nas universidades é comum que um aluno, ao ingressar num curso de mestrado ou de doutorado, tenha um orientador (professor doutor) para sua vida acadêmica e depois, mais especificamente, para sua tese de conclusão de curso. Em geral, o orientador acadêmico é escolhido pela universidade, mas o orientador de tese, não; quem escolhe é o próprio aluno. Por esse motivo, aconselho meus alunos a não escolherem seu orientador de tese logo que iniciam o curso. Digo-lhes que o orientador não é somente o que lhes indica conteúdos teóricos ou recursos metodológicos. É aquele com quem eles precisam ter afinidade. Então, é necessário primeiro flertar, depois namorar, noivar, no bom e velho estilo familiar, antes que o casamento se consuma. É comum que alunos, ao terminarem sua tese, façam um agradecimento a seu orientador. Uma vez, li um assim:

> *À..., orientadora e amiga, que soube despertar-me uma curiosidade quase esquecida. Mais do que, apenas, mostrar caminhos acadêmicos, irradia uma luminosidade observável apenas nas grandes estrelas, quando se negam a compactuar com a escuridão.*

Lindo, não?

Bem, mentoria intencional, por seu turno, diz respeito ao propósito organizacional de provocar mudanças em seu pessoal. Nesse caso, a empresa investe na formação de pessoas capazes de ajudar outra a:

- desenvolver-se em sua carreira;
- ser competente, melhorar seu desempenho;
- sistematizar suas ideias;
- construir caráter sólido e ético;
- ser saudável;
- fazer escolhas cuidadosas;*
- exercer liderança;
- comprometer-se com a empresa;
- estabelecer relações interpessoais mais duradouras;
- inserir a estética em suas relações;
- expandir sua visão de mundo.

Escolhas cuidadosas significam ter cuidado com suas escolhas. Há uma fábula-mito de origem grega e que foi reelaborada por Higino nos termos da cultura romana que pode ajudá-lo a perceber o sentido no qual emprego o termo *cuidado*. Ei-la, na versão livre de Leonardo Boff:[2]

> *Certo dia, ao atravessar um rio, Cuidado viu um pedaço de barro. Logo teve uma ideia inspirada. Tomou um pouco do barro e começou a dar-lhe forma. Enquanto contemplava o que havia feito, apareceu Júpiter.*

[2] BOFF, Leonardo. *Saber cuidar*. Petrópolis: Vozes, 1999.

Cuidado pediu-lhe que soprasse o espírito nele, o que Júpiter fez de bom grado.

Quando, porém, Cuidado quis dar um nome à criatura que havia moldado, Júpiter o proibiu. Exigiu que fosse imposto o seu nome.

Enquanto Júpiter e Cuidado discutiam, surgiu, de repente, a Terra. Quis também ela conferir o seu nome à criatura, pois fora feita de barro, material do corpo da Terra. Originou-se, então, uma discussão generalizada.

De comum acordo pediram a Saturno que funcionasse como árbitro. Este tomou a seguinte decisão, que pareceu justa:

– Você, Júpiter, deu-lhe o espírito; receberá, pois, de volta esse espírito, por ocasião da morte dessa criatura. Você, Terra, deu-lhe o corpo; receberá, portanto, também de volta o seu corpo quando essa criatura morrer. Mas como você, Cuidado, foi quem, por primeiro, moldou a criatura, ela ficará sob seus cuidados enquanto viver. E uma vez que entre vocês há acalorada discussão acerca do nome, decido eu: esta criatura será chamada Homem, isto é, feita de húmus, que significa terra fértil.

Se você tiver interesse, sugiro-lhe ler:

BOFF, Leonardo. *Saber cuidar.* Petrópolis: Vozes, 1999.

Dito de outra maneira, a empresa investe no desenvolvimento físico, emocional, intelectual e espiritual das pessoas que nela trabalham, porque acredita que, se as pessoas se desenvolvem, a empresa desenvolve-se. Pode até tornar-se uma empresa cidadã, aquela capaz de admitir e exercer sua responsabilidade social, seus direitos e deveres para com a comunidade que a abriga. Pode tornar-se uma empresa capaz de contribuir para uma sociedade mais justa, ao contrário das motivações da Máfia, sinalizadas na primeira seção desse capítulo.

Ao fazerem uma análise sobre cultura organizacional, Cameron e Ettington[3] identificaram quatro tipos: clã, *adhocracia*, hierarquia e mercado. Interessa-nos aqui o tipo clã. Neste, a cultura apresenta alta correlação com a moral, referida à capacidade da empresa em atender às expectativas de seus membros e em buscar a qualidade em seus processos internos. Nesse tipo de cultura, o estilo de liderança é aquele que privilegia alguém respeitado como... Adivinhe!

____

____

____

____

____

Você acertou se disse: mentor.

[3] CAMERON, K. S.; ETTINGTON, D. R. The conceptual foundations of organizational culture. In: SMART, J. C. *Higher education*: handbook of theory and research. New York: Agathon Press, 1988. v. 4.

☆

> J. C. Smart organizou um livro denominado *Higher education*: handbook of theory and research, publicado em New York pela Agathon Press, em 1988. Neste livro há um artigo de K. S. Cameron e D. R. Ettington, denominado *The conceptual foundations of organizational culture*. Trata-se, como o título está dizendo, de um estudo sobre os fundamentos conceituais do que se designa por cultura organizacional.

Se, como dizem, as famílias estão cada vez mais desestruturadas, uma das consequências é ter empresas desestruturadas. O filme *Beleza americana* é um bom exemplo. Você o assistiu? Não há mais trocas, não há cumplicidade, é cada um por si. O "ter" assume o pódio, em detrimento do "ser". Por outro lado, pais que não dão limites fazem com que os filhos, inconscientemente sentindo-se culpados, busquem o sofrimento e sabotem a si mesmos. Para mitigar esses resultados, mais do que nunca empresas necessitam de mentores.

Está no tipo intencional a mentoria que movimentos para fortalecimento da liderança feminina vêm pregando. Você já ouvir falar nesses movimentos?

____

____

____

Se você já ouviu falar, parabéns! Você é uma pessoa bem informada. Se não ouviu, vou ajudá-lo.

Como negros, índios e outros grupos sociais, mulheres têm, historicamente, pertencido ao grupo dos excluídos. Isso não se pode negar, apesar das conquistas femininas, não é verdade? Pois bem, há um movimento internacional de fortalecimento das mulheres para a ocupação de postos e situações de liderança que vê na mentoria uma estratégia eficaz. É, sem dúvida, um movimento político, intencional, que tem reunido nomes femininos bastante conhecidos e outros nem tanto. Do dia 20 a 22 de outubro de 1999, por exemplo, o Instituto Brasileiro de Administração Municipal (Ibam), no Rio de Janeiro, abrigou o Workshop Internacional Mulheres no Século XXI – O Papel da Mentoria Intergeracional, promovido pelo Banco Interamericano de Desenvolvimento (BID). *Chic*, não? Hoje, é comum o movimento pró-inclusão de mulheres no ambiente produtivo.

O ambiente empresarial tem socializado o conceito de mentoria intencional com um termo muito em moda. Você sabe qual é? Diga. Quero ver se você está *up-to-date*.

____

____

____

Muito bem! Mentoria intencional é o mesmo que *coaching*. Você sabe a origem desse termo?

____

____

____

O termo *coaching* era usado por estudantes universitários do século XIX como uma gíria de mentor, pois entendiam que, embora o primeiro tenha sua origem no verbo *to coach*, que significa conduzir charretes, mentorar também é conduzir. Não charretes, mas estudantes, pelas estradas do desenvolvimento.

Coach distingue-se do mentor natural por:

- haver uma intenção, no caso, associada às expectativas das empresas;
- estar prioritariamente afeto a resultados de desempenho mais imediatos;
- ajudar as pessoas a encontrar suas próprias maneiras de melhorar e, assim, tornar-se responsáveis por seu desempenho na empresa (e, nesse caso, o *coach* distingue-se substantivamente do instrutor);
- estar cada vez mais institucionalizado;
- estar vinculado à ideia de "dar poder" para que alguém transforme ideias em ações que tragam resultados desejáveis para as empresas. Como diz Cristiane Mano na Revista *Exame* de 5-4-00, p. 120-122, "*é uma espécie de* personal trainer *do mundo dos negócios*".

Você sabia que existem *coachs* (ou mentores intencionais) que atendem a indivíduos, não a membros de empresas? É o caso, por exemplo, de Rodrigo Paiva, que foi *coach* de Ronaldinho, Romário, Edmundo e Renato Gaúcho, nossos astros do futebol. Rodrigo é amigo, sabe a hora e a forma de argumentar, sabe como lidar com os egos inflados dos astros. "*Em momentos críticos, os amigos sabem a quem pedir orientação.*" A Revista *Exame* de 22-3-00 diz o seguinte: *Coach* é a profissão atual de Rodrigo, ex-remador do Flamengo.

A distinção entre mentoria natural e a intencional é sutil, como você deve ter observado. Eu tinha-lhe pedido para estabelecer a diferença. Sua resposta coincidiu com a minha?

____

____

____

Num esforço de síntese, você pode fazer um quadro comparativo entre mentoria natural e a intencional? Faça-o, depois compare com o meu.

____

____

____

Aspectos principais	Mentoria natural	Mentoria intencional
Característica	Espontânea, implícita. Pode também ser institucionalizada.	Institucionalizada, explícita.
Objetivo	Despertar potencialidades; promover mudanças.	Acelerar o processo de conhecimento; promover mudanças.
Tipo de relação	Voluntária.	Prioritariamente voluntária.
Mentor	Aceita o papel de mentor.	Escolhe ou aceita desempenhar o papel de mentor.
Mentorado	Deseja ser mentorado. Sente-se bem na relação.	Aceita ser mentorado. Quer participar da relação.
Benefícios	Mudanças mais mediatas. Autoconhecimento.	Mudanças mais imediatas. Compartilhamento de poder e responsabilidades.

Vale aqui um alerta: fiz a distinção entre mentor natural e intencional; contudo, do ponto de vista da empresa, ela pode ter a intenção de que ambos os tipos estejam presentes. Pode pretender que todos os seus membros possam, de alguma forma, aconselhar. Ao mentor natural você pode espontaneamente procurar, ou alguém da empresa pode sugerir-lhe que o faça. A relação é mais livre, mais aberta, de efeitos mais mediatos. Quanto ao mentor intencional (ou *coach*), em geral é seu gerente imediato. Você deve procurá-lo para melhorar seu desempenho aqui e agora ou ele deve procurá-lo.

Diga-me, no entanto: você considera que mentoria nas empresas pode ser exercida a despeito de quaisquer condições?

___

___

___

Concordamos, se você disse que não. Como fazer vicejar uma roseira, por exemplo, sem levar em consideração o solo, a água, o ar, o Sol que a nutrem? E mais: sem considerar outros elementos da natureza que lhe permitem a vida ou, ao contrário, a eliminam ou, pelo menos, a dificultam? Insetos, por ilustração.

Vejo duas ordens de condições. Você pode adiantar quais são?

___

___

___

Sua resposta coincide com meu pensamento se você disse que são condições de ordem organizacional e de ordem individual. Da primeira falaremos agora. Da segunda, mais tarde. Está bem assim?

4 Condições de Ordem Organizacional para o Exercício da Mentoria

Do ponto de vista organizacional, o que pode tornar a mentoria possível? Vou apresentar-lhe várias opções e você escolhe as que considerar adequadas. Depois, confrontaremos nossas respostas, está bem?

Mentoria será possível se a empresa como um todo

1. tiver sólida hierarquia;
2. tiver chefes que saibam fazer com que ordens sejam cumpridas;
3. mudar seus modelos mentais;
4. mudar as crenças que têm norteado suas decisões e formas de organizar-se;
5. mudar os cargos das pessoas;
6. rever os paradigmas nos quais se tem ancorado;
7. mudar as formas de ver-se e ao ambiente do qual faz parte.

Para mim, as opções 3, 4, 6 e 7 revelam algumas das condições capazes de tornar possível a mentoria no ambiente das empresas. Você concorda comigo?

Se concorda, convido-o a aprofundar suas reflexões com o que vem a seguir. Se não concorda, assim mesmo faço o convite para refletir sobre:

a) a visão mecanicista, paradigma da teoria clássica de administração;
b) a visão sistêmica, promessa da teoria sistêmica para um novo paradigma;
c) a visão da complexidade, busca da teoria da complexidade.

A reflexão sobre essas visões o ajudará a entender por qual motivo uma empresa pode abrigar a mentoria, fazê-la florescer, e outra não. Vamos lá?

5 Visão Mecanicista, Paradigma da Teoria Clássica de Administração

Você sabe o que é uma visão mecanicista? Defina-a e, depois, compare sua resposta com a minha.

____

____

____

Visão mecanicista é a que vê o mundo como se fosse uma grande máquina. Sua resposta coincidiu com a minha?

A visão mecanicista surgiu no século XVI e afirmou-se nos séculos XVII e XVIII. Grandes pensadores como René Descartes, Francis Bacon e Isaac Newton* deram-lhe o suporte teórico. Teorias estão presentes em nossas ações cotidianas, mesmo que das teorias, às vezes, não tenhamos conhecimento. As teorias de Descartes, de Bacon e de Newton, entre outras, estão reveladas no ambiente empresarial adepto da teoria clássica de administração.

Sobre Descartes já lhe falei no primeiro capítulo. Lembra-se? Ele notabilizou-se pela ênfase dada à análise, ou seja, à dissecação, à fragmentação, à separação como método de fazer ciência para desvendar os segredos da vida.

Bacon ficou bastante conhecido pela instigação que fazia ao domínio da natureza, pelo homem. Como se pode perceber, Bacon separava o homem de seu ambiente natural. Dizia que a natureza é como a mulher: nasceu para ser violentada. Quando me lembro disso, sinto prazer em comer *bacon* no café da manhã. Sinto-me vingada.

Newton, por sua vez, via um universo determinístico, sujeito a leis imutáveis, no qual não havia espaço para o livre arbítrio, para a criatividade.

Agora que já falamos mal deles, vamos falar bem. Suas contribuições ao avanço científico são fantásticas! Sem eles, talvez não tivéssemos chegado às tecnologias que tanto nos fascinam. A eles, sem dúvida, a humanidade muito deve.

No início do século XX, Taylor, Fayol e seus seguidores notabilizaram-se por trazer à administração o que denominaram por administração científica. Baseados nessa visão de mundo mecanicista, esses estudiosos exerceram e até hoje exercem enorme influência na organização do trabalho. Você sabe de que maneira? Dê sua resposta e depois confronte com a minha.

____

____

____

Adeptos da teoria clássica creem que empresas, órgãos públicos e outros tipos de organização funcionam como máquinas. Creem também que, se as partes constituintes da máquina estiverem azeitadas, funcionam belamente, cada uma exercendo sua função e contribuindo para que toda engrenagem produza os fins desejados. No setor público, é comum ouvir referências à "máquina burocrática". Privilegia-se, portanto, a forma burocrática de organização do trabalho na qual pontificam:

- rígida hierarquia;
- verticalização pronunciada;
- controle centralizado sobre pessoas, mais do que sobre resultados empresariais;
- fragmentação das tarefas;
- especialização compartimentalizada;
- estabelecimento de regras que devem ser indiscutivelmente seguidas.

Adeptos da teoria clássica de visão mecanicista consideram que numa empresa existem seres pensantes e não pensantes. Seja você praticante ou não da visão clássica, ponha-se como praticante e identifique esses seres. Depois, veja se sua identificação coincide com a minha.

Veja se sua resposta coincide com a minha. Seres pensantes, segundo a teoria clássica, são os capazes de definir filosofias, políticas, estratégias, modos de operar o negócio. Seres não pensantes são a mão de obra, expressão sugestiva que remete a pessoas capazes de, somente, executar, obedecer.

Estabelece-se a dicotomia entre os que pensam, planejam e os que executam.* Que horror!

Imagine que um dos mais proeminentes sociólogos da humanidade, Émile Durkheim (1858-1917), afirmava que "*nem todos são feitos para pensar*". Se considerarmos que Durkheim exerceu enorme influência nas pedagogias de todo o mundo, pode-se imaginar o estrago que fez, não é verdade?

Mas Durkheim fez também coisas maravilhosas. É dele, por exemplo, a concepção de que existem "teorias práticas". Elas estão no campo da educação, da medicina, da administração. Foi uma sacada e tanto do sociólogo!

Se você tiver interesse, sugiro-lhe ler:

DURKHEIM, Émile. *Educação e sociologia*. São Paulo: Melhoramentos, 1978.

Você há de admitir que a teoria clássica de administração, que encontrou na burocracia sua alma gêmea, obteve muito sucesso. Por que tal se deu?

Se você respondeu que o sucesso da teoria clássica e da burocracia foi devido à existência de um mundo mais estável, concordamos. Contudo, críticas lhe podem ser feitas. Você arrisca algumas?

Veja se sua resposta coincide com a minha: a teoria clássica de administração ofereceu o suporte a práticas empresariais nas quais não há espaço para:

- a liberação da criatividade do corpo organizacional;
- o comprometimento desse corpo com ideias e resultados;
- aprendizagem em seu sentido mais amplo.

Esquece-se de que o ser humano não é peça de engrenagem; ao contrário. Diga-me: você não gosta de ser ouvido? De sentir-se importante? De sentir que é alguém?

____

____

____

Pois é. Todos nós gostamos de nos sentir importantes. Mentores podem-nos ajudar a assim nos sentirmos. Mas para que eles possam existir no ambiente empresarial, outra tem de ser a visão da empresa. Será a visão sistêmica a solução?

6 Visão Sistêmica, Promessa da Teoria Sistêmica para um Novo Paradigma

Curiosamente, foi também no início do século XX quando Taylor, Fayol e seguidores pontificaram, que outra visão da vida começou a emergir no campo científico. O bioquímico Lawrence Henderson, estudando a natureza, percebeu-a como um todo integrado cujas propriedades essenciais surgem da interação entre suas partes. Pioneiramente, Henderson utilizou o termo *sistema* para denotar esse todo.

Como você, certamente, já percebeu, se a visão mecanicista privilegia a função, a visão sistêmica privilegia a interação, conteúdo indispensável para a mentoria, objeto desse nosso capítulo. De forma sintética, como você define sistema?

____

____

____

Veja se concordamos. Sistema é uma totalidade cujas partes são articuladas, visando a um objetivo comum.

A visão sistêmica, uma forma de ver o mundo, um país, uma cidade, uma empresa, um processo, uma pessoa, como um todo cujas partes são correlacionadas, foi a visão que predominou na Grécia antiga e na Idade Medieval. Capturada pela visão mecanicista da ciência dos tempos modernos, perdeu seu lugar.

Segundo a visão sistêmica, como surgem as propriedades de uma organização, vale dizer, o que faz uma organização ser uma organização?

____

____

____

Veja se sua resposta coincide com a minha: uma organização assim é por causa das interações, das relações entre as partes. Que resulta quando a organização é dissecada pela análise, como é próprio da visão mecanicista?

___

___

___

Estamos de acordo se você disse que as propriedades da organização são destruídas. Posso dar-lhe um exemplo que facilita esse entendimento. Veja um computador. São as relações entre suas peças que fazem dele um computador. Se você o dissecar e colocar as peças uma ao lado da outra, você não terá mais um computador; terá, apenas, um conjunto de peças. Concorda comigo?

___

___

___

Bem, cada sistema vivo está inserido em outro, como um hipertexto num texto, ou como as camadas de uma cebola, se você preferir essa metáfora. Resulta daí que a compreensão sistêmica de uma empresa ou de cada uma das partes da empresa requer o quê?

___

___

___

Veja se estamos de acordo: requer, necessariamente, colocar empresa e suas partes em seu contexto, estabelecendo relações. Por exemplo: você não pode compreender uma empresa se não compreender suas relações com o ambiente político, econômico, cultural, tecnológico no qual ela está inserida. Da mesma forma, você não pode entender um departamento de uma empresa, ou um processo, ou uma equipe se não entender as relações dessas partes entre si e com o todo organizacional.

Contam até que uma ondazinha estava saltitando no oceano, toda feliz, divertindo-se muito. Só via a si mesma naquela imensidão de água. Até que percebeu as ondas em sua frente, arrebentando-se na praia.

– *Meu Deus, que coisa horrível!* Disse a ondazinha. *É isto que vai acontecer comigo.*

Aí chega outra onda. Vê a primeira triste e lhe pergunta:

– *Por que você está triste?*

Diz a ondazinha:

– *Você não está percebendo? Vamos todas nos arrebentar! Vamos acabar em nada! Não é horrível?*

Responde a segunda onda:

– *Reposicione seus modelos mentais! Você é uma onda, sim, mas, sobretudo, você é parte do oceano. Perceba a totalidade na qual está inserida, perceba que tudo flui e se conecta. Tenha uma visão sistêmica!*

Só então a ondazinha pôde compreender que a identidade, a individualidade, a independência não significam fragmentação, isolamento, separatividade, tão próprios da visão mecanicista.

Bem, as décadas de 50 e 60 viram a engenharia de sistemas, a análise de sistemas e o discurso da administração sistêmica. Provavelmente, você já ouviu falar em Ludwig von Bertalanffy. Ouviu?

____

____

____

Pois bem, esse biólogo, que na década de 20 apresentou sua teoria de sistemas, foi resgatado para dar suporte teórico ao discurso administrativo. Bertalanffy acentuou o aspecto processual dos sistemas (o fluxo de tudo que existe) e dedicou-se a argumentar sobre a pertinência de sistemas. Propôs substituir-se a visão mecanicista pela visão holística, visão de totalidade. Você percebe essa visão e sua realização dentro de sua empresa?

____

____

____

Se você respondeu que sim, parabéns para sua empresa! Certamente, ela tem maior compreensão do ambiente no qual está inserida, bem como de seus processos internos. Se você respondeu que não, diga-me: a que você pode atribuir a falta dessa visão e de sua realização? Por que, por exemplo, algumas empresas têm relações tão perversas com o ambiente natural? Por que o alto desenvolvimento tecnológico está descompassado do desenvolvimento interpessoal, tão baixo? Por quê?

____

____

____

Veja se estamos de acordo. Penso que o cerne da questão é a atitude, isto é, a predisposição para a ação; no caso, ação integrada. Pouco sabemos do quanto precisamos da tarefa do outro, bem como do quanto o outro precisa da nossa. Como resultado, colocamos cercas em nosso terreno e não queremos bater papo com o vizinho; muito menos, ter com ele ações cooperativas. A visão sistêmica fica, então, no mundo da retórica, da verbalização, do discurso, pouco se transformando em práticas organizacionais. Ao contrário, a visão clássica viceja. Nossos modelos mentais são ainda, prioritariamente, mecanicistas. Aliás, eis aí o drama humano: criamos a abstração de entes separados.

Referindo-se à confusão que se estabeleceu com a entrada em cena do novo DDD e da qual talvez você se lembre, a Revista *Exame* de 28-9-99 diz o seguinte:

> *"A estreia do novo DDD foi desastrosa. Num sistema interdependente como o telefônico, é possível que cada operadora estivesse individualmente preparada, mas o sistema de operadoras não estivesse pronto em seu conjunto."*

Que aponta essa afirmação? A questão crucial de que agora estamos tratando: a prática da visão sistêmica. A essa altura, certamente você já percebeu com clareza a diferença entre a visão sistêmica e a mecanicista, não é verdade? Faça um quadro-síntese sobre essa diferença e, depois, compare com o meu. Tudo bem?

____

____

____

Visão sistêmica	**Visão mecanicista**
Enfatiza o todo	Enfatiza as partes
Enfatiza o pensamento não linear	Enfatiza o pensamento linear
Privilegia a interação	Privilegia a análise
Incorpora o contexto	Volta-se para si mesma

E aí? Nossos quadros são parecidos? Vale, ainda, acrescentar que todo sistema vivo é capaz de reproduzir a si mesmo e de organizar-se (autorreprodução e auto-organização).

Bem, se na prática você não viu (ou pouco viu) realizada a promessa de interação, de articulação, de conexão da visão sistêmica, nem por isso o mundo das ideias parou. Assim, na década de 70 foi descoberta não só a matemática da complexidade, como enfatizada a capacidade de auto-organização dos sistemas vivos, sejam eles uma célula, uma bactéria, o corpo humano, um partido político ou uma empresa, por exemplo. Com as descobertas, acentuou-se a ideia de rede (de pescador, não aquela na qual você gosta de tirar uma soneca depois do almoço), baseada, sem dúvida, na própria teia que é a vida.* A década de 70 apresenta ao mundo a teoria da complexidade e sua visão de mundo. De que trata? Veja a seguir.

☆

- Capra é físico, veio ao Brasil várias vezes e tem enorme produção literária da qual se destacam: *O Tao da Física, O ponto de mutação, Sabedoria incomum, Pertencendo ao universo, A teia da vida* e *Conexões ocultas*.

Em *A teia da vida*,[4] Capra nos oferece um belíssimo trabalho para a compreensão da grande teia que é a vida e dos sistemas complexos que lhe dão sustentação. Argumenta sobre a necessidade de pensarmos sistemicamente. Afirma o físico: "Somente então poderemos compreender que identidade, individualidade e autonomia não implicam separatividade e independência."

[4] CAPRA, Fritjof. *A teia da vida*. São Paulo: Cultrix, 1997.

7 Visão da Complexidade, Busca da Teoria da Complexidade

A teoria da complexidade, desenvolvida com base na observação da natureza, traz novos *insights* à compreensão do que acontece no mundo. Você sabe de onde vem o termo *complexidade*?

____

____

____

O termo *complexidade* vem de *complexus*, que significa "aquilo que é tecido junto". Como você pode ver, a metáfora da máquina é substituída pela do tecido, da trama.

Edgar Morin,* teórico francês que já esteve várias vezes no Brasil, é um dos expoentes da teoria da complexidade. A ele devo as dicas para o teste Lições da Teoria da Complexidade, que lhe proponho a seguir e que vai permitir-lhe identificar o conteúdo de tal teoria. Faça o teste e depois compare suas respostas com a minha. Vamos lá?

☆

Para Morin, enfrentar a complexidade da realidade significa confrontar-se com paradoxos, com incertezas, com novos modos de fazer ciência.

Se você tiver interesse em aprofundar seus estudos sobre a teoria da complexidade, sugiro-lhe ler:

MORIN, Edgar. *Ciência com consciência*. Rio de Janeiro: Bertrand Brasil, 1996.

________. *La méthode*. Paris: Seuil, 1977.

________. *Introdução ao pensamento complexo*. Porto Alegre: Sulina, 2005.

Teste – *Lições da teoria da complexidade*

1. não há nada simples, nem no campo natural, nem no social, nem no individual; só há simplificações;
2. a história da humanidade obedece somente a leis racionais, isto é, ditadas pela razão humana;
3. o conhecimento humano das coisas é incompleto;
4. ordem e desordem são faces da mesma moeda; uma não existe sem a outra;
5. qualquer organização pode ser reduzida à ordem;
6. verdade é a verdade do olho do observador; portanto, não existe fato desvinculado de quem o observa;
7. para entender uma organização, basta focalizar cada uma de suas partes;
8. ninguém constrói uma organização e, dialeticamente, uma organização não constrói as pessoas. Dito de outra maneira, organização e pessoas são entes separados;

9. a máquina é capaz de se autorregenerar e de se auto-organizar; por este motivo, pode suportar os efeitos da desordem;
10. uma pessoa ou um grupo social são capazes de se autorregenerar e de se auto-organizar; por esse motivo produzem, toleram e combatem a desordem e se regeneram nesse próprio processo;
11. a liberdade necessita de uma ordem organizacional, isto é, de regras do jogo para todos, mas também necessita de tolerância com a desordem;
12. apesar de seus pressupostos, a visão sistêmica tende a trilhar os caminhos reducionistas, simplificadores e mutilantes dos quais deveria libertar-se e a nós também;
13. nenhum sucesso traz dentro de si um fracasso potencial ou vice-versa;
14. soluções existem na mesma situação que gerou os problemas.

Minha resposta: as alternativas 1, 3, 4, 6, 10, 11, 12 e 14 são lições da teoria da complexidade e sua visão de mundo. E aí? Você também assim as considerou?

____

____

____

Que tem a ver a teoria da complexidade com o ambiente de negócios?

____

____

____

Tem a ver que, na década de 80, as coisas no ambiente de negócios começaram a mudar. Percebeu-se que a teoria clássica começava a emitir sinais de cansaço, não dando conta das mudanças profundas e velozes que vinham ocorrendo no mundo em geral e no mundo dos negócios em particular.

Perplexidades começaram a surgir e, com elas, o desejo por saídas. O presidente do Citicorp, por exemplo, solicitou auxílio ao Instituto Santa Fé* para entender a nova ordem econômica mundial. Por que a economia insiste em não obedecer às previsões dos economistas?

O Instituto Santa Fé, destinado a buscar um arcabouço teórico capaz de conduzir à compreensão da natureza e da humanidade, é o mais importante centro de pesquisas em caos e complexidade, nos Estados Unidos. Estuda sistemas complexos adaptativos.

A teoria de sistemas já sinalizava para o fato de que uma das características dos sistemas abertos é sua capacidade de adaptação ao ambiente. Veja que não falo de acomodação, o que traz em seu bojo a ideia de passividade; falo em adaptação, o que pressupõe antenas ligadas, monitorando o ambiente, agindo e reagindo como num jogo de xadrez. Falo em ação.

As descobertas do Instituto Santa Fé podem ser encontradas nas obras dos cientistas a ele ligados. Se você tiver interesse, recomendo:

GELL-MANN, M. *The quark and the jaguar*: adventures in the simple and the complex. New York: W. H. Freeman, 1994.

HOLLAND, J. H. *Hidden order*: how adaptation builds complexity. Helix Books, 1996.

Colin Crook, o executivo do Citicorp, foi apresentado a uma visão de mundo baseada na teoria da complexidade. Passou a entender o que acontecia. Mudou sua forma de fazer negócios. Feliz da vida com os resultados alcançados e já vislumbrando novos negócios, não titubeou em afirmar que complexidade vai ser o *boom* em consultoria e que o Citicorp, certamente, irá contar e disponibilizar seu próprio quadro de especialistas com forte base conceitual e experiência própria. Esperto o Crook, heim?

Você sabe qual foi o resultado do contato do Instituto Santa Fé com o Citicorp?

____

____

____

O resultado foi que, alguns anos depois, o Instituto criou uma *joint venture* com a internacionalmente conhecida consultoria Ernst & Young, e ambas dedicaram-se à aplicação da teoria da complexidade nos negócios. São seus clientes a Unilever, a Honda, a General Motors, entre outros.

Você se lembra do filme *Tempos Modernos*, a monumental obra-prima de Charles Chaplin do qual já lhe falei?

____

____

____

Pois bem, o filme magnificamente retrata a visão de mundo mecanicista. São máquinas p'ra tudo quanto é lado, o próprio personagem faz parte de uma engrenagem, muito controle, tecnologia numa direção e pessoas noutra, desconsideração à consciência humana. Lembra-se? Mas você se lembra também de uma passagem na qual naquele universo tão controlado surge uma mosquinha? Que pode ela representar? Arrisque uma resposta.

____

____

____

Se você disse que a mosca representa o imponderável, nossas percepções coincidiram. A mosca nos diz que pensar que se pode planejar tudo, que se pode controlar tudo, não passa de um sonho de uma noite de verão.

Você controla algumas coisas; não todas. O controle de todas as operações e pessoas numa empresa é, portanto, impraticável. Até porque, como bem acentuou Herbert Simon,* nossa racionalidade é limitada. A situação complica-se num ambiente tão complexo como o que estamos vivendo, no qual variáveis de toda ordem se entrecruzam, tecem novos arranjos internos e externos à empresa (a despeito de nossas vontades individuais), produzem outras interações, trazem perplexidades. Que fazer? Afinal, qualquer empresa tem seus propósitos. Como torná-los realidade?

Herbert Simon é um clássico em administração. São famosos seus estudos sobre decisão. Para ele, há decisões que podem ser programadas; outras, não. Afirma Simon: *nossa racionalidade é limitada*. Que ducha fria, hein? E nós que pensávamos que, por sermos seres racionais, detínhamos todo o saber da humanidade...

Até me lembro de um caso acontecido comigo. Fui dar um curso sobre processo decisório para diretores e superintendentes de uma enorme empresa de mineração. Ao lhes apontar as variáveis que interferem em uma decisão (políticas, econômicas, culturais, tecnológicas, organizacionais e até idiossincrasias pessoais), ouvi de um diretor perplexo a seguinte pergunta:

– Quer dizer que não há decisões perfeitas?

My God! Ele pensava que era Deus!

Se você tiver interesse no pensamento de Simon, sugiro-lhe ler:

SIMON, Herbert A. *Administrative behavior*. New York: The Free Press, 1976.

Relaxe! A teoria da complexidade pode ajudar, à medida que descobriu que os sistemas adaptativos, capazes de aprender, como as empresas, autorregulam-se. É importante, porém, que se acredite em algumas coisas. Marque o que você considera importante e, depois, compare suas respostas com a minha. Vamos lá?

____

____

____

É preciso acreditar:

1. na simplicidade e na flexibilidade estrutural;
2. no tamanho da empresa como moeda de barganha política;
3. na pertinência da horizontalidade dos processos;
4. na força da participação e da confiança como desencadeadora de identidade organizacional;
5. na força da identidade organizacional como propulsora da possibilidade de realização dos resultados pretendidos pela empresa;

6. na informatização de serviços como solucionadora de todos os problemas;
7. na necessidade de agilização e fluidez do processo informacional;
8. na importância da qualificação em todas as dimensões humanas, não somente em termos de capacitação técnica;
9. na necessidade de confiança mútua entre os membros da organização;
10. na força das estratégias em neutralizar qualquer conflito;
11. na relevância da comunicação;
12. no fato inexorável de que nem todas as pessoas foram feitas para pensar;
13. nas pessoas como diferencial competitivo. Apostar nelas.

Se você assinalou as opções 1, 3, 4, 5, 7, 8, 9, 11 e 13 como importantes no processo de auto-organização, de autorregulação, estamos de acordo.

Mas, afinal, quais as diferenças básicas entre a visão clássica e a da complexidade? Responda e depois compare sua resposta com a minha.

____

____

____

Veja se nossas respostas coincidem, pelo menos em parte. Eis a minha:

Visão clássica	Visão de complexidade
Introduz a metáfora da máquina como explicativa da dinâmica das empresas.	Introduz a metáfora da própria vida, com seus fluxos e refluxos, ordem e desordem, como explicativa da dinâmica das empresas.
Enfatiza a certeza de que os acontecimentos podem ser previstos.	Reconhece que questões emergem das interações entre pessoas e recursos, não raro sem que as tenhamos previsto.
Usa o pensamento linear.	Usa o pensamento sistêmico, não linear.
Privilegia a função.	Privilegia a interação.
Vê a dinâmica do mundo dos negócios como uma parada militar.	Vê a dinâmica do mundo dos negócios como uma feira livre, na qual a ordem emerge de uma situação aparentemente caótica.
Fala de uma empresa de inteligentes que ditam regras para a mão de obra apenas executar.	Fala de uma empresa inteligente, aquela na qual todos os seus membros são percebidos como capazes de aprender, desenvolver-se e criar.

Meu Deus! De repente, flagrei-me praticando a iconoclastia, isto é, a matança da visão clássica, nosso velho deus... Devo retratar-me. Em incontáveis pontos, ela nos é útil. Você já pensou, por exemplo, se numa empresa cada um decidisse como tirar um pedido de compra de um equipamento? Já pensou se um técnico em telecomunicações não obedecesse às regras de como se deve fazer ligações de fios? Haja Procon em cima da empresa! Já pensou se um médico cirurgião não seguisse as regras postas para o hospital no qual faz suas cirurgias? Ah, já sei! Você vai contrapor ao meu argumento o fato ocorrido com um famoso cardiologista cirurgião brasileiro que, no momento em que operava, diante de um problema que emergiu, usou Superbonder no coração da pessoa, evitando hemorragia e sua morte. Criativo, não? Isso, porém, só foi possível, você há de convir, porque o cirurgião tinha aprendido e retido na memória princípios básicos da química, da biologia, da anatomia, da fisiologia. É ou não é? Além disso, sua história de vida nos fala de um médico "rebelde", sempre disposto a questionar e a aprender.

Extrapolando para o ambiente empresarial, você, certamente, já captou que nele temos comportamentos racionalmente previstos e, outros, emergentes; processos que obedecem a regras e, outros, que são autônomos, e seu curso é determinado a cada momento, na interação entre diferentes elementos. O caminho, aí, se faz na caminhada.

Se você olhar atentamente uma empresa, há de reparar a existência de:

- um centro decisório, aquele que, por exemplo, traça as políticas e estratégias globais;
- outros centros de controle, aqueles que, por ilustração, definem táticas operacionais e até estratégias pontuais;
- ausência de centros, fruto de condições anárquicas, aleatórias, que surgem das interações espontâneas dos membros da empresa.

Vou provocar-lhe: você considera que qualquer empresa precisa de processos contraditórios como continuidade e mudança, controle e autonomia, tradição e inovação, ordem e desordem?

____

____

____

Nossas respostas coincidem se você disse que sim. São essas contradições pulsantes que lhe emprestam vida. Você já reparou no movimento de seu (de você) coração? Ele se contrai e se expande, num movimento de sístole e de diástole que irriga todo o seu corpo e o mantém vivo. Bonito, não? Não é diferente na empresa.

É isso que nos diz a teoria da complexidade: você age de acordo com princípios que formam seus modelos internos, os quais se fortalecem ou se alteram com base no *feedback* do ambiente. Você aprende. É, então, capaz de mudar de comportamento conforme as condições ambientais mudem. Isso é adaptabilidade. Que são, então, sistemas adaptativos? Responda e depois veja se eu e você concordamos.

____

____

____

Nós concordamos se você disse que sistemas adaptativos complexos são sistemas inteligentes, que se criam e se recriam ao longo das interações com o ambiente.* A pergunta que agora se coloca é: com quem aprender?

> Se você quiser aprofundar o assunto, sugiro-lhe ler:
>
> AGOSTINHO, Marcia Cristina Esteves. *Complexidade e organizações*: em busca da gestão autônoma. São Paulo: Atlas, 2003.
>
> BAUER, Ruben. *Gestão da mudança*: caos e complexidade nas organizações. São Paulo: Atlas, 1999.

Se você se lembra, no livro de Senge, a quinta disciplina de uma série de cinco é, justamente, o pensamento sistêmico.

Em outro livro,[5] adivinhe quem ele diz que pode ajudar o outro a aprender.

____

____

____

Vou adorar se você tiver respondido: mentores. Não porque sejam os únicos que podem ajudar o outro a aprender, mas porque é o assunto desse nosso estudo. Temos de prestigiá-los, portanto.

E quanto aos mentores na empresa? Há quem diga que, à medida que pai e mãe foram cada vez mais se ausentando de casa por força do mercado de trabalho, jovens têm sentido necessidade de mentores no ambiente empresarial. Você concorda?

Lembra-se de que, anteriormente, eu lhe disse que a mentoria nas empresas é possível, desde que existam condições de ordem organizacional e individual? Sobre as condições de ordem organizacional, já discutimos. Empresas mecanicistas e as que têm apenas o discurso sistêmico, não a prática, não as promovem, ao contrário daquelas apoiadas na teoria da complexidade, espaço privilegiado para a aprendizagem, para o desenvolvimento dos talentos humanos, sejam mentores ou mentorados. Vejamos, agora, as condições individuais. Vamos lá?

8 Condições de Ordem Individual para a Ocorrência da Mentoria

As condições de ordem individual estão referidas ao mentor e ao mentorado, indissociáveis que são. Uma delas é o conhecimento da história de vida:

- da empresa;
- do mentor;
- do mentorado.

[5] Professor do Massachusetts Institute of Technology, o famoso MIT, Senge tem outra obra de sucesso: *A dança das mudanças*. Foi publicada no Rio de Janeiro pela editora Campus em 2000. Ver também SENGE, Peter. *A quinta disciplina*. São Paulo: Best Seller, 1990.

Somente a partir daí a relação pode-se estabelecer.

Por que é importante conhecer a história de vida da empresa? Dê sua resposta e depois veja se coincide com a minha.

Sua resposta coincide com a minha se você tiver dito que é importante conhecer a história da empresa porque, como a visão sistêmica em particular e a teoria da complexidade em geral ensinam, a empresa é o contexto no qual as relações entre mentor e mentorado acontecem. Para quais perguntas sobre a empresa é preciso ter respostas? Relacione algumas. Vou fazer o mesmo e depois você compara minhas perguntas com as suas, está bem?

Eis as perguntas para as quais considero importante ter respostas:

- Quais os propósitos da empresa?
- Que ela espera de seus membros?
- Em que ambiente (externo) de competição e de cooperação a empresa opera?
- Ela estimula a aprendizagem e o desenvolvimento integral de seus membros?
- Que faz para captar talentos e retê-los?
- Qual a filosofia que alimenta suas políticas e estratégias?
- Como organiza o trabalho?
- Há coerência entre o discurso dos dirigentes e suas ações?

Nossa relação de perguntas coincidiu? Pelo menos em parte, não é verdade?

Com relação à história de vida do mentor, por que é importante conhecê-la? Dizendo melhor: por que é importante que o mentor tenha consciência de sua própria história de vida e, portanto, a consciência do quanto seu papel pode ser facilitado (ou dificultado, o que é um horror)? Que você acha? Responda e depois compare sua resposta com a minha.

Concordamos se você disse que o papel do mentor pode ser facilitado pela consciência da pessoa:

- de suas possibilidades e de seus limites;
- de que sua família em muito influenciou os modos pelos quais ela se comporta na empresa;*

- ❖ de seus preconceitos, estereótipos, visão de mundo;
- ❖ de seu grau de sensibilidade e empatia (capacidade de colocar-se no lugar do outro);
- ❖ da disponibilidade para o amor incondicional.

> Dentro da visão de complexidade, você não pode desconsiderar a família, núcleo no qual você foi formado e que, portanto, faz parte de seu contexto. Como o fazem as escolas nas quais você estudou, as organizações nas quais trabalhou, outras organizações das quais faz parte, bem como seus amigos.

E quanto ao mentorado? Por que é relevante conhecê-lo? Arrisque uma resposta e, depois, veja se coincidiu com a minha.

Nossas respostas coincidiram se você disse que é relevante conhecer o mentorado para, igualmente, saber de:

- ❖ suas possibilidades e seus limites;
- ❖ seus preconceitos, estereótipos, visão de mundo.

E mais: saber de sua disponibilidade psicológica e espiritual para a aprendizagem.

Ninguém ensina ninguém. Se uma pessoa não tem a disponibilidade para a aprendizagem, quase nada poderá ser feito por ela. Não é assim na natureza?

Lembra-se da roseira que mencionei como exemplo? Como esperar que ela cresça, se sua semente não tiver potencial de crescimento?

E aí? Nossas respostas coincidiram?

Levantadas as condições organizacionais e as individuais, resta, agora, dar algumas dicas para quem pretenda tornar-se mentor. Vamos a elas?

9 Dicas para o Exercício da Mentoria

Relaciono, aqui, 16 dicas, a saber: colocar seu mentorado à vontade; aceitar o outro; inspirar confiança; ouvir; falar e calar; repetir (parafraseando), concordar e jogar de volta a pergunta; criar simulações; usar linguagem adequada; manter o foco da conversa; dar *feedback*; dar dicas; usar dinâmica grupal; administrar o tempo; controlar a si mesmo; ter alto astral; refletir sobre seu próprio desempenho.

Vamos a cada uma delas?

▼ Coloque seu mentorado à vontade

Suas palavras, mentor, seu tom de voz, suas ações, sua linguagem corporal precisam ser acolhedoras; precisam estabelecer um *rapport* (relação harmônica, afinidade) com o mentorado. Lembre-se, também, de que precisa haver coerência entre a linguagem verbal e a corporal. Havia uma propaganda divulgada na televisão em que, entre outros tipos, aparecia um homem todo tatuado, deixando-se tatuar ainda mais, que dizia: *Sabe, eu sou conservador...* Lembra-se da propaganda? Você percebeu a incoerência? E tem outra coisa: a linguagem corporal fala mais do que a verbal.

Tenha cuidado com seus olhos também. Eles falam mais ainda que seu corpo todo. Noutro dia, contando para uma amiga um fato de muita alegria que aconteceu comigo, percebi que seus olhos ficaram marejados de lágrimas. Tive a certeza, naquele momento, de que ela era, de fato, minha amiga. Senti-me à vontade.

▼ Aceite o outro como ele é

Como dizem os compositores Claudio Cartier e Paulo Cesar Feital, "*se quieres ser feliz como me dices, no analices, no analices*". Uma pessoa é atraída para um mentor pela capacidade deste em aceitá-la. Se o mentor a aceita, é o primeiro passo para a pessoa mudar. Aceitação é o oposto de quê?

____

____

____

Nossas respostas coincidiram se você disse que aceitação é o oposto do autoritarismo. Você já deve ter ouvido alguém dizer-lhe: *Faça como eu*. Ou: *Se eu fosse você faria assim, assado...* Ora, o outro não é você. Além do que, o outro também comete seus equívocos, não é verdade? Em sua família, também é possível que você tenha ouvido: *Seja estudioso como seu irmão! Veja como ele faz seus deveres de casa com atenção...* A família esquece que você é você e que seu irmão é seu irmão. Como a família é o primeiro exercício para a relação interpessoal, você carrega essa aprendizagem para a situação de trabalho. Tem, então, dificuldade em aceitar as diferenças.

Jamais um mentor pode dizer a uma pessoa que ela é incapaz nisso ou naquilo. Isso é destruir a pessoa e a relação. Se você, no exercício da mentoria, perceber que uma pessoa não tem adequado desempenho em algo, primeiro aponte-lhe seus pontos fortes. Depois, aceitando suas fraquezas, indique-lhe caminhos para mitigá-las.

Cada pessoa tem sua escala de valores, suas crenças, suas suposições acerca da ocorrência de um fenômeno, seus preconceitos, seus estereótipos, suas inconsistências, suas preferências, suas expectativas e motivações, seu tipo predominante de inteligência (sobre tipos de inteligência lhe falarei no sexto capítulo). Aceitar a pessoa como ela é faz parte do exercício da mentoria.

Outro dia, em sala de aula, disse para os alunos que ao alto desenvolvimento tecnológico da sociedade contemporânea não tem correspondido um alto desenvolvimento interpessoal, a despeito de vivermos em uma sociedade interconectada, que amplia as redes sociais. Dei como exemplo o fato corriqueiro de entrarmos todos os dias no elevador com os mesmos vizinhos e nem sequer dizermos: *Bom dia!* Uma das alunas perguntou-me: *E o que tem isso demais? P'ra que dar bom dia?* Retrucou um aluno: *No mínimo, p'ra você demonstrar ser inteligente. Relacionamento interpessoal é um dos tipos de inteligência*. Você pode imaginar que pensamento a observação desse diálogo me suscitou?

____

____

____

Fiquei pensando como a teoria da complexidade nos ensina, na importância da célula familiar como condicionadora de muitos de nossos comportamentos na escola, na empresa, em outros ambientes. Se você não exercita o relacionamento interpessoal na família, na vizinhança, dificilmente conseguirá, por exemplo, estabelecer relações mais duradouras com o cliente interno e o externo.

Outro dia me contaram um caso. Uma pessoa chamou um técnico para consertar seu aparelho telefônico. O defeito estava no *plug*. Em vez de trocar o *plug*, o técnico fez um gatilho (colocou um arame). Mais tarde, o aparelho voltou a dar o mesmo defeito. A pessoa, então, resolveu falar diretamente com o diretor da empresa. O diálogo foi o seguinte:

P – *Descobri por que o telefone não está funcionando. Seu técnico fez um gatilho, em vez de trocar o* plug. *Eu descobri isso, porque sou curiosa e mexo nas coisas*.

D – (ironicamente) *É? Então cuidado para não levar um choque*.

P – *Eu já levei um choque, descobrindo a má-fé de seu técnico. E levei outro agora, descobrindo seu descaso com o cliente*.

É bem verdade que diálogos como este estão cada vez mais difíceis, porque, como ensina Sylvia Helena,[6] consumidores estão fazendo valer seus direitos. Mas que ele é revelador de comportamentos aprendidos, isso é.

▼ Inspire confiança

Muito, muito poucos gostam de falar do que os aflige, num microfone, para a torcida do Flamengo (ou do Vasco, se você preferir) ouvir. Assim, garanta a seu mentorado que tudo o que vocês conversarem ficará entre vocês. Jamais será usado para avaliar o desempenho do mentorado; jamais será contado a outros. Ética é fundamental.

Você acha que confiança constrói-se num segundo?

____

____

____

[6] VERGARA, Sylvia Helena Constant. *Impacto dos direitos dos consumidores nas práticas empresariais*. Rio de Janeiro: Fundação Getulio Vargas, 2003.

Concordamos se você disse que não. Confiança é construída na interação do dia a dia. Ela leva algum tempo. O mentorado, como ser humano que é, irá testá-lo várias vezes. Ele lhe fará algumas confidências e procurará saber se você as guardou ou as divulgou para alguém. Por outro lado, lembre-se de que é possível ter alguém ouvindo o que você está falando. Quem? Pode ser até o faxineiro, varrendo o chão próximo a vocês. Então, cuide para que haja privacidade.

Uma médica amiga minha contou-me que estava em seu consultório, ouvindo empaticamente as aflições verbalizadas por seu paciente portador de Aids, quando uma enfermeira, num gesto infeliz, abriu a porta do consultório e entrou. Foi o suficiente para que o clima de confiança que vinha estabelecendo-se sofresse fissura. A conversa já não foi mais a mesma. Lição aprendida pela médica: *devo empenhar-me para evitar situações como essa.*

Demonstre que existe entre você e seu mentorado uma identificação, razão pela qual vocês se aproximam. Faça-lhe perceber que há uma reciprocidade, isto é, que você igualmente confia nele. Se houver necessidade, diga-lhe que você também tem desânimos, angústias, perplexidades. Afinal, você e o mentorado são de carne e osso. Diga-lhe como você tem buscado resolver suas questões. Talvez isso possa ajudá-lo.

Há um livro que recomendo para leitura. Trata-se de *A última grande lição*: o sentido da vida, escrito por Mitch Albom, editora GMT. Narra o reencontro de Mitch com Morrie Schwartz, seu ex-professor na Universidade Brandeis, situada em Massachusetts. Morrie, presa de incurável doença, morria. Vou adaptar para você um dos diálogos entre eles, sobre envelhecimento:

Mitch – *Na viagem desde o aeroporto contei os* outdoors *com gente jovem e bonita. Não vi nenhum mostrando alguém de mais de 35 anos. Já me sinto ladeira abaixo. Evito falar de minha idade por estar bem perto dos 40 e, consequentemente, me aproximando do esquecimento profissional.*

Morrie – *Essa ênfase toda na juventude não tem sentido para mim. Lembro-me daqueles garotos que me procuravam com seus grilos, seus conflitos, seus desajustamentos, a sensação de que a vida é dura...*

Mitch – *Você nunca teve medo de envelhecer?*

Morrie – *Mitch, eu acolho o envelhecimento.*

Mitch – *Acolhe?*

Morrie – *É muito simples. À medida que se cresce, aprende-se mais. Se ficássemos parados nos 22 anos, ficaríamos com o conhecimento que tínhamos aos 22 anos. Envelhecer não é só decair fisicamente. É crescer.*

Mitch – *É, mas se envelhecer fosse tão valioso, por que as pessoas vivem dizendo "Ah, se eu ainda fosse jovem..."? Nunca ouvimos ninguém dizer: "Quem me dera já ter 65 anos!"*

Morrie (sorrindo) – *Sabe o que significa isso? Vidas insatisfeitas. Vidas sem realizações. Vidas que não encontraram um sentido. Quem encontra um sentido para a vida não deseja voltar atrás. Deseja ir em frente. Quem passa o tempo batalhando contra o envelhecimento será infeliz, porque ele é inexorável.*

Mitch – *Estou imaginando por que será que você não inveja pessoas mais jovens e de boa saúde.*

Morrie – *Bem, acho que invejo. Invejo-os por poderem ir a uma academia de ginástica ou dançar. Mas a inveja vem, eu a sinto e depois deixo-a ir. Lembra-se do que lhe disse sobre o desapego? Deixe passar. Diga a si mesmo: "Isso é inveja. Vou me separar dela agora." E vire-lhe as costas.*

▼ Ouça

Ouvir é fundamental. Deixe que a pessoa fale, que possa expressar seus questionamentos, suas indignações, suas dúvidas e emoções diante de questões conflitantes. Preste-lhe atenção quando está falando. Esqueça seu celular.

E quando a verdade dela é diferente da sua, que você deve fazer?

____

____

____

Se a verdade dela é diferente da sua, a atenção tem de ser mais do que dobrada. Isso exigirá de você grande flexibilidade mental e grande abertura de coração.

▼ Fale e cale

Na questão do falar e do calar, a análise transacional pode dar-lhe uma boa ajuda. Ela diz que a nossa personalidade tem três aspectos, responsáveis por grande parte da maneira pela qual reagimos a qualquer coisa que nos aconteça: eu pai, eu adulto, eu criança. O eu pai é nosso censor; nos diz tudo o que devemos fazer para, adequadamente, nos inserirmos em um dado grupo social. O eu adulto é a razão. Seguimos regras lógicas para chegar a conclusões. O eu criança é emoção e tem três desdobramentos: a criança rebelde, a submissa e a espontânea. Quando uma pessoa está no estado de criança rebelde, por exemplo, você não deve interrompê-la na sua fala e gestos, pois agrava a situação. Cale-se, portanto, e deixe-a desabafar, esvaziar o caldeirão. Depois, por meio de alguma pergunta delicada, busque descobrir a razão para seu comportamento. Ela vai, então, acalmando-se, saindo do estado da criança rebelde para o estado do eu adulto.

Sylvia Helena Constant Vergara (minha filha) tem um bom exemplo. Imagine um funcionário trabalhando no computador, com prazo para terminar um trabalho. Você tem um documento urgente para entregar em outra área e necessita que ele vá lá. Que faz o funcionário? Faz um bico, literalmente. Quase bate o pé. Ele não consegue entender que entregar aquele documento é fundamental naquele momento. Que você faria?

____

____

____

Recomenda Sylvia Helena: *Mentor, respire fundo para também não entrar no estado de criança rebelde. Faça uma pequena pausa. Depois ouça o que o funcionário tem a dizer, distancie-se da situação e, calmamente, comece a conversar com o funcionário, fazendo-o perceber a importância de levar o documento.*

▼ Parafraseie, concorde, pergunte

Outra dica é parafrasear o que uma pessoa diz, isto é, repetir suas palavras. Isso dará à pessoa a possibilidade de rejeitar, confirmar ou completar informações. A seguir, concordar com a pessoa e, depois, perguntar. Essa tática ajuda a pessoa quando ela está confusa. Um exemplo:

F – *Sou uma pessoa criativa e sinto-me como um mar dentro do aquário aqui no Departamento de Logística. Quero ir para a área de Marketing para libertar esse mar.*

M – *Você é uma pessoa criativa, por isso quer ir para a área de Marketing* (paráfrase).

Talvez você tenha razão (concordância). *Você acha que só na área de Marketing pode ser criativo?* (pergunta, chamada à razão). *O que você me diria se eu lhe contasse que a nossa área de Logística tinha grandes furos e que eles foram cobertos pela criatividade de um de seus integrantes? O que você me diria se eu lhe lembrasse que um dos maiores produtos da 3M é o* post-it *e que ele foi fruto da criatividade de uma pessoa da área de produção?*

▼ Provoque simulações

Imagine uma pessoa procurando-o para dizer-lhe da sua insatisfação, porque o chefe não reconhece seu potencial. Ela está sentindo-se como um mar dentro do aquário. Um exercício de simulação pode ser feito. Por exemplo, você, mentor, poderá dizer:

- Pense na situação de dificuldade que você está vivendo nesse momento.
- Pense agora numa pessoa que, em sua vida, o aceitou incondicionalmente (avó, professor, amigo). Alguém que, além de aceitá-lo incondicionalmente, conhecia seu potencial, acreditava em você.
- Imagine o que essa pessoa estaria agora falando para você. Que conselho lhe daria?
- Imagine você já com a situação resolvida. Veja a imagem da situação. Se essa situação tivesse um odor, ou um gosto, ou uma cor, qual seria?
- Olhe como se estivesse vendo um filme. Agora, entre no filme. Perceba o sentimento que tomou conta de você por ter a situação sido resolvida.
- Agora, imagine aquela pessoa que, na sua vida, o aceitou incondicionalmente sendo, portanto, seu mentor. O que ela diria para você?

- (Provavelmente, a pessoa responderá: Você pode ser criativa mesmo onde está).
- Leve essa mensagem do mentor com você. Toda vez que você estiver se sentindo como um mar dentro do aquário, lembre-se dela.

▼ Use linguagem adequada

Linguagem adequada é um dos primeiros passos para o processo de comunicação. E esta é construída na interação. Uma palavra pode trazer imagens diferentes na cabeça dos outros. Exemplo: cachorro. Uma pessoa pode pensar num vira-lata, outra num poodle, outra no "cachorro do chefe" e outra ainda, no cachorro-quente. Se é assim, procure descobrir qual é a imagem feita por seu mentorado para, por meio de linguagem adequada, estabelecer a interação.

A novela *O beijo do vampiro*, da TV Globo, ilustra bem essa circunstância. O personagem Juninho, um garoto, tomava expressões metafóricas ao pé da letra. Por exemplo: quando lhe disseram que a mãe tinha ido para a lua de mel, literalmente pensou numa lua feita de mel. Você me dirá: isso só ocorre com crianças. Não é verdade.

Também é preciso verificar o universo de conhecimento do mentorado. Outro dia me contaram um caso de um mentorado, o qual tinha apenas o primeiro grau de escolaridade, que procurou seu *coach* porque considerava que na empresa havia favoritismo e ele não entendia o porquê. A resposta do mentor foi uma longa dissertação sobre a teoria weberiana. Que você acha que aconteceu?

____

____

____

É isso mesmo. O mentorado não entendeu nada e saiu de lá pior do que quando entrou.

Uma boa dica para fazer-se entender é usar exemplos do cotidiano. Costumo usar, para falar dos modos de ver a vida e com ela lidar, um exemplo que obtive com um motorista de taxi. Estávamos conversando num engarrafamento e ele me disse que a mulher dele era braba e nem sempre de bem com a vida. Às vezes, quando ele acordava e lhe dava um sonoro *Booooom diiiiiiia*! ela respondia: *É, mas acho que vai chover*. Contou-me que, diante de situações difíceis, ele se distanciava para poder entender o que estava acontecendo e encontrar uma solução. A mulher dele achava que ele era frio, insensível (talvez quisesse que ele se rasgasse todo, rolasse no chão, esbravejasse). Disse-me ele: *Veja a senhora. Estamos aqui num engarrafamento e eu guardo uma distância do carro da frente. Isso me permite ver a extensão do engarrafamento e as possibilidades de saída pelas ruas laterais. Também me permite ver que os carros lá na frente, embora bem devagar, estão andando. Se eu estivesse colado no carro aqui da minha frente, não teria a possibilidade de ver todo o engarrafamento e sair dele se houvesse necessidade. Não é verdade? Então, é preciso guardar uma certa distância*. Sábio esse motorista, hein? Tornou-se meu mentor.

▼ Mantenha o foco da conversa

Uma bacia hidrográfica é composta do rio principal e de muitos afluentes. Às vezes, o mentorado pode perder-se nos afluentes. Eles existem e não podem ser ignorados, mas o foco é o rio principal. É neste sentido que você deve ajudar seu mentorado a clarificar o problema. Lembra-se do que Einstein nos ensinou?

____

____

____

Certamente, você lembrou que Einstein ensinou que, mais importante do que encontrar a solução, é ter clareza do problema. A falta dela pode nos levar a soluções inadequadas.

Por outro lado, jamais perca de vista quais os resultados que a empresa espera obter. Tendo-os no seu foco, seja um facilitador.

Veja esse exemplo:

F – *Estou com vontade de ir embora. Sei lá! Naquela outra empresa em que eu trabalhava era bem melhor. Também, meu chefe atual é gordo e está sempre com o nó da gravata torto...*

M – *Por que você está com vontade de ir embora? O que, exatamente, você vivencia nesse momento?*

F – *Acho que estou desmotivado.*

M – *Por quê?*

F – *Meu chefe repreendeu-me.*

M – *Em que situação isso ocorreu? Que tem a ver a gordura de seu chefe e o nó torto de sua gravata com a repreensão que você sofreu?*

F – *Ele me repreendeu só porque não entreguei o pedido no prazo que o cliente desejava. Não sei o que sua gordura e sua gravata têm a ver com isso.*

M – *Houve alguma situação semelhante antes?*

F – *Não sei, não me lembro, a não ser aquela vez em que esqueci de fazer o relatório. Lá no meu edifício tem um cara que vive brigando com a mulher.*

M – *Quando você esqueceu de fazer o relatório, tirou alguma lição desse esquecimento e das consequências que ele gerou?*

F – *Não posso esquecer de fazer relatórios. Mas errar é humano, não é?*

M – *É, errar é humano. Aprender com os erros também. O que você quer exatamente?*

F – *Eu quero fazer tudo certo.*

M – *Como você poderá ficar sabendo que está fazendo tudo certo?*

F – *Ora, se não houver reclamação.*

M – *O que o impede de atingir esse resultado?*

Pode haver dificuldade na manutenção do foco se, na conversa, houver exaltação por parte do mentorado (eu criança rebelde). Neste caso, é necessário dar uma pausa. Você pode levantar-se e tomar um cafezinho.

▼ Dê *feedback*

Se o clima de confiança estiver estabelecido, é possível que seu mentorado peça-lhe *feedback* acerca de seu desempenho. Cuidado ao fazê-lo. Historicamente, nas empresas é dado *feedback* para dizer que o funcionário não é competente nisto ou naquilo. Economizam-se elogios pelo que ele faz de bom e robustece-se a crítica, geralmente destrutiva.

Dar *feedback* é dar um retorno, é realimentar conclusões. Se você, inicialmente, aceitar seu mentorado como ele é, reconhecer seus acertos e expressar verbalmente esse reconhecimento ao mentorado poderá, depois, ajudá-lo a:

- assumir posições não defensivas;
- perceber o contexto de forma sistêmica;
- admitir as possibilidades inúmeras da mudança e também seus fatores limitadores;
- ser tolerante com a ambiguidade;
- aprender com seus êxitos e também com seus fracassos. Lembre-se da lição que nos dá a teoria da complexidade: todo êxito tem em si o fracasso e todo fracasso tem em si o sucesso. Os chineses diriam: *o Tao é composto por yang e yin. Cada um deles traz em si o germe do outro.*

Ajude o seu mentorado a admitir a complexidade da vida. Como fazê-lo?

____

____

____

Concordamos se você disse que não existem regras e que as maneiras de fazê-lo estão dentro de você. Assim, é preciso usar a razão, a intuição, a sensibilidade, o coração, o espírito.

De toda maneira, posso dar-lhe um exemplo. Imagine alguém, defasado no tempo e indignado porque foi preterido numa promoção. Veja esse diálogo:

F – *Francamente, estou nessa empresa há 15 anos! Além disso, desde 1982 sou doutor pelo Insead, uma das mais conceituadas escolas de negócios do mundo. No entanto, meus projetos não têm sido levados em consideração.*

M – *Você é antigo na empresa, tem doutorado e, entretanto, a empresa não prestigia seus projetos.*

F – *É.*

M – *É possível que você esteja certo. Seus projetos não são levados em consideração apesar de sua experiência e de sua titulação?*

F – *É.*

M – *Desde que você entrou na empresa há 15 anos e obteve o seu doutorado há 18 anos, o ambiente de negócios mudou? Exigiu mudanças internas da empresa?*

F – *Chi! As coisas aqui mudaram muito.*

M – *As coisas mudaram. Diga-me: que revistas de negócios você lê? Quantas por mês? Depois do doutorado, quantos cursos de atualização você fez? Você pode dizer-me qual o negócio da empresa, hoje? Você pode dizer-me quantas soluções o mercado tem posto à disposição das empresas? Pode mencionar algumas? Que tem a ver os projetos que você formulou com o negócio atual da empresa, com a velocidade e turbulência do mercado e com as soluções que ele oferece?*

Vá por aí até que o mentorado conclua, por exemplo, que tempo de empresa e titulação obtida há muitos anos não garantem a sintonia do funcionário com os propósitos atuais da empresa. Assim, não é suficiente formular projetos. É preciso que eles estejam adequados aos novos tempos. Que sejam criativos, que tragam algum diferencial competitivo.

▼ Dê dicas

Se um mentorado, por exemplo, está com muita raiva, sentindo-se injustiçado, perseguido por alguém, lembre-se de que usamos muitos mecanismos de defesa para não nos defrontarmos com nossas próprias fraquezas. Neste caso, uma boa dica é sugerir ao mentorado que redija uma carta à pessoa que considera persegui-lo. Na carta, que ele diga quais as evidências de que está havendo perseguição. Depois, que guarde a carta bem guardada e que, algum tempo depois, quando estiver mais calmo, releia-a. Certamente, o céu não aparecerá com nuvens tão negras. Muitas das inconsistências do mentorado lhe saltarão aos olhos. Diga-lhe para, quando perceber um raio de luz, queimar a carta.

Pode haver o caso de alguém que esteja confuso quanto à sua carreira. Sugira-lhe escrever num papel onde e como ele se vê daqui a 5, 10, 15 anos. Sugira-lhe listar os recursos de que ele precisa obter para chegar lá, bem como as competências que precisa desenvolver. Quando a gente fala, as palavras podem ser bêbadas, cair p'ra lá e p'ra cá. Quando se tem de escrever, tem-se de pensar, sistematizar as ideias, dar-lhes coerência e lógica. Ajuda muito.

▼ Use dinâmica grupal

Grupos podem nos botar p'ra baixo mas, se bem conduzidos, podem ajudar muito. Seu mentorado verá que o problema não é só dele e que outros, vivendo situações semelhantes, encontraram solução. Se necessário, traga pessoas de fora da empresa que tenham contribuições a dar.

Fiz isso com meu grupo de funcionários, quando assumi uma função no passado. Não estavam atendendo adequadamente a nossos clientes, então resolvi promover-lhes um curso. Contratei uma pessoa de fora, que desenvolve um curso de atendimento ao cliente com metodologia vivencial. No grupo de funcionários havia um boy, pessoa que armava um bico toda vez que lhe pedíamos para fazer algo. Entre as dinâmicas desenvolvidas, havia uma em que a turma se rearrumava em subgrupos, cada uma representando uma empresa que tinha um produto a entregar no prazo e qualidade desejados pelo cliente. Cada subgrupo deveria escolher um gerente. O grupo do qual o *boy* mencionado fazia parte o escolheu. O grupo (além de outro) não conseguiu levar a termo a sua tarefa. Ao final, disse o *boy*: *Como é difícil ser gerente!* Depois desse curso, o bico do *boy* foi para o espaço. Ele mudou. Tornou-se uma pessoa comprometida com a empresa, que aprendeu a valorizar o trabalho do gerente, da equipe e o seu próprio. Bom, não?

▼ Administre o tempo

Conheci um psicólogo que, ao término de uma hora (tempo da consulta), virava-se para seu cliente e lhe dizia: *Seu tempo acabou*. Só faltava dizer: *Você está no meio de uma brutal dissonância cognitiva, daí seu choro convulsivo. Ponha-o no freezer, no entanto. Daqui a uma semana, retire-o e venha aqui.*

É claro que o tempo tem de ser administrado, mas administração implica também ter sensibilidade para saber quando um mentorado precisa de alguns minutos a mais.

▼ Controle a si mesmo

Conheci uma pessoa que se envolvia tão emocionalmente com sua cliente que, quando esta chorava, ela chorava também; quando esta tinha acesso de raiva, ela tinha também. Assim, não dá. Permaneça calmo, mesmo em situações difíceis. Lembre-se do motorista do qual lhe falei. Por outro lado, se seu mentorado fizer-lhe críticas pessoais, como você deve reagir?

____

____

____

Se o seu mentorado fizer-lhe críticas pessoais, aceite-as sem assumir comportamento defensivo. Você não está num tribunal.

▼ Tenha alto astral

Ninguém quer saber de mentores p'ra baixo. Tenha energia radiante. A não ser que um mentorado seja masoquista, se ele vai buscar auxílio de um mentor é porque, consciente ou inconscientemente, deseja ser feliz. Pessoas de alto astral, entusiasmadas, ajudam muito nessa busca. Você sabe o que significa a palavra entusiasmo? *Ter Deus dentro de si*.

▼ Reflita sobre seu próprio desempenho

Como você está saindo-se? Explícita ou implicitamente, seu mentorado dá-lhe *feedback* sobre seu desempenho. Esteja atento a ele. Cuide de seu (de você) desenvolvimento físico, emocional, intelectual, espiritual. Se você pretende ajudar o outro a crescer, primeiro é preciso que você ajude a si mesmo. Se você praticar seu autodesenvolvimento, facilitará a harmonização de seu entorno, bem como descobrirá maneiras diversas de praticar a mentoria.

No magistério diz-se que um professor aprende quando ensina. Paradoxal?

Não, não é paradoxal. Presencialmente, por exemplo, quando o professor ensina, tem *feedback* do aluno o tempo todo: um olhar atento, uma dúvida levantada, um bocejo. Mesmo em cursos virtuais o professor tem *feedback*. Um professor cuidadoso presta atenção a esses sinais e redireciona sua aula. Assim é com o mentor. Ele aprende na relação que estabelece com seu mentorado.

Nosso capítulo chegou ao fim. Para brindá-lo, ousadamente aproprio-me de uma crônica escrita por Rubem Alves sobre o tênis e o frescobol, adapto-a e concluo o capítulo com a mensagem que ela encerra. Ei-la:

Ações nas empresas são de dois tipos: tênis e frescobol. As tipo tênis são fontes de competição e, muitas vezes, de ressentimento. As tipo frescobol são fonte de alegria e têm a chance de ter vida longa.

O objetivo do tênis é derrotar o adversário. Joga-se tênis para fazer o outro errar. O bom jogador é aquele que tem a exata noção do ponto fraco de seu adversário e é justamente por aí que ele vai dirigir a sua cortada, palavra muito sugestiva, que indica derrotar. O prazer do tênis se encontra, portanto, justamente no momento em que o outro não pode mais continuar, porque o adversário (outra palavra sugestiva) foi colocado fora do jogo. Termina com a alegria de um e a tristeza do outro.

O frescobol se parece muito com o tênis: dois jogadores, duas raquetes e uma bola. Só que, para o jogo ser bom, é preciso que nenhum dos dois jogadores perca. Se a bola vier meio torta, a gente sabe que não foi de propósito e faz o maior esforço do mundo para devolvê-la gostosa, no lugar certo, para que o outro possa pegá-la. Não existe adversário, porque não há ninguém a ser derrotado. Aqui, os dois ganham ou ninguém ganha. O erro de um, no frescobol, é o erro do outro. Quem provocou o erro se sente culpado. Mas não tem importância; começa-se de novo esse delicioso jogo.

As ações no interior das empresas tipo tênis são aquelas desencadeadas para arrebentar o outro, destruí-lo. Com isso, perde a empresa como um todo, mais cedo ou mais tarde. Sobrepondo outra analogia, posso dizer que Gaia, a mãe-terra, é sugada até não poder mais oferecer recursos à sobrevivência de seus habitantes.

Em compensação, nas ações tipo frescobol exercita-se a atenção, o cuidado, a aceitação, o respeito e a sensação de crescimento a cada jogada. E mais: deseja-se que o outro entre em sintonia com a gente para que o jogo permaneça e fique gostoso.

Empresas necessitam que descobertas científicas e tecnológicas sejam feitas, produtos sejam inventados e que a criatividade de seus membros, potencial que todos têm e que transforma ideias e ações em resultados práticos, lhes deem vantagem competitiva e lhes garantam vida longa. Empresas necessitam que talentos sejam cultivados. Seja jardineiro, portanto, na analogia com Gaia. Seja jogador de frescobol, na analogia de Rubem Alves. O exercício da mentoria, certamente, pode ajudá-lo na tarefa.

Este capítulo tratou de Mentoria. Abordou os seguintes aspectos:

1. Que é mentoria?
2. Diferença entre mentor e outros papéis que o faceiam.
3. Tipos de mentoria.
4. Condições de ordem organizacional para o exercício da mentoria.
5. Visão mecanicista, paradigma da teoria clássica de administração.
6. Visão sistêmica, promessa da teoria sistêmica para um novo paradigma.
7. Visão para complexidade, busca da emergente teoria da complexidade.
8. Condições de ordem individual para a ocorrência da mentoria.
9. Dicas para o exercício da mentoria.

Com esse capítulo, pretendi que você alcançasse os seguintes objetivos:

- identificar o que é mentoria;
- estabelecer a relação entre mentor e outros papéis sociais;
- identificar os tipos de mentoria;
- relacionar condições de ordem organizacional para o exercício da mentoria;
- refletir sobre as visões mecanicista, sistêmica e da complexidade;
- relacionar condições de ordem individual para o exercício da mentoria;
- usar as dicas que lhe ofereço.

Você alcançou esses objetivos?

Tendo como contexto o Capítulo 1, *Características do mundo contemporâneo e a teia que tecem*, este capítulo teve por finalidade provocar-lhe a motivação para a prática da mentoria, bem como instigá-lo a buscar a relação entre *Mentoria* e os temas que virão a seguir:

- poder nas organizações;
- trabalho em equipe.

5

Poder nas Organizações

Quatro foram os capítulos que provocaram nossa análise, reflexão, síntese:

1. Características do mundo contemporâneo e a teia que tecem
2. Processos motivacionais
3. Liderança requerida nesses novos tempos
4. Mentoria

Neste Capítulo 5, pretendo que você alcance os seguintes objetivos específicos, todos associados aos objetivos gerais do livro e aos objetivos específicos dos Capítulos 1, 2, 3 e 4:

- estabelecer a relação entre poder, liderança e motivação;
- identificar fontes de poder;
- reconhecer as configurações do poder;
- identificar instrumentos e jogos de poder;
- reconhecer o poder na forma de organização denominada burocracia;
- aceitar a reinvenção do poder.

Componho o capítulo em seis itens, a saber:

1. Que é poder?
2. Fontes de poder.
3. Caleidoscópio do poder.
4. Instrumentos e jogos de poder.
5. O poder nas burocracias.
6. Reinventando o poder.

Pronto?

1 QUE É PODER?

Poder é um conceito que admite múltiplos focos de análise. Assim, fala-se em poder da burocracia, *poder do pensamento positivo, poder do chefe, querer é poder, poder institucional, poder do mercado, poder sem limites, mão invisível do poder, poder da eminência parda* e assim por diante. Focalizamos aqui o poder nas organizações, entendidas estas como empresas, escolas, hospitais, ONGs e outras. Com este foco, como você define poder?

____

____

Se disse que poder é uma relação de dependência, concordo com você. É uma relação, porque só existe poder se existir alguém sobre o qual ele é exercido. Quem exerce poder? Estruturas? Estratégias? Pessoas? Objetivos? Qual sua opinião?

____

____

Caso você tenha respondido que pessoas é que exercem poder, podendo valer-se de estruturas, estratégias, objetivos, informações ou outra coisa qualquer, estamos de acordo. Se é assim, você pode pensar em outra forma de definir poder?

____

____

Se você definiu poder como a capacidade de exercer influência sobre indivíduos e grupos, estamos de acordo. Recorde-se agora como você conceituou liderança, de que tratamos no Capítulo 3. Pode repetir? Pode descobrir alguma coisa?

____

____

Estou certa de que você percebeu que o conceito de liderança se aplica a poder; logo, liderança é poder. Concordamos?

____

Se você concordou, está aí estabelecida a relação entre motivação, liderança e poder. Para que um líder exerça seu poder de influência sobre uma pessoa, precisa, no mínimo, identificar suas motivações.

Se você não concordou, vou arriscar-me a levantar a razão da não concordância. Quando você fala em poder, talvez logo lhe venha à mente a figura de um déspota, açoitando indivíduos e grupos. Será que poder é plenamente retratado por essa imagem? Bem, de todo modo, peço-lhe que focalize poder como uma relação e, a partir daí, que reflita sobre as fontes de poder.

2 Fontes de Poder

Você pode dizer-me de onde provém o poder? É capaz de mencionar, pelo menos, três fontes?

Vou ajudá-lo. Menciono cinco e você marca três.

- personalidade de cada pessoa;
- estrutura da empresa;
- riqueza, dinheiro, propriedade;
- tecnologia;
- organização, associação.

Se você já leu J. Kenneth Galbraith,[1] certamente terá tido facilidade em marcar três fontes de poder. Segundo esse autor, são elas: a personalidade, a propriedade (riqueza) e a organização. Para você, hoje, qual dessas três fontes é mais forte?

____

Se você respondeu que é a organização, sua resposta coincide com a posição de Galbraith, pelas razões agora aqui expostas. Vamos a elas?

A personalidade está referida a qualquer característica pessoal. Nas sociedades primitivas, tal característica era a força física. Nos dias correntes, de domínio tecnológico, podem ser a inteligência, a conduta moral, a capacidade de expressar-se articuladamente. Galbraith lembra que Hércules, Pedro o Grande e, modernamente, Charles de Gaulle tiveram na força física ou na estatura sua grande fonte de poder. Alerta que é uma tendência nossa entronizar figuras de alta estatura ou de físico que impressiona. Veja que não raro ouvimos dizer: *fulano é arrogante, vaidoso, baixinho*, num tom bem pejorativo. Ao contrário, esse tom não se ouve em referência a homens altos. Você faz alguma associação com a teoria de liderança denominada Traços de Personalidade, que você viu no Capítulo 3? Qual a associação?

____

____

É verdade. A teoria dos Traços de Personalidade menciona, como um deles, a estatura. Então, talvez esteja na tendência a entronizar-se homens altos um dos argumentos da teoria. Contudo, o próprio Galbraith lembra que Moisés, Confúcio, Aristóteles, Platão, Jesus, Marx, Ghandi jamais deveram seu poder à estatura física.

Para Galbraith, a personalidade revela um estágio mais antigo do exercício do poder; por esse motivo, é tão sedutora a nossos instintos arcaicos. Seduz jornalistas, comentaristas de televisão, porque as pessoas podem aparecer na telinha, enquanto propriedade e organização, não.

Por outro lado, lembrando o poder que tiveram John D. Rockefeller e J. P. Morgan, Galbraith afirma que a propriedade ou riqueza é também fonte de poder, porque compra a submissão. O dinheiro fala. Nas palavras de Galbraith:

[1] GALBRAITH, J. Kenneth. *Anatomia do poder*. São Paulo: Pioneira, 1986.

> *"O empregador curva os trabalhadores ao seu objetivo, o homem rico submete seu motorista, o grupo de interesse específico compra os políticos, o libertino domina sua amante."*

A organização, por seu turno, refere-se a grupos organizados, sejam eles empresas, movimentos sociais urbanos e rurais, escolas, hospitais, igrejas e por aí afora. É a fonte de poder mais importante na era contemporânea. Como diz o velho ditado, *a união faz a força*.

Para Galbraith, hoje uma personalidade, por mais atraente que seja, necessita da organização para respaldar-lhe o poder. Ao deixá-la, deixa também o poder que exercia. Um general de pijama ou o diretor geral de uma grande companhia que se aposenta desaparecem na "inofensiva obscuridade". Também a riqueza necessita de uma organização. Argumenta esse autor: "*O rico que busca influenciar, contrata uma firma de relações públicas. Ou contribui financeiramente para um político ou comitê político que dê ressonância às suas ideias.*"

Referindo-se a Lionel Rothschilds, a Astor, a Vanderbilt, a J. P. Morgan, Peter Drucker endossa as palavras de Galbraith. Para Drucker (Revista *Exame*, 31-12-97), no passado o dinheiro fez dessas pessoas, capitalistas; hoje, só os tornaria celebridades. Na economia americana, tomou-lhes o lugar os fundos de pensão e os fundos mútuos. Mesmo a fortuna de Bill Gates, a pessoa mais rica do mundo hoje, não é suficiente para "*financiar as necessidades de investimento interno americano por duas semanas*". Ressalta Drucker:

> *"Vários bilionários individuais exercem poder considerável, mas não em função do dinheiro que possuem. Eles são importantes e influentes porque suas empresas são importantes e influentes. A partir do momento em que param de trabalhar, ou seja, do momento em que se retiram de cena para desfrutar seu dinheiro, o público os perde de vista."*

Além disso, em relação a Gates, se você se recorda, o DOS e o Windows saíram de sua mente diretamente para as prateleiras das lojas, mas não o Windows 95. Gates teve de convencer seus pares, mais do que fazer ajustamentos técnicos.

Lembrei-me agora do depoimento de uma pessoa ligada a outro tipo de organização: a Polícia Militar. Em depoimento publicado pela Revista *Veja* (27-1-99), disse o sargento Teixeira: "*Espero que vocês, meus companheiros de farda, não cometam os mesmos erros... pois a vida de um PM acaba e você volta a ser apenas mais um homem comum do mundo.*"

O declínio do poder emanado da personalidade e da propriedade deve ser atribuído, como você, certamente, já concluiu, ao crescimento dos grupos organizados.

Você considera que personalidade exclui propriedade como fonte de poder e ambas excluem organização, ou seja, personalidade, propriedade e organização são mutuamente excludentes?

Para Galbraith, personalidade, propriedade e organização não são mutuamente excludentes, o que vale dizer que pode haver uma combinação entre elas. A personalidade, por exemplo, faz uma dupla e tanto com a propriedade. Por outro lado, esta última faz uma boa dupla com a organização e com uma personalidade dominante. As combinações são variadas.

Resta uma pergunta: Fulano, dono de uma personalidade sedutora, Beltrano, "rico pra chuchu" ou a Organização "X", de tantas conquistas mercadológicas, exercem poder o tempo todo? Que você acha?

___

Se sua resposta foi um redondo não, estamos de acordo. Veja a seguir.

3 Caleidoscópio do Poder

Se poder é uma relação, é fácil perceber ser algo dinâmico. Quer verificar? Focalize a organização como fonte de poder. Debruce-se sobre uma empresa qualquer. Observe que, nela, o poder se move e, como um caleidoscópio, assume diferentes configurações conforme três forças principais. Você arrisca dizer quais são elas? Vou ajudá-lo, oferecendo-lhe cinco alternativas para você marcar três.

- do mercado;
- das pessoas;
- da estrutura;
- da tecnologia;
- dos interesses em jogo.

Se marcou que o poder se move, principalmente, conforme as forças do mercado, as pessoais e os interesses em jogo, concordo com você.

Repare que há áreas dentro das empresas que acabam por exercer poder, conforme os movimentos do mercado. Se temos uma situação de concorrência perfeita, é provável que a área de marketing e, especialmente, a de vendas exerçam poder. Numa situação de monopólio, é provável que o poder se desloque para a área de operações e a de comunicação social. Numa situação de oligopólio, há grande chance de o poder mover-se para as áreas de produção e finanças. Temos dica para acompanhar esse movimento? Qual?

___

___

Uma dica para acompanhar esse movimento é identificar quais os profissionais mais bem pagos em determinado espaço e momento histórico. Foi essa a dica que você identificou?

Há, também, situações conjunturais. Por exemplo: numa situação de greve, é provável que a área de recursos humanos exerça poder; numa de acidente ecológico ou de transição política, é provável que o poder se mova para a área de comunicação social; numa de indefinição econômica e inflação, é provável que a área de finanças exerça poder. Você concorda?

___

Se concordou, há de concordar também que, embora sejam movimentos do poder conforme as forças do mercado, em cada uma dessas áreas o que existe são pessoas que tomam decisões e implementam ações, o que reforça o fato de o poder ser exercido por pessoas, mesmo associadas.

No interior das empresas, há também movimentos de poder, conforme características, atributos e competências das pessoas. Vejo, pelo menos, quatro elementos a eles associados: a personalidade de que nos fala Galbraith, o *status* social, a autoridade formal e a competência.

No que concerne à personalidade, há certas características que facilitam o exercício do poder. Algumas delas foram mencionadas por Galbraith. Você pode arrolar outras?

____

____

____

____

Veja se sua resposta coincide com a minha. Vejo as seguintes características: dinamismo, senso de oportunidade, habilidade em negociar, habilidade de relacionamento interpessoal, motivação para o trabalho.

Por outro lado, pode exercer o poder dentro da empresa quem, a despeito de ter ou não as características mencionadas, tem *status* social. Conheci um caso assim. Fui prestar serviço a uma empresa e vi que fazia parte da equipe de avaliadores do serviço que estava sendo prestado, alguém, absolutamente, apagado. Impressionou-me. Quis saber quem era. Soube. Era o marido da irmã do número 1 da empresa. Seu poder vinha não somente da relação de parentesco, como também de seu *status* social, anterior a tal relação. Por conta desse *status*, ele tornava a empresa mais visível aos olhos de autoridades governamentais e do público em geral. Afinal, sua rede de relações não era algo que se podia desprezar.

A autoridade formal, a posição na hierarquia também é fonte de poder. Não que tenha o poder próprio dos líderes, mas tem o dos chefes. Sobre autoridade, um dos estudos mais importantes foi o levado a efeito por Max Weber.*

Max Weber, alemão (1864-1920), sociólogo, economista, filósofo, professor, é nome obrigatório em todos os dicionários de ciências sociais e em todas as discussões sociológicas. Suas obras mais famosas são *A ética protestante e o espírito do capitalismo, Economia e sociedade* e *Ensaios de sociologia*.

É de Weber a consolidação teórica do que observou na prática das organizações: a burocracia, uma forma de organização do trabalho cujas características mencionamos no Capítulo 1 deste livro. Weber considerou a burocracia um tipo de poder.

Utilizando o poder como linha de análise, Weber definiu-o como a capacidade de alguém se fazer obedecido. Enfocou a questão da legitimidade, isto é, da aceitação, para dizer que autoridade é todo poder considerado legítimo, ou seja, é todo poder aceito.

Distinguiu três tipos de autoridade: a tradicional, a carismática e a racional-legal ou burocrática. Você pode fazer distinção entre elas?

____

____

____

____

____

Veja se a distinção feita por Weber coincide com a sua.

Autoridade tradicional é o poder legitimado, como o nome está dizendo, pela tradição, pelos costumes, porque "sempre foi assim". A obediência se deve, portanto, à santidade da tradição, ou seja, tradição como algo sagrado, ou, como diria Rogério Magri, "imexível". A sociedade típica dessa autoridade é a medieval, na qual o servo obedece ao senhor feudal. Dado que poder é uma relação, há a figura do superior e a do subordinado. A ação do superior é arbitrária, movida por simpatias e antipatias pessoais. *Aos amigos tudo, aos inimigos a força da lei*. Por outro lado, o subordinado, serventuário na expressão de Weber, tem em relação a seu superior lealdade pessoal. Como exemplos de tipos puros de autoridade tradicional, Weber cita, além do senhor feudal, o chefe de clã e o pai de família (Weber não viveu nos dias atuais; portanto, não sabia que o pai de família já não é o dono do controle remoto da televisão).

Autoridade carismática é o poder legitimado pela personalidade do superior. A obediência deve-se, portanto, ao carisma da personalidade, definido como magnetismo por alguns. Carisma significa um dom, uma graça, uma qualidade extraordinária e indefinível de uma pessoa. A sociedade típica desse tipo de autoridade é aquela observada em períodos revolucionários. A ação do superior é carismática e a do serventuário, mais do que lealdade, é de devoção pessoal. Além dos períodos revolucionários, Weber aponta como exemplos de tal autoridade os profetas, os heróis guerreiros e os demagogos. E Weber faz dois alertas. Primeiro, a de que todo demagogo é, no fundo, um caudilho. Segundo, que esse poder só é legitimado enquanto os subordinados vêem o superior como o ungido. No momento em que essa crença se desfaz, carrega consigo a possibilidade de dominação.

Autoridade racional-legal é o poder legitimado pela concordância com um conjunto de regras (leis), racionalmente definidas. O aparato legal que corresponde à autoridade racional-legal é a burocracia. A sociedade típica dessa autoridade é a moderna. A ação do superior é formal, impessoal e o serventuário é um especialista treinado. Exemplos de autoridade racional-legal ou burocrática são o Estado, as organizações militares, as organizações complexas (como as empresas, por exemplo).

Vamos fazer um quadro-resumo desses três tipos de autoridade? Faça o seu e, depois, veja se ele coincide com o meu.

____

____

Eis meu quadro-resumo:

AUTORIDADE			
	TRADICIONAL	CARISMÁTICA	RACIONAL-LEGAL
LEGITIMIDADE	"Porque sempre foi assim"	Por causa da influência da personalidade	Porque concordam com um conjunto de regras
OBEDIÊNCIA	À santidade da tradição	À personalidade do "senhor"	As regras (leis, normas)
SOCIEDADE TÍPICA	Medieval	Períodos revolucionários	Moderna
AÇÃO DO SUPERIOR	Arbitrária	Carismática	Formal, impessoal
SERVENTUÁRIO	Lealdade pessoal	Devoção pessoal	Especialista treinado
TIPOS PUROS	Senhor feudal, chefe de clã, pai de família	Profetas, heróis guerreiros, demagogos	Estado, organizações militares, organizações complexas

Seu quadro-resumo coincidiu com o meu? Se não coincidiu, deve ter ficado bem parecido, não é? Agora, diga-me: qual desses três tipos de autoridade está presente em sua empresa?

Se você respondeu que os três estão presentes, parabéns! Aliás, Weber dá uma dica. Fala em "tipos puros". Esta é uma opção metodológica, não um estado encontrado nas coletividades humanas. Não existem tipos puros nos contextos sociais; o que existe é a predominância de um tipo sobre outro. Assim, você poderia ter dito: "*minha empresa é predominantemente tradicional, ou predominantemente carismática, ou predominantemente racional-legal.*"

Ao trabalho de Weber vale aqui acrescentarmos o de Charles Handy.[2] Segundo Handy, a autoridade formal dá à pessoa controle potencial sobre certas informações, acesso a uma variedade de redes, poder de organização do trabalho e possibilidade de uso negativo do poder, entendido tal uso como a capacidade de *impedir que as coisas aconteçam, de retardá-las, distorcê-las ou interrompê-las*.

Além da autoridade formal, tão acuradamente descrita por Weber, você pode ver nas empresas a autoridade cujo poder emana da competência. Conheço um homem assim. Ele é assessor, mas que assessor! Conhece tudo da empresa, forças e fraquezas e é *expert* em legislação. Resultado: todos lhe fazem consultas. Sua palavra é a última (ou, pelo menos, a penúltima) nas discussões. Será que leu *O príncipe*?*

O príncipe é o nome da obra de Niccolò Maquiavel, editada em São Paulo, pela Cultrix, em 1980.

Referência obrigatória quando se fala de poder, uma de suas máximas pode aplicar-se ao caso em questão. Diz ele:

> *"Um príncipe prudente deve pensar numa maneira de fazer com que os seus cidadãos, sempre e em qualquer circunstância, tenham necessidade do Estado e dele, com o que lhe serão, depois, sempre fiéis."*

Não, não pense que sou adepta de Maquiavel (1459-1527). Apenas procuro entendê-lo no contexto histórico em que viveu, de clima de guerra e intrigas diplomáticas. Sua obra é endereçada à casa Médici. É um manual de ações para salvar a Itália dos bárbaros e unificá-la. Thomas A. Stewart (Revista *Fortune*, 29-3-99) vê Maquiavel como o inventor da consultoria em administração. Não é que está certo? O modelo de Maquiavel é César Bórgia, com sua astúcia, fraude e dissimulação. Para Maquiavel, o mal, no terreno político, não é mal; é um meio para atingir um fim, e os fins, segundo ele, justificam os meios. Nossa!

Se o poder se move conforme as forças do mercado e as pessoais, também se move conforme os interesses em jogo. Pessoas fazem coalizões em torno de um interesse. Quando outro interesse aparece, outra coalizão é feita. De coalizão em coalizão, as pessoas movimentam-se conforme seus interesses, revelando cada coalizão uma configuração diferente, como num caleidoscópio. Isso é muito nítido na política, mas está presente no ambiente empresarial, também.

Se podemos reconhecer esses movimentos do poder que assumem diferentes configurações, como num caleidoscópio, igualmente podemos reconhecer instrumentos e jogos de poder. Você pode identificar os instrumentos mencionados por Galbraith? Vou apresentar-lhe cinco opções e você marca três. Está bem?

---

2 HANDY, Charles. *Como compreender as organizações*. Rio de Janeiro: Zahar, 1978.

- poder do amor;
- poder coercitivo;
- poder que oferece recompensas;
- poder provindo do condicionamento;
- poder da contribuição.

Veja se sua resposta coincide com a de Galbraith, apresentada a seguir.

4 Instrumentos e Jogos de Poder

4.1 Instrumentos de poder

Galbraith vê três grandes instrumentos de poder. Veja se eles coincidem com os que você viu: poder condigno (coercitivo), poder compensatório e poder condicionado. Coincidiram? Eis, a seguir, o que significam.

Poder condigno é aquele cuja submissão é obtida pela "*capacidade de impor às preferências do indivíduo ou do grupo uma alternativa suficientemente desagradável ou dolorosa para levá-lo a abandonar essas suas preferências*". Há, portanto, em seu cerne, a questão da punição. Exemplo bem marcante é a punição física: desconforto, dor, mutilação, tortura, exercidos por certos maridos, pais, professores, policiais, "leões-de-chácara", valentões. Com que fonte de poder você vê esse instrumento mais intimamente associado?

___

Se você disse que o poder condigno tem relação estreita com a personalidade, concordou com Galbraith.

Poder compensatório é o que conquista (conquistar é sutilmente diferente de obter) submissão pelo oferecimento de recompensas: elogios, aumentos salariais, promoções, concessões. Reflita, por exemplo, sobre os motivos que levaram várias empresas a entregar vultosos cheques a Paulo Cesar Farias, tesoureiro da campanha eleitoral do presidente Fernando Collor de Mello na década de 90.

Que há de comum entre os poderes condigno e compensatório?

___

___

O que há de comum é que tanto no poder condigno quanto no compensatório a pessoa está consciente da submissão.

Com que fonte de poder você vê o poder compensatório mais intimamente ligado?

___

Caso você tenha respondido que o poder compensatório está mais ligado à propriedade (riqueza), sua opinião coincide com a de Galbraith.

Poder condicionado é o exercido pela intervenção e mudança de uma convicção, de uma crença. Nele se inserem a persuasão, a educação, o compromisso social com o que parece correto à pessoa. A família, a escola, a mídia exercem bem esse poder, altamente subjetivo. Nem os que o exercem nem os que a ele se submetem estão necessariamente dele conscientes. De toda forma, há um condicionamento implícito e um explícito. Condicionamento implícito é o ditado pela própria cultura à qual a pessoa pertence. Condicionamento explícito é aquele efetuado, por exemplo, pela publicidade. *Omo lava mais branco*. E todos acreditamos.

Veja o caso brasileiro. A mídia, notadamente a televisiva e a radiofônica, exerce grande poder. É, talvez, a principal formadora de opinião das classes de baixa renda, correspondentes a cerca de dois terços da população e quase sempre formadas por pessoas de insuficiente nível de escolaridade, mas não somente delas. Parece não haver dúvida de que a mídia chega até a atuar no condicionamento implícito, mudando hábitos e costumes das pessoas. Por falar nisso, você vê novela? Depois repara na rua como as pessoas se vestem?

Embora Galbraith não tivesse desenvolvido essa questão, pode-se falar do efeito da mídia no subconsciente num nível ainda mais profundo. Esse é o objeto de estudo da midiologia.

Bem, a qual fonte de poder você acha que esse instrumento (o poder condicionado) está mais fortemente associado?

____

Se respondeu que o poder condicionado está mais fortemente associado à organização, você e Galbraith compartilham o mesmo ponto de vista.

Agora, vou fazer-lhe uma provocação: para você, qual desses três tipos de poder está presente nas empresas?

____

Se respondeu que os três estão presentes, você concorda com Galbraith. Afinal, com Weber aprendemos que não existem tipos puros em contextos sociais.

Os instrumentos de poder podem ser jogados com cartas diversas. Vamos verificar?

4.2 Jogos de poder

Veja, a seguir, algumas das cartas com as quais os jogos de poder podem ser jogados. Marque aquelas que você identifica como possíveis de estar presentes em uma empresa qualquer.

- ❑ Quando alguém pede aumento salarial, a pessoa nega que tenha qualquer poder para concedê-lo.
- ❑ Se algo não dá certo, a pessoa culpa o computador.
- ❑ Quando alguém lhe pede alguma coisa, a pessoa diz que não pode atender, porque também é vítima da mesma empresa selvagem.

- ❑ A pessoa vive demonstrando cansaço, tensão nervosa, sofrimento, levando a outra a sentir-se culpada.
- ❑ Para fugir de uma decisão, a pessoa gagueja, de mãos trêmulas informa que está com dor de cabeça e taquicardia, pede aspirina.
- ❑ A pessoa fala manso, controla seus músculos faciais e seu temperamento, de modo a evitar parecer ser durão.
- ❑ A pessoa é astuciosa e tem boas maneiras.
- ❑ Quando alguém lhe faz uma pergunta, responde com outra pergunta.
- ❑ Não abre mão de suas funções e as expande, progressivamente, englobando outras e alastrando-se como uma epidemia.
- ❑ Delega sem abrir mão da responsabilidade, de modo que, no final, seja responsável por tudo sem ter de fazer coisa alguma.
- ❑ Torna a informação incompreensível para os outros.
- ❑ Faz questão de receber relatórios, rubrica-os e devolve cópias rubricadas.
- ❑ Cria uma aura de popularidade e de salvador da pátria.
- ❑ Guarda a chave do banheiro de modo que ninguém possa usá-lo sem pedir-lhe.
- ❑ Diz "não" pelos executivos que não o querem dizer.
- ❑ Permanece impassível diante do entusiasmo ou da paixão de seu interlocutor.
- ❑ Em reuniões, é irreverente, conta piadas, diz palavrões.
- ❑ Manda os outros virem à sua sala, em vez de deslocar-se para as salas deles.
- ❑ Quando vai à sala de alguém, faz questão de botar os pés sobre a mesa.
- ❑ Tem reputação de histérico e explosivo.
- ❑ Cria crises e apresenta-se como capaz de resolvê-las.

Você conhece alguém assim? Agora, aqui para nós, algumas dessas cartas você joga, não joga? Não, não precisa responder-me. É apenas uma provocação a seu autoconhecimento. É divertido, também, porque, quando nos damos conta desse jogo e somos sensíveis, acabamos por achar muita graça e por buscar cartas bem mais construtivas.

Bem, se de fato você achou divertido, sugiro-lhe a leitura do artigo Jogos do Poder, de Michael Korda, apresentado no livro *Power! How to get, how to use it*, editado em New York pela Random House, em 1974. O artigo foi também apresentado no livro *Comportamento organizacional*, uma coletânea organizada por Júlio Lobos e editada, em São Paulo, pela Atlas, em 1978. Fiz uma síntese dos jogos apresentados por Korda: jogo da fraqueza; os mais espertos chegam primeiro; subir, não, expandir-se, sim; o jogo da informação; ninguém é indispensável; o poder do não; jogo de maneiras. Nos cursos que ministro, divido a turma em sete grupos e peço que cada grupo dramatize um jogo. É muito engraçado. E é profícuo igualmente, porque as pessoas não só reconhecem outras jogando esses jogos, como se pilham jogando-os também.

E aí descobrem os motivos pelos quais relacionamentos podem fragilizar-se, ao mesmo tempo em que descobrem a necessidade de mudar as cartas para fortalecê-los.

Reparto com você a síntese que fiz dos jogos

Jogos de poder

1. Jogo de fraqueza

A carta a fundamental desse jogo é negar que tenha qualquer parcela de poder, evitando-se, assim, a necessidade penosa de tomar partido em qualquer pendência.

Negar que se tenha poder pode dar resultados de muitas maneiras. Qualquer negociador capaz sabe que é melhor culpar a gerência, mostrar a própria fraqueza, atribuir todas as culpas ao computador ou ao Conselho de Diretores e dar a entender que ele também é vítima da mesma organização selvagem e, assim, negociar um preço mais baixo para o que for que esteja sendo negociado.

O importante a considerar é que o jogador da fraqueza transforma a humilhação num sistema produtivo e lucrativo. Se podemos inspirar piedade, fazer crer à outra pessoa de que todos somos vítimas do mesmo sistema, poderemos ter o que desejamos pelo preço que estávamos dispostos a pagar desde o primeiro momento. Vaidade e exibição pública de autoridade são luxos que não nos podemos dar; daí a dificuldade de se encontrar alguém que admita ser o responsável por uma decisão que não agradou.

O truque é fazer frente a quaisquer queixas, com os nossos próprios sofrimentos: "*Eu adoraria falar sobre isso, Marta, mas se você visse a minha agenda...*" ou: "*Eu sei, você deveria ganhar mais, mas as coisas estão difíceis para todos. Veja que eu vou ficar até as 10 da noite, lendo estes relatórios e não tive nenhum aumento nos últimos dois anos...*"

Toda uma geração de homens de negócios doutorou-se em representar atitudes de cansaço e tensão nervosa, de sofrimento, de mal-estar, de modo a exercer seu poder. Isto é particularmente verdadeiro quando estão lidando com mulheres. Tiram os óculos, apertam o nariz na altura dos olhos, fecham os olhos como que mergulhados em profunda reflexão, tremem as mãos, gaguejam, pedem aspirinas, alegam dores de cabeça, alegam estar com asma, deitam-se no sofá durante alguns minutos, curvam-se em atitude de doloroso parto mental. A habilidade consiste em apresentar-se numa condição de vítima. Peça-lhe alguém alguma coisa, e ele perguntará se a pessoa não tem consigo algum comprimido que lhe alivie a dor terrível de sinusite que está sentindo. Depois disso, quem vai continuar pedindo? A vítima transforma-se em réu.

A "cara de pau" é a chave para ganhar no jogo da fraqueza. A esperteza está em levar a outra pessoa a sentir-se culpada e o golpe de mestre é conseguir que ela peça desculpas.

2. Os mais espertos chegam primeiro

Talvez devido à generalizada violência de nossa época, esperamos, como regra geral, que o poder seja exercido com tanta selvageria e desprezo quanto possível, como se a agressividade fosse sinônimo de sucesso. Fomos condicionados a esperar dureza de quem está no poder e a reagir grosseiramente.

Muitos executivos gozam de secreto prazer quando encontram erros no trabalho de um subordinado. Às vezes, definem metas utópicas e depois perdem a cabeça quando o subordinado não atinge tais metas. Esse é o seu modo de demonstrar poder.

As pessoas que adotam o estilo "durão" não podem suportar a ideia de parecerem fracas. Nunca se sentem felizes se não podem forçar esses outros, tranquilamente, a cumprir suas ordens. Tais pessoas passam a vida toda numa luta imaginária de vida ou de morte contra o resto do mundo, como se um sorriso pudesse matá-las. Mesmo quando atingem posições de alto poder, não se sentem à vontade nelas, temerosas de que em um momento de fraqueza revelem sua vulnerabilidade.

O que nem sempre é notado é que aqueles que não falam duro por vezes vencem os que o fazem. Quem pretende usar o poder deve aprender não só a controlar seus músculos faciais, seu temperamento e sua própria pessoa, como também a evitar atitudes de durão, quando elas não são necessárias. A flexibilidade e a astúcia são melhores armas do que a força bruta e, se convenientemente usadas, têm a vantagem de levar os rivais a esquecerem que nós também estamos competindo pelo poder.

Nos negócios e em política são comuns explosões de agressividade, de rudeza. No entanto, quando a sobrevivência de alguma coisa está em causa, raramente encontramos comandando os acontecimentos homens que falam duro. É bem conhecido o exemplo do General Patton, um cara durão que lançava os soldados contra o inimigo durante a Segunda Guerra Mundial. No entanto, passada a guerra, o controle do Exército americano foi, sensatamente, colocado nas mãos do General Marshall, homem de grande firmeza, sem dúvida, mas universalmente respeitado por sua astúcia e boas maneiras. O superior do General Patton era Eisenhower, um conciliador nato, cujo tato e cortesia eram proverbiais. (No caso brasileiro, é também bastante conhecida a fama de durão do General Figueiredo, que dizia que faria a democracia no país, *nem que fosse na marra*. Mas na hora da transição democrática, pontificou Tancredo Neves, hábil conciliador e negociador.)

3. Subir, não. Expandir-se, sim

Quem acredita na hierarquia sobe passo a passo, se é que sobe. Tem uma noção essencialmente linear do poder, como se a vida fosse uma escada, para ser galgada degrau por degrau. O Exército e o funcionalismo público são bons exemplos.

É bem diferente a posição daqueles que podem expandir sua função, englobando, progressivamente, pessoas e outras funções, de modo a terem que ser promovidos para regularizar suas novas conquistas. Essas conquistas foram feitas estendendo os tentáculos, como as amebas, e depois preenchendo os espaços.

Observa-se a diferença entre o "expansionista" e o "subidor de escada". Aquele que se expande nunca abre mão da função original ou daquelas que vai adquirindo. Em vez de mover-se para cima, expande-se para fora, alastrando-se como epidemia. O expansionista soma alguma coisa a suas funções, a seus títulos, a suas responsabilidades, certo de que o número de pessoas absorvidas permitirá delegar a parte mais pesada das funções. A habilidade está em aprender a delegar, sem abrir mão da responsabilidade, até que, no final, encontre-se em alguma posição de ser responsável por tudo, sem ter de fazer coisa alguma.

O que se expande pode alastrar-se com rapidez, absorvendo departamentos inteiros. Ao contrário, o subidor de escada só pode avançar um degrau de cada vez e tem de esperar que a pessoa acima dele deixe o degrau vazio. Vamos supor que o chefe de criação de uma agência de publicidade seja um subidor de escada. Desde que já seja chefe de departamento, terá de deslocar o vice-presidente para subir mais um degrau. Ora, a não ser que o vice-presidente seja um incompetente, será difícil, talvez impossível, deslocá-lo.

Quem se expande não enfrenta tal problema. Não precisa pensar em termos de degrau. Simplesmente, salta por cima deles, tomando pedaços dos departamentos dos outros, assenhoreando-se de projetos aborrecidos ou difíceis que ninguém deseja ter a seu cargo e, especialmente, de tarefas que requeiram relações interdepartamentais. Logo terá criado um sistema administrativo complexo e terá se alargado tanto que em breve será necessário "fazer algo por ele".

O expansionista não só abafa aqueles que se encontram em seu caminho, como apaga todos os traços do passado, criando novos títulos mais adequados a suas funções ampliadas. Sem abrir mão de nenhuma de suas responsabilidades, elimina a possibilidade de ser desafiado.

A única fraqueza do expansionista é que ele permanece atolado num lamaçal de detalhes sem importância, que não pode abandonar com medo de deixar alguma área de poder vaga atrás dele. O expansionista bem-sucedido tem que se manter sempre alerta aos sinais de revolta em seu território, constantemente atento à manutenção de controle sobre suas amplas áreas de poder.

A escada de promoção só existe à medida que as pessoas acreditam nela e estão na disposição de galgá-la. No momento em que se inicia um expansionismo, a escada é arrastada pela maré.

4. O jogo da informação

Praticamente não existe quem não esteja dependente do fornecimento de informações, mas na prática é perdido um grande tempo em reuniões intermináveis para decisões, reuniões estas nas quais as discussões não são, realmente, baseadas em informações.

Por outro lado, a informação sempre vem de baixo. Se o executivo quiser saber quanto se gastou numa campanha semelhante no ano passado, é provável que peça a informação a sua secretária. Ela perguntará à secretária do gerente de publicidade e ambas irão consultar o arquivo e somar os algarismos que conseguirem encontrar. Como nenhuma das duas está por dentro da política de cúpula da empresa, talvez existam itens escondidos que elas ignoram completamente e o resultado de sua coleta de dados pode estar totalmente errado. No entanto, um executivo bem pago baseará seu ponto de vista nesses números, sem conferir nada. Vale acrescentar que raras vezes a informação foi armazenada na forma pela qual é pedida.

Há o caso daquele empregado ao qual foi solicitado examinar a lista de livros de uma editora, publicados durante um período de cinco anos e dividir a produção total por categorias: religião, ficção, literatura, história, biografia etc. A finalidade era verificar a percentagem de livros em cada categoria, para que a diretoria pudesse planejar as futuras compras. O empregado sabia pouco acerca da história da editora e ocupava uma posição baixa na hierarquia. Para ele ficava impraticável decidir, por exemplo, se uma obra mística de um poeta grego deveria ser incluída em "poesia", em "filosofia", em "miscelânea", categoria que em breve incluiu 50% da lista. Aproveitou também para incluir na lista algumas novelas francesas avançadas. Após as categorizações, apresentou um gráfico bem cuidado, atraentemente colorido. O trabalho do empregado foi aceito com louvor e constituiu a base para decisões do alto nível.

Os que jogam o jogo da informação não se limitam a controlar a informação; sabem também como torná-las praticamente incompreensível para os outros. O objetivo é tornar a informação a seu dispor tão misteriosa e inacessível quanto possível, compilando-a de modo tão complexo que só eles podem explicar o que ela significa.

A pessoa que controla a informação pode usar seu monopólio para tirar vantagem em uma discussão. Se aparece quem a contradiga, pode dizer: "*Você fala baseado numa opinião, enquanto eu falo baseado em fatos!*" Esse estratagema (sua opinião contra meu fato) é notavelmente eficiente.

Imagine-se agora que todos os chefes de departamento de uma empresa forneçam um relatório semanal a um executivo superior, com cópias para mais três executivos-chave. Suponha-se que tais relatórios sejam quase totalmente desprovidos de sentido e consumam muito tempo. Para a pessoa que o elabora, trata-se de um trabalho aborrecido. Para a pessoa que o recebe, trata-se de mero lixo e na cesta própria é colocado. Um executivo ambicioso, no entanto, fará questão de receber cópias desses relatórios, sob a alegação de que está esforçando-se para melhorar o fluxo de informações. Em lugar de jogar fora os relatórios, ele os rubricará e devolverá a cópia rubricada a cada chefe de departamento. O executivo cria para si mesmo uma nova área de poder, usando-a como ponto de partida para o estabelecimento de controle sobre os chefes de departamento.

O controle da informação tem uma vantagem a acrescentar como jogo de poder: confere à pessoa que controla o sistema uma aparência de indispensabilidade; e o jogo da indispensabilidade, embora arriscado a longo prazo, constitui uma boa estratégia para conquistar e manter o poder.

5. Ninguém é indispensável

As disputas entre a administração e o pessoal fazem parte do problema da indispensabilidade. O empregado deve considerar-se indispensável, mesmo quando duvida que o seja, enquanto a administração deve ter o ponto de vista contrário. Há muita gente que gasta toda uma vida de trabalho tentando tornar-se indispensável, numa procura de segurança absoluta. Não há tarefas, títulos, encargos, responsabilidades que o satisfaçam para sentir-se seguro. No entanto, nenhuma empresa pode admitir que sua existência dependa da saúde, do juízo e da boa vontade de uma pessoa. Assim, o ponto de vista da administração é bastante correto: ninguém é indispensável.

Um amigo meu propôs-se tornar indispensável e quase conseguiu. Ele estendeu, passo a passo, uma espécie de controle moral sobre todo o escritório. As pastas importantes ficavam fechadas em suas gavetas; mandou trocar a chave do banheiro que ficava ao lado de sua sala para que ninguém pudesse ir lá sem pedir-lhe a chave; e outras coisas mais. Sempre cansado e lamuriento, envolvia-se em todos os problemas, desde o jogo de futebol entre os empregados, até a composição tipográfica dos relatórios. Ainda mais: tornou-se mestre na mais importante estratégia da indispensabilidade, que é criar uma aura externa da popularidade. Boa parte de seu tempo era gasta em dar entrevistas, ir a reuniões sociais e apresentações na TV.

Compreendi o que o tornava poderoso: nós éramos uns preguiçosos. Sentíamo-nos muito bem, deixando-o fazer tudo. Mas quando ele foi embora, era como se nunca tivesse estado lá. A vida continuou, na verdade, bem melhor. Não fomos à falência.

O mundo está cheio de pessoas que trabalham 14 horas por dia, para sustentar uma função que pode ser desempenhada em 8 horas, sem esgotamento e sem irritar o mundo todo para cima e para baixo, tentando provar – inutilmente – que o mundo não poderia continuar sem elas.

6. O poder do *não*

Esse poder é, geralmente, financeiro. Cada solicitação de dinheiro, seja para um investimento, uma despesa, seja para um aumento de salário é, automaticamente, negada.

Como, geralmente, as pessoas gostam de receber agradecimentos e ser queridas e por isso dizem *sim*, os que conseguem dizer *não* são mais difíceis de encontrar.

Um competente jogador do *não* pode subir muito depressa, porque muitos executivos ficam contentes quando encontram alguém que diga *não* por eles. O executivo ouve os pedidos e diz: "*Sim, você está com a razão, a coisa faz sentido e eu estou de acordo. Trate do assunto com Fulano, para ver como a despesa se enquadra no orçamento.*" É claro que a função de Fulano consiste em ouvir e depois dizer *não*.

As lâmpadas são um poderoso símbolo do *não*. Quem se delicia ao dizer não é, geralmente, implacável em mandar apagar as luzes. Conheci um executivo que percorria todo o escritório, no final do dia, para apagar todas as luzes, mesmo onde ainda houvesse gente trabalhando. Dizia que nenhum trabalho feito depois das 6 horas podia render dinheiro bastante para justificar o desperdício de eletricidade.

O jogador do *não* tem uma capacidade incrível de permanecer imutável diante do entusiasmo ou da paixão de seu interlocutor. Ele escolhe mesas de trabalho grandes e pesadas, que funcionam como barricadas e, habitualmente, assume atitude cortês. A cortesia, em verdade, significa que sua decisão já está tomada; por isso, nada o abala.

7. Jogos de maneiras

Os jogos sociais do poder são, realmente, complexos e diversos. O mais evidente é o uso de más maneiras para evidenciar o poder que se tem. Muitas pessoas, para provarem a posse de um forte poder, usam, por exemplo, a irreverência, que lhes permite humilhar quem as ouve. A extrema irreverência tem certo poder de choque, como se a pessoa estivesse, realmente, dizendo: "*Bem, sei que você não gosta dessa espécie de linguagem, mas não está em posição de poder recusar e o fato de eu a estar usando mostra bem como pouco me importa o que você pode pensar.*"

Até há pouco tempo, era comum os homens submeterem as mulheres, mas, com a chegada da "liberação feminina" e com a chegada de uma nova geração de mulheres que pode responder aos homens perfeitamente à altura, pagando grosseria com grosseria, a graça desse jogo diminuiu.

Quando usada raramente, a grosseria pode marcar imediatamente a posição superior de quem a usa, mas, como estilo habitual, é de limitada utilidade e oferece a desvantagem de bagunçar a conversa em todo o escritório, até o ponto de o fazer parecer um quartel e os palavrões deixarem de ter qualquer significado.

Outros exemplos de más maneiras, quando não levados a extremos, podem algumas vezes ser de maior utilidade. Frequentemente, assumem formas complicadas e extravagantes. Talvez o mais interessante seja o da reviravolta, por meio do qual as pessoas em posição de poder insinuam que todo conhecimento ou habilidade de que elas não compartilham é ridículo e não importante.

Os que detêm poder têm tendência para acreditar que tudo o que eles não sabem é desnecessário e que a outra pessoa é um especialista, um técnico, incapaz de "pensar grande".

O humor é um meio no qual não se pode depositar confiança para chegar ao poder. Aquele que gosta do poder torna-se sério e desconfia do humor em todas as suas formas; no entanto, usa de "formas humorísticas" para demonstrar poder. Assim é que quem desfruta de grande poder acostuma-se a ouvir os outros rirem de suas piadas, mesmo que elas não tenham nenhuma graça.

A precedência é, também, uma mina de ouro nos jogos de poder. A técnica consiste em trazer os outros a nossa sala, em vez de nos deslocarmos para as salas deles. Uma situação especial consiste em marcar reunião em nossa sala, tomando o cuidado de que não existam cadeiras para todos e obrigando alguns a manterem-se de pé ou sentados no chão.

Entretanto, alguns jogadores, agressivos, preferem ir às salas dos outros para se sentirem invasores do terreno alheio. Dessa forma, alguém que deseja estabelecer sua precedência sobre outro pode entrar na sala do outro, sentar-se e pôr os pés em cima da mesa, infringindo a intimidade territorial de seu inferior. São numerosos esses sinais de conquista e incluem utilizar como cinzeiros objetos que não foram feitos para isso, dar ordens às secretárias dos outros, derramar café e até mesmo fazer ginástica na sala dos outros. De modo geral, quem joga o jogo do poder com os subordinados entrará em suas salas para dar-lhes ordens, conselhos, para ameaçá-los ou denunciá-los.

Quem adquire reputação de histérico e explosivo sempre obterá aumento, ou uma sala maior, mais facilmente do que um trabalhador pacato, simplesmente porque ninguém deseja provocar uma cena desagradável. Uma pessoa assim jamais atingirá a cúpula, mas pode conseguir grandes privilégios.

Muitas vezes, passa despercebido o lado teatral do poder. No entanto, isso existe. Uma vez que a vida do escritório é enfadonha, a habilidade de fazer drama é um elemento útil para adquirir e manter poder. Os jogadores astutos do poder sabem, exatamente, como criar e anunciar crises imensas, a fim de que sejam vistos como capazes de resolvê-las. Ele passa a ser um "operador de milagres". Ninguém notará que a crise foi criação sua.

Outro dos mais aproveitáveis jogos do poder é a transferência. A discussão de uma falta nossa se transforma numa conversa de ordem geral. O objetivo é espalhar a culpa por tantas pessoas que nenhuma fica individualmente responsável. Se, por exemplo, estou sendo criticado por atraso, não devo protestar ou argumentar. Em vez disso, mudo o rumo da conversa para o problema geral de disciplina no escritório.

Estamos falando de instrumentos e jogos de poder nas organizações. Toda empresa, quer queira quer não, é uma organização burocrática. Que outras facetas do poder podem ser reconhecidas nas burocracias? É o que você verá a seguir.

5 O Poder nas Burocracias

Como você viu, burocracia é uma forma de organização do trabalho que Weber identificou como espaço de poder de controle, previsibilidade e eficiência. Tal tipo de organização caiu sob medida na sociedade industrial (falamos sobre isso no primeiro capítulo, lembra-se?), de ambiente bem mais estável. Mas mesmo para aquela época, Robert K. Merton[3] já salientava as consequências indesejadas da burocracia, a que chamou de "disfunções". Você pode mencioná-las?

____

____

____

____

____

____

____

____

____

____

Veja se sua resposta coincidiu com as disfunções apontadas por Merton: exagerado apego a regras e regulamentos, conflito entre as regras formais e as informais, papelada, ritualismo, resistência à mudança, impessoalidade no relacionamento entre os membros da organização, atrito com o público, posição hierárquica, como base do processo decisório e exibição de sinais de autoridade. Vamos ver cada uma dessas disfunções?

▼ Exagerado apego a regras e regulamentos

Regras e regulamentos são meios para que fins sejam atingidos; no entanto, às vezes assumem o papel de fins. Conta-se o caso acontecido no aeroporto de Rio Branco, no Acre, em 1984 ou 1985, não me lembro bem, que foi típico de regras vistas como fins. É sabido que carros não podem transitar nas pistas dos aeroportos, mas lá isso era relativamente comum, porque, devido à má iluminação das pistas, usavam-se os faróis dos carros. Numa noite, quando deveria pousar um avião conduzindo o presidente e o diretor de engenharia de uma empresa de energia, o sargento de plantão fez valer as regras. Resultado: a manobra da aeronave foi prejudicada. O avião chocou-se contra a pista e todos morreram.

---

[3] MERTON, Robert K. Estrutura burocrática e personalidade. In: ETZIONI, Amitai. *Organizações complexas*. São Paulo: Atlas, 1967.

▼ Conflito entre as regras formais e as informais

Desde os teóricos de Relações Humanas, sabemos que em toda empresa, em toda organização, existem regras informais, aquelas editadas pela rádio-corredor. Às vezes, tais regras são incompatíveis com as formais, gerando conflito. Uma vez, participando de uma mesa-redonda, ouvi um depoimento que bem ilustra essa disfunção. Um professor universitário chileno veio trabalhar no Brasil como professor de horário integral em uma universidade, o que significava dizer que teria de estar presente na universidade durante 40 horas semanais. Chegou cedo no primeiro dia e não encontrou seus colegas também de tempo integral. Lá pelas tantas, apareceu o primeiro, que lhe disse não ser necessário chegar tão cedo. No dia seguinte, lá estava nosso professor chileno outra vez, já agora tendo chegado um pouquinho mais tarde. Outro colega lhe disse que não precisava ir à universidade todo dia. E assim a semana foi correndo e as regras informais sendo transmitidas a ele. Resultado dessa história? O professor chileno logo estava cumprindo tais regras. Aparecia tarde, chegava cedo ou, às vezes, nem ia, contrariando as regras formais.

▼ Papelada

Como tudo na burocracia deve ser formalizado, registrado, padronizado, há um excesso de formulários, de papéis e outras coisas que tais. Há muitos anos, dando um curso de Organização & Métodos para o pessoal de uma empresa de energia elétrica, pedi-lhes que simulassem um pedido de material de um departamento ao almoxarifado. Eles o fizeram e desenharam uma rotina com sete vias do pedido: uma azul, outra verde, outra cor-de-rosa e quatro brancas. Pedi-lhes que reduzissem a duas vias. Foi um deus-nos-acuda! Perguntei-lhes o que faziam com a via azul. "*Vai para a contabilidade*", foi a resposta. Indaguei-lhes o que faziam com a verde. "*É destruída*", responderam. E assim fomos, via por via, para saber qual seu destino. Das sete vias, três eram destruídas. Para que existiam, então? Depois de muita resistência, eles conseguiram fazer uma rotina que incluía apenas as duas vias solicitadas. Mas que parto!

▼ Ritualismo

A burocracia caracteriza-se por definir rotinas e procedimentos. Tudo bem. Só que, às vezes, a rotina vira um verdadeiro ritual, com pompa e circunstância ao melhor estilo inglês. Você já chegou cedo a uma agência bancária e teve a oportunidade de ver a abertura de um balcão por um caixa? Se ainda não teve, promova essa oportunidade (enquanto houver caixas humanas) e depois me diga.

▼ Resistência à mudança

Resistência à mudança nem sempre é um mal. Às vezes, você tem mesmo de resistir, se essa mudança afeta seus valores ou se é apenas cosmética. No entanto, a resistência de que Merton fala é aquela associada a mexer com o estabelecido, com a rotina com a qual o burocrata se acostuma e a partir da qual exerce seu poder. O burocrata vê a mudança como uma ameaça ao *status quo* e resiste, passiva ou abertamente, obstaculizando a inovação e a criatividade.

▼ Impessoalidade no relacionamento entre os membros da organização

Nas burocracias, regras existem para o cargo, não para o ocupante do cargo; daí seu caráter de despersonalização, de impessoalidade. Os funcionários passam a conhecer os colegas, não por seus nomes, mas pelos cargos que ocupam ou pelo número de suas matrículas. Onde fica o reconhecimento da pessoa como tal? Onde fica o afeto, tão necessário ao desejado trabalho em equipe?

▼ Atrito com o público

Dentro da burocracia, o pessoal até pode gostar da tal impessoalidade. Afinal, "as regras devem existir para todos, igualmente". Qualquer coisa diferente pode ter o cheiro de favoritismo e corrupção. Todavia, o público não quer um tratamento impessoal, padronizado. O público quer ser tratado como pessoa. O marketing sabe bem disso. Há alguns anos, estava lendo a Revista *Exame* quando, numa de suas últimas páginas que fazia propaganda de um seguro oferecido por um banco, vi meu nome impresso. Levei um susto! Soube, mais tarde, que cada assinante teve seu nome impresso, ou seja, a propaganda foi personalizada. Essa decisão custou ao banco muitos dólares, mas brindou-o com uma enxurrada – nunca vista – de seguros feitos por tais assinantes. Hoje, decisões desse tipo são prática comum em muitas empresas.

▼ Posição hierárquica como base do processo decisório

Decide, nas burocracias, aquele que ocupa o cargo mais alto, independentemente de ter ou não a autoridade da competência.

▼ Exibição de sinais de autoridade

Ah! Os símbolos de poder: *smartphone* pago pela empresa, *notebook*, secretária, restaurante privativo, elevador privativo, vaga privativa no estacionamento, mesa grande, cadeira de espaldar alto, uniforme (como no caso dos militares)... As diferenças em recompensas nas organizações são maiores do que os salários permitem visualizar.

Às disfunções apontadas por Merton você pode acrescentar outras?

____

____

Veja se seu acréscimo coincide com o meu: lentidão e visão compartimentalizada.

Por conta de tanta regra, tanto formalismo, tanta hierarquia, tanta papelada, a burocracia é lenta. Anda em ritmo de carroça, enquanto o mundo lá fora anda em ritmo de avião a jato. Resultado: a burocracia não pode dar as respostas rápidas que as rápidas mudanças ambientais exigem. Seu poder acaba sendo perverso ou, como diz o velho ditado, *o tiro acaba saindo pela culatra*.

E ainda: a burocracia é calcada numa visão de mundo mecanicista, compartimentalizada, enquanto o mundo tornou-se uma grande "aldeia global". Além disso, como qualquer pessoa que lida com a tecnologia digital pode perceber, a questão do controle fica fragilizada, pois ninguém controla, por exemplo, a Internet e, assim, a probabilidade de que muitas "verdades" apareçam de todos os lados é grande.

Você talvez diga: *abaixo a burocracia!* Calma. A burocracia é útil, mesmo na sociedade da informação. Facilita muito nossa vida nas empresas; apenas não cai mais sob medida, tal como caía na sociedade industrial. Por conta disso, Alvin Toffler[4]* propõe "o fim dos cubículos".

> Alvin Toffler, que já veio várias vezes ao Brasil, tem produzido vasta literatura sobre administração. É autor de uma trilogia que se tornou famosa: *O choque do futuro, A terceira onda* e *Powershift*. Você já leu algum desses livros? Recomendo-os.

Para Toffler, qualquer burocracia tem duas características-chave. Você sabe quais são? Vou ajudá-lo. Apresento cinco opções e você escolhe três.

- teias;
- cubículos;
- fios;
- canais;
- rodas.

Não sei se sua resposta coincidiu com a afirmação de Toffler, mas para ele as características-chave de qualquer burocracia são: cubículos e canais. Cubículos são os espaços onde os executivos especializados obtêm o poder com o controle das informações. Canais são os espaços onde os gerentes obtêm tal poder. A informação é gerada nos cubículos e passa pelos canais. Segundo Toffler, cubículos e canais estão caindo sob seu próprio peso. Você sabe por quê?

____

____

____

Para Toffler, cubículos e canais estão vergando sob seu próprio peso porque a aceleração da mudança torna nosso conhecimento rapidamente perecível, requer decisões também aceleradas, provoca a burla das regras para que a empresa possa sobreviver e faz com que a informação transborde dos canais formais para as redes informais.

Será que a burocracia vai desaparecer?

____

[4] TOFFLER, Alvin. *Powershift*: as mudanças de poder. Rio de Janeiro: Record, 1990.

Não, não vai, afirma Toffler, mas o poder vai deslocar-se e a prova disso são as "firmas flexíveis".

Uma pergunta: você acha que, nas empresas, poder só é exercido de cima da hierarquia para baixo?

Se você disse que não, concordamos. Pensar que poder só é exercido *top-down* não passa de um sonho de uma noite de verão. Quem, em sã consciência, pode negar o poder das secretárias, do motorista, da recepcionista, do *boy*? E ainda: o conhecimento da sutileza das interações humanas permite a você reconhecer que o poder *top-down* pode ser minado, dando a impressão de uma força que, em verdade, configura-se como fraqueza. Uma vez, ministrando um curso, uma aluna contou-me que seu chefe chegava cedo, punha o paletó na cadeira, ausentava-se (sabendo Deus para onde ia), tomava conta das pessoas. Ríspido, queria saber onde tinham ido, com quem tinham conversado e coisas dessa natureza. Nada de perguntas sobre a tarefa e seus produtos. Essa funcionária era responsável pela elaboração de determinado orçamento. Sobre isso, o chefe nada lhe perguntava. Insatisfeita, a funcionária espalhava papéis sobre a mesa e fingia trabalhar. Quando pegava a caneta, era para anotar em sua agenda os passos do chefe. Assim, tinha registrado, dia por dia, a que horas o chefe chegava, de que horas a que horas se ausentava, a que horas saía, com quem conversava ao telefone e outras coisas tais. Dito de outra maneira: ela preparou um dossiê sobre as atividades e o comportamento do chefe, pronto a ser usado em "caso de necessidade". Mostrou-me a agenda. Fiquei perplexa com os detalhes. A funcionária estava exercendo poder, aquilo que, como você já percebeu, é exercido em todas as direções. É o que Galbraith chama de "dialética do poder".

No mundo atual, uma nova forma de ver e lidar com o poder se faz necessária, o que implica mudança de modelos mentais. Que forma é necessária? Vou ajudá-lo, dando três opções. Escolha uma.

- centralização do poder;
- pulverização do poder;
- compartilhamento do poder.

Se você respondeu que o mundo atual está a exigir o compartilhamento assumido e construtivo do poder, estamos de acordo. Você me perguntará: "*José Bonifácio Sobrinho, o Boni, o ex-todo poderoso da Globo pensa dessa maneira?*" Não sei. Só sei o que foi publicado pela Revista *Veja* de 3-12-97, ou seja, que Boni largou suas funções na Globo porque considerou que havia duplicidade e até triplicidade de poder dentro da emissora.

Você acha que compartilhado, o poder cresce ou diminui?

Se você respondeu que, por mais paradoxal que possa parecer a nossas mentes cartesianas, compartilhado, o poder cresce, estamos de acordo. O gestor amplia seu poder quando liberta as pessoas para serem o que elas podem ser. Compartilhar poder é mais do que delegar. Delegação é um conceito antigo em administração e tem conotação muito mais de transferência de poder para realizar tarefas do que de ter autoridade sobre elas. Nos dias atuais, a palavra que mais se aproxima do conceito de compartilhamento de poder é *empowerment*, um processo no qual se criam condições e habilitam-se as pessoas de todos os níveis da empresa para assumirem responsabilidade na satisfação de seus clientes.

Compartilhar poder significa abrir-se para o diálogo. Pela explicitação das expectativas empresariais e as da pessoa, pela discussão de como atendê-las, pelo comportamento ético, é possível o engajamento das pessoas. Comportamento ético está aqui referido às coisas mais significativas da vida humana, àquelas que se manifestam na coerência entre discurso e ação, no cumprimento de promessas, no fazer o melhor o que se pode fazer, na postura contributiva, na empatia, no respeito ao outro. O compartilhamento do poder pode ser altamente provocativo da motivação.

Convido-o, agora, a colocar outra lente, a mudar seu modelo mental, se for o caso, e ver o poder de forma diferente, ou melhor, convido-o a reinventar o poder. Vamos lá?

6 Reinventando o Poder

Dado que o poder é exercido por pessoas, individual ou coletivamente, é fantástico quando se descobre que Henry Ford, o mago da indústria automobilística, ao afirmar que os clientes poderiam adquirir carros de qualquer cor, desde que fossem pretos, seria refutado nos dias atuais, porque os clientes também exercem poder. Neste caso, o da opção de cores. Ford referia-se aos clientes externos, mas você pode incluir os internos. A Ford seria exigida a mudança de modelo mental (imagine, logo ele, tão adepto do mecanicismo) que lhe permitiria reinventar o poder. De qualquer forma, se não posso falar com Ford, falo comigo mesma e com você para destacar 10 poderes do poder reinventado: autoconhecimento, autodesenvolvimento, mente flexível, comunicação interpessoal, compromisso, incerteza, aglutinação de forças, reconhecimento de possibilidades, intuição, senso coletivo de destino. Vamos ver cada um deles?

6.1 O poder do autoconhecimento

Como você viu, cada um de nós é a "régua" com a qual avalia tudo e todos; logo, é preciso compreender o funcionamento dessa "régua", sob pena de ficar deslocado no mundo.

O autoconhecimento pode fortalecê-lo e levá-lo à própria mudança do conceito de poder. Sentindo-se menos ameaçado, mais seguro e reconhecendo que você sozinho não dá conta das respostas rápidas exigidas pelo novo ambiente de negócios, você pode vir a valorizar o poder compartilhado. Repare que você pode ter uma visão da empresa que deseja, mas ela não se tornará realidade se não for coletivamente construída. Por outro lado, soluções quanto às melhores maneiras de se obter resultados e de enfrentar a turbulência da era contemporânea, por exemplo, podem ser extremamente ricas quando apresentadas por quem está mais próximo de onde as coisas acontecem.

Outro dia, vi um caso muito simples, mas ilustrativo. A coordenadora de um curso academicamente orientado por uma universidade e levado a efeito numa empresa exigia que os participantes assinassem a lista de presença. Afinal, sua universidade não poderia emitir certificados de frequência a quem estava ausente. Correto. A coordenadora não estava no local, quando um dos participantes chegou às 16 horas (o curso começava, diariamente, às 8h30 min e terminava às 17h30 min) e pediu a lista à representante da coordenadora, pois precisava assiná-la e ir embora. Sem poder de decisão, a representante telefonou para a coordenadora e perguntou-lhe o que fazer. A coordenadora foi irredutível: "*ele não pode assinar*". A representante voltou ao participante, reafirmou a impossibilidade de sua assinatura e provocou um tumulto. O participante não se conformou, exigiu a lista em tom bastante áspero e acabou por obtê-la. Ele estava errado, mas, se a representante da coordenadora tivesse autonomia, certamente o teria deixado assinar logo da primeira vez, porque sabia que o participante, naquele dia, tinha acabado de ser preterido para ocupar um cargo que desejava. Seu estado de espírito era péssimo. Mais uma negativa transbordou-lhe o caldo. Seu tempo de autoconhecimento ainda não tinha chegado.

O autoconhecimento pode levá-lo a valorizar o poder compartilhado, e este, como você viu, pode ser fator motivacional. Imagine uma empresa assim, como o fez Antonio José Chamone, adaptando o artigo *Franqueza sem medo*, de Theodore Lowe e Geraldo McBean: O texto me foi apresentado por um gerente de Furnas.

Imagine

Imagine um lugar para trabalhar onde o medo foi substituído pela esperança e confiança.

Onde todos os funcionários acreditam que a Companhia também é deles.

Onde nós controlamos os processos e não as pessoas.

Onde nós encaramos os problemas como oportunidades e os enfrentamos procurando descobrir o que está errado e não quem está errado ou quem é o culpado.

Onde nós medimos os sistemas, em vez das pessoas e definimos procedimentos, em vez de autoridade.

Onde nós perguntamos: "como posso ajudá-lo?", em lugar de dizer "isto não faz parte do meu trabalho".

Imagine uma Companhia onde trabalhamos juntos, como uma equipe, para sermos os melhores dentre os melhores.

Onde buscamos uma resposta para cada problema, em vez de vermos um problema em cada resposta.

Onde o único erro é repetir um erro e a única verdadeira falha é a falha de não tentar.

Imagine uma Companhia onde os gerentes são professores, auxiliares, em vez de simplesmente chefes, feitores.

Onde temos disciplina nos processos, em vez de disciplinarmos os funcionários.

Onde o significado da palavra responsabilidade está vinculado a uma obrigação de contribuir e não ao exercício do autoritarismo.

Imagine um ambiente construído sobre uma base de confiança e respeito. Onde as ideias de todos são bem-vindas e os funcionários são valorizados pela sua contribuição intelectual.

Imagine uma empresa onde o pessoal diz "pode ser difícil, mas é possível", em vez de "pode ser possível, mas é muito difícil".

Imagine uma Companhia onde o medo de ser franco, leal e honesto foi substituído por um ambiente de franqueza sem medo.

Imagine, imagine e acredite.

Você pode imaginar? Pode ajudar a construir uma empresa assim?

6.2 O poder do autodesenvolvimento

Adultos são responsáveis por seu próprio desenvolvimento. E quando falo em desenvolvimento, faço-o considerando todas as dimensões humanas: física, emocional, intelectual, espiritual. O conhecimento que você adquire é patrimônio seu. Lembro-me, no plano intelectual, de um filme que ilustra bem essa afirmativa. Você viu *Um sonho de liberdade?* Lembra-se da história?

Um executivo de uma instituição financeira foi preso sob a acusação de ter assassinado a mulher e seu amante. Levado a julgamento e condenado com prisão perpétua, foi encarcerado num presídio cruel, onde o poder da corrupção era a tônica. Sofreu muitos maus-tratos até que os guardas da prisão descobriram seu conhecimento em finanças. Passou a calcular o imposto de renda dos guardas. Começou a desfrutar de certas regalias. Tornou-se o responsável pela biblioteca. Depois, o diretor do presídio, altamente corrupto, mandou que ele fizesse certa contabilidade e desviasse o dinheiro da casa de detenção para a conta particular do diretor. O ex-executivo criou a figura de um fantasma (nós nem sabemos o que isso significa, não é verdade?), com carteira de identidade, CPF e tudo o mais. Enquanto isso, o ex-executivo conseguiu um martelinho, desses com que se faz esculturas, e foi abrindo um buraquinho na parede de sua cela. Para escondê-lo botou o *poster* de uma bela mulher. Os guardas olhavam para o *poster*, ou seja, para o que estava na superfície, como é a tendência humana. No entanto, o importante estava oculto. O buraquinho ia sendo aberto aos pouquinhos, quanticamente, e ninguém via. Quando, afinal, o ex-executivo conseguiu fugir pelo buraco aberto na parede, levou consigo toda a documentação do fantasma que criara. Ficou rico. É claro que esse caso pode ser analisado por vários ângulos, mas o que importa aqui destacar é que esse homem foi salvo graças a seu acervo intelectual. Durante 30 anos aprisionaram seu corpo, mas não conseguiram aprisionar sua mente. Esta, continuava livre e autodesenvolvia-se, apesar de todos os constrangimentos externos.

Por fatos como o mencionado é que sou de opinião de que deve haver uma mudança de comportamento nas famílias. Quando um jovem passa no vestibular, a família brinda-o com um carro, uma viagem ou outro prêmio qualquer. Acho que deveria ser o contrário. O jovem é que deveria brindar a família com presentes, porque ela permitiu-lhe, incentivou-o ou facilitou-lhe investir em algo que é acervo, patrimônio seu (do jovem).

Autodesenvolvimento, para Tracy Goss,[5] é a capacidade de reinventar-se. Ela diz que, se alguém precisa reinventar sua organização e ser bem-sucedido, precisa, em primeiro lugar, reinventar-se a si mesmo, mudando o próprio ser. Para alterar seu modo de ser, a pessoa deve criar um novo contexto e estar disposta a "morrer" para poder tornar-se um novo ser; a dizer a verdade para si mesma; a assumir riscos; a fazer promessas corajosas; a ser responsável por suas escolhas e ações; a assumir o compromisso de tornar possibilidades em realidades. E no campo do compromisso, afirma Tracy, não existem explicações, provas, justificativas, receitas; existe a paixão.

O poder do autodesenvolvimento pode levá-lo à maestria pessoal, uma jornada que começa quando você decide aprender alguma coisa e empenha-se nisso a cada dia, dominando as frustrações que podem advir da não obtenção de resultados imediatos, e buscando sempre um desempenho melhor.* Por que os atletas e os músicos treinam o tempo todo? George Leonard,[6] lembrando que cada pessoa está equipada para aprender e continuar aprendendo do nascimento até a morte, sugere cinco chaves mestras para obter-se maestria. Você arrisca dizer quais são? Vou ajudá-lo. Apresento 10 e você escolhe cinco.

- instrução;
- descanso;
- prática;
- domínio conceitual;
- entrega;
- cautela;
- intencionalidade;
- acaso;
- limiar;
- recuo.

☆

Como disse Guilherme Arantes pela esplendorosa voz de Elis Regina:

Vivendo e aprendendo a jogar
vivendo e aprendendo a jogar
nem sempre ganhando
nem sempre perdendo
mas aprendendo a jogar

Continuar jogando muitas vezes pode ser mais importante do que ganhar o jogo.

---

5 GOSS, Tracy. *A última palavra em poder*. Rio de Janeiro: Rocco, 1997.

6 LEONARD, George. *Maestria*: as chaves do sucesso e da realização pessoal. São Paulo: Cultrix, 1995.

Se você já leu o livro, certamente, marcou corretamente. As chaves mestras são: instrução, prática, entrega, intencionalidade e limiar.

Como você pode instruir-se?

____

____

____

Veja se sua resposta coincide com a de Leonard. Para ele, você pode instruir-se em sala de aula, lendo livros, assistindo a filmes, conversando com amigos instruídos, observando a rua e de muitas outras formas.

A segunda chave mestra é a prática. O que significa?

____

____

Lembrando um adágio das artes marciais, Leonard diz que mestre "*é o que fica no tatame cinco minutos a mais do que qualquer outro, todos os dias*." Prática, portanto, é qualquer coisa que você faz sempre, como parte integrante de sua vida, por amor à própria prática.

Tracy afirma que para você ter um desempenho extraordinário, o segredo é a prática. Com base nela, você adquire a liberdade de se envolver com a vida por ela mesma, como um presente. Foi assim que você definiu prática?

A terceira chave mestra é a entrega. O que é isso?

____

____

____

Veja se sua resposta coincide, na essência, com a de Leonard. Para ele, a coragem de um mestre é medida por sua disposição em entregar-se ao professor e às exigências da disciplina necessária à obtenção da maestria. Coincidiu sua resposta com o pensamento de Leonard? A quarta chave mestra é a intencionalidade. O que significa isso?

____

____

No jargão administrativo, intencionalidade é a visão. Você percebeu isso? Para Leonard, todo mestre é um mestre da visão. Cita Arnold Schwarzenneger, quando este disse: "*Meu desejo de ser Mr. Universo aconteceu porque eu me vi, com a mais absoluta clareza, no palco, vencendo*." Podemos lembrar Zico, o menino franzino que se viu um grande atleta. E tornou-se.

Por outro lado, Tracy Goss, ao definir poder como a capacidade de abraçar algo que pensava ser inviável, declarar como possível a realização e transformar a possibilidade em realidade, define possibilidade como um futuro inventado, a partir do qual se vem para o presente. É a visão. É a intencionalidade.

A quinta chave mestra é o limiar. Que significa isso?

___

___

Veja se você e Leonard concordam com as respostas de ambos. Para ele, limiar é a exploração dos limites do impossível. Alerta que desafiar o limite é "*um ato de equilíbrio*". Exige de você saber quando "*está passando dos limites da segurança*".

6.3 O poder da mente flexível

Mente flexível é mente plástica, aquela que, abandonando a rigidez de uma só resposta, encontra soluções variadas para os problemas. Em 31-5-95 a Revista *Veja* publicou uma matéria que pode bem ilustrar essa afirmação. Segundo a revista, a escocesa Paula Dixon, em pleno voo de um Boeing 747, viu-se ameaçada de uma perfuração na pleura. Morreria, se não fosse a mente flexível, a criatividade de dois médicos britânicos que estavam na aeronave: Angus Wallace e Tom Wong. Sem nenhum instrumento cirúrgico a bordo, eles improvisaram com conhaque francês, cabide de arame, tubos de borracha, água mineral e outros materiais, operando a senhora e restituindo-lhe as funções pulmonares. Ela salvou-se.

6.4 O poder da comunicação interpessoal

A comunicação interpessoal pode provocar boas indagações, aquelas que clarificam problemas, bem como pode provocar boas respostas. O poder da comunicação interpessoal está na obtenção de pontos de vista diferenciados, terreno fértil para soluções criativas.

O poder da comunicação interpessoal é altamente contributivo. Há um anúncio que foi veiculado pela televisão que é o oposto da comunicação interpessoal. Trata-se da propaganda de uma revista. Uma família quer lê-la e cada um de seus membros não poupa esforços desagregadores para tal. Cascas de banana são jogadas, roupas vão sendo puxadas, bengalas são interpostas. Cada membro da família vai sendo derrubado. Que pena! O estímulo provocado pela propaganda piora, quando se considera que é em nossa célula familiar que têm origem muitos de nossos comportamentos na empresa. Assim, a propaganda não só é um estímulo à não comunicação interpessoal, como à desagregação da família, já tão fragilizada nos tempos atuais. Por que as pessoas que aparecem na telinha não negociam, não chegam a um acordo de modo que todos tenham acesso à revista?

6.5 O poder do compromisso, do engajamento

Se você compartilha poder, é bem provável que provoque a motivação das pessoas, que elas se sintam comprometidas com os resultados e se engajem na tarefa de obtê-los. O poder do engajamento pode ser aferido na riqueza de processos e de resultados.

6.6 O poder da incerteza

Sempre queremos ter certeza de tudo. Afinal, como podemos planejar sem certezas? A organização burocrática trabalha com controle e previsibilidade. Você estará perdido? Claro que não. A incerteza pode levá-lo à inovação, à experimentação (se bem-sucedida, ótimo; se malsucedida, aprenda com o erro), à melhoria contínua, ao risco consequente. A incerteza pode afastar teias de aranha mentais.

6.7 O poder da aglutinação de forças

Com Galbraith, aprendemos o poder da organização, da associação na facilitação de processos e obtenção de resultados (lembra-se?).

6.8 O poder do reconhecimento de opções, de múltiplas possibilidades

Associado ao poder da mente flexível, o poder do reconhecimento da existência de opções pode levar a resultados bastante criativos. A produção criativa tem duas dimensões centrais, quais sejam: originalidade e relevância. Ser original significa que o ato criativo representa algo mais do que um próximo passo lógico; ser relevante, que tal ato seja apropriado a uma situação.

Movimentos criativos podem levar a empresa a renovar-se. Criatividade não é privilégio de alguns deuses; antes, é potencial existente em todas as pessoas e deve ser estimulado no ambiente de trabalho. Mais: precisa ser reconhecido.

6.9 O poder da intuição

A intuição tem o poder de expandir a consciência e encontrar formas integradas de conhecimento.

6.10 O poder do senso coletivo de destino

Imagine um barco em alto mar. Imaginou? Agora, imagine um buraco na parte traseira do barco. Por ele começa a entrar água. Duas pessoas lá na frente do barco olham o buraco. Que dizem?

____

____

____

Acho que você não vai acertar. Sabe o que dizem? "*Que bom que o buraco é lá do outro lado e, portanto, não vai nos atingir.*" Que horror! Essas pessoas não perceberam que, quando o barco afundar, todos afundarão. Alguns levarão mais tempo, dependendo de onde estão, mas irão também. Essa metáfora que uso aqui é para indicar que o senso coletivo de destino pode levá-lo a compreender a teia que a vida tece, à prática da autocrítica, da crítica e da busca da qualidade de vida, que inclui as condições de trabalho e a empresa inteira.

O senso coletivo de destino pode levá-lo a exercitar o amor, este princípio de ação que organiza, comunica, anima. Como diz o cardiologista Dean Ornish (Revista *Veja*, 29-4-98), as necessidades humanas básicas não são apenas comida e bebida, mas o amor e as conexões sociais. E mais: a taxa de ataque cardíaco é menor em muitos lugares da Europa, onde "*impera um estilo de vida mais ameno, em que as relações sociais são baseadas na cooperação e não na competição*".

Assim, "*sobre tudo o que se deve guardar, guarda o teu coração, porque dele procedem as saídas da vida*" (Provérbios 4:23).

Por seu turno, Edgar Morin,[7] o célebre filósofo francês, que veio ao Brasil várias vezes, afirma que *o amor é complexidade emergente e vivida; a mais vertiginosa computação é menos complexa do que o menor gesto de ternura*. Quanta sabedoria, hein?

Você pode fazer um quadro-resumo da reinvenção do poder? Vou fazer o meu também. Veja, depois, se coincide com o seu.

[7] MORIN, Edgar. *La méthode*. Paris: Seuil, 1997.

REINVENTANDO O PODER	
PODER	CONSEQUÊNCIAS
Autoconhecimento	Mudança do conceito de poder, valorização do poder compartilhado
Autodesenvolvimento	Maestria pessoal
Mente flexível	Soluções variadas
Comunicação interpessoal	Boas indagações, boas respostas, soluções criativas, cooperação, agregação
Compromisso, engajamento	Motivação, riqueza de processos e de resultados
Incerteza	Inovação, experimentação, melhoria contínua, risco consequente
Aglutinação de forças	Facilitação na realização de processos e na obtenção de resultados
Reconhecimento de opções	Resultados criativos, renovação
Intuição	Expansão da consciência, integração do conhecimento
Senso coletivo de destino	Compreensão da teia da vida, prática da autocrítica e da crítica, busca de qualidade de vida, vivência do amor

Seu quadro-resumo coincidiu com o meu? Se não coincidiu plenamente, deve estar bem parecido, não é verdade?

Bem, você se lembra que Maquiavel queria ajudar o príncipe a governar? Lembra-se de que forma? Escolhi para contrapor ao *O Príncipe* a fala final de Charles Chaplin em *O grande ditador* (1940). Exerço o poder que agora tenho nestas folhas, para exortá-lo à reinvenção do poder. Claro, você sempre poderá não ler. É seu exercício de poder.

O grande ditador

Sinto muito, mas não pretendo ser um imperador. Não é esse o meu ofício. Não pretendo governar ou conquistar quem quer que seja. Gostaria de ajudar a todos – se possível –, judeus, o gentio... negros... brancos.

Todos nós desejamos ajudar uns aos outros. Os seres humanos são assim. Desejamos viver para a felicidade do próximo – não para o seu infortúnio. Por que havemos de odiar e desprezar uns aos outros? Neste mundo há espaço para todos. A terra, que é boa e rica, pode prover a todas as nossas necessidades.

O caminho da vida pode ser o da liberdade e da beleza, porém nos extraviamos. A cobiça envenenou a alma dos homens... levantou no mundo as muralhas do ódio... e temos feito marchá-lo a passo de ganso para a miséria e os morticídios. Criamos a época da velocidade, mas nos sentimos enclausurados dentro dela. A máquina, que produz abundância, tem-nos deixado em penúria. Nossos conhecimentos fizeram-nos céticos, nossa inteligência empedernida e cruel. Pensamos em demasia e sentimos bem pouco. Mais do que máquinas, precisamos de humanidade. Mais do que inteligência, precisamos de afeição e doçura. Sem essas virtudes, a vida será de violência e tudo estará perdido.

A aviação e o rádio aproximaram-nos muito mais. A própria natureza dessas coisas é um apelo eloquente à bondade do homem... um apelo à fraternidade universal... à união de todos nós. Neste mesmo instante a minha voz chega a milhões de pessoas pelo mundo afora... milhões de desesperados, homens, mulheres, criancinhas... vítimas de um sistema que tortura seres humanos e encarcera inocentes. Aos que me podem ouvir, eu digo: 'Não desespereis!' A desgraça que tem caído sobre nós não é mais do que o produto da cobiça em agonia... da amargura de homens que temem o avanço do progresso humano. Os homens que odeiam desaparecerão, os ditadores sucumbem e o poder que do povo arrebataram há de retornar ao povo. E assim, enquanto morrem homens, a liberdade nunca perecerá.

Soldados! Não vos entregueis a esses brutais... que vos desprezam... que vos escravizam... que arregimentam as vossas vidas... que ditam os vossos atos, as vossas ideias e os vossos sentimentos! Que vos fazem marchar no mesmo passo, que vos submetem a uma alimentação regrada, que vos tratam como um gado humano e que vos utilizam como carne para canhão! Não sois máquinas! Homens é o que sois! E com o amor da humanidade em vossas almas! Não odieis! Só odeiam os que não se fazem amar... os que não se fazem amar e os inumanos!

Soldados! Não batalheis pela escravidão! Lutai pela liberdade! No décimo sétimo capítulo de São Lucas está escrito que o Reino de Deus está dentro do homem – não de um só homem ou de um grupo de homens, mas de todos os homens! Está em vós! Vós, o povo, tendes o poder – o poder de criar máquinas. O poder de criar felicidade! Vós, o povo, tendes o poder de tornar esta vida livre e bela... de fazê-la uma aventura maravilhosa. Portanto – em nome da democracia – usemos desse poder, unamo-nos todos nós. Lutemos por um mundo novo... um mundo bom que a todos assegure o ensejo de trabalho, que dê futuro à mocidade e segurança à velhice.

É pela promessa de tais coisas que desalmados têm subido ao poder. Mas, só mistificam! Não cumprem o que prometem. Jamais o cumprirão! Os ditadores liberam-se, porém escravizam o povo. Lutemos agora para libertar o mundo, abater as fronteiras nacionais, dar fim à ganância, ao ódio e à prepotência. Lutemos por um mundo de razão, um mundo em que a ciência e o progresso conduzam à aventura de todos nós. Soldados, em nome da democracia, unamo-nos!

Hannah, estás me ouvindo? Onde te encontres, levanta os olhos! Vês, Hannah?! O sol vai rompendo as nuvens que se dispersam! Estamos saindo das trevas para a luz! Vamos entrando num mundo novo – um mundo melhor, em que os homens estarão acima da cobiça, do ódio e da brutalidade. Ergue os olhos, Hannah! A alma do homem ganhou asas e afinal começa a voar. Voa para o arco-íris, para a luz da esperança. Ergue os olhos, Hannah! Ergue os olhos"!

Este capítulo tratou do **Poder nas organizações**. Abordou os seguintes itens:

1. Que é poder?
2. Fontes de poder
3. Caleidoscópio do poder
4. Instrumentos e jogos de poder
   4.1 Instrumentos de poder
   4.2 Jogos de poder
5. O poder nas burocracias
6. Reinventando o poder
   6.1 O poder do autoconhecimento
   6.2 O poder do autodesenvolvimento
   6.3 O poder da mente flexível
   6.4 O poder da comunicação interpessoal
   6.5 O poder do compromisso, do engajamento
   6.6 O poder da incerteza
   6.7 O poder da aglutinação de forças
   6.8 O poder do reconhecimento de opções, de múltiplas possibilidades
   6.9 O poder da intuição
   6.10 O poder do senso coletivo de destino

Com esse conteúdo, pretendi que você alcançasse os seguintes objetivos:

- estabelecer a relação entre poder, liderança e motivação;
- identificar fontes de poder;
- reconhecer as configurações do poder;
- identificar instrumentos e jogos de poder;
- reconhecer o poder na forma de organização denominada burocracia;
- aceitar a reinvenção do poder.

Você os alcançou?

Tendo como contexto o primeiro capítulo, ou seja, **Características do mundo contemporâneo e a teia que tecem**, este capítulo teve por finalidade instigá-lo a continuar a penetrar na subjetividade do ser humano e provocá-lo a buscar a relação entre **o poder nas organizações** e o tema que virá a seguir:

- trabalho em equipe.

6

Trabalho em Equipe

Este é o último capítulo do livro. Nele, pretendo que você alcance os seguintes objetivos específicos, todos atrelados aos objetivos gerais do livro e aos objetivos específicos dos Capítulos 1, 2, 3, 4 e 5:

- recuperar os pontos focais dos capítulos anteriores;
- apontar dificuldades com as quais se tem de lidar para que o trabalho em equipe aconteça;
- explicitar o que é uma equipe;
- identificar como o grupo funciona;
- apontar diferenças que se nos apresentam em um trabalho em equipe;
- identificar como ocorre a aprendizagem individual e a coletiva;
- apontar elementos necessários ao desenvolvimento de equipes.

Componho o capítulo em sete itens, a saber:

1. Revisitando os capítulos anteriores.
2. Dificuldades com as quais lidar.
3. Que é uma equipe?
4. O funcionamento do grupo.
5. Lidando com diferenças.
6. Aprendizagem do trabalho em equipe.
7. Desenvolvendo equipes.

Vamos lá?

1 Revisitando os Capítulos Anteriores

No Capítulo 1, **Características do mundo contemporâneo e a teia que tecem**, procurei sensibilizá-lo a perceber dois pontos principais, a saber:

- as mudanças hoje ocorrem numa profundidade e velocidade antes nunca vistas na história da humanidade;
- elas tecem um tecido profundamente complexo.

Focando esses dois pontos, convidei-o a refletir sobre a era da informação e o processo de globalização, as disfunções do modelo de desenvolvimento, a questão ecológica, a emergência de novos valores pessoais e o surgimento de um novo paradigma.

Você pôde ver que o mundo, hoje, requer das empresas agilidade e competitividade, assumindo o pódio aquela que conseguir, com mais rapidez, coletar e criar informações, selecioná-las, processá-las e utilizá-las de modo a atender e até a antecipar-se às demandas dos clientes, razão da existência de qualquer empresa.

No Capítulo 2, **Processos motivacionais**, busquei sensibilizá-lo a perceber três pontos relevantes, a saber:

- motivação é algo intrínseco à pessoa, o que significa dizer que os motivos para a ação de uma pessoa são diferentes dos motivos de outra;
- é tarefa do gestor aprender a lidar com essas diferenças;
- para tanto, é de fundamental relevância que, durante toda a sua vida, ele busque autoconhecer-se e autodesenvolver-se.

Focalizando esses três pontos, convidei-o a refletir sobre a diferença entre motivação e estímulo, frustração e mecanismos de defesa, o significado do trabalho como fator motivacional e formas pelas quais o gestor pode provocar a motivação nas pessoas.

Você deve ter notado que, para alcançar a agilidade requerida no mundo contemporâneo, as empresas necessitam de pessoas motivadas, capazes de se comprometerem com o alcance dos resultados desejados pela empresa, ao mesmo tempo em que satisfazem suas necessidades mais fundamentais, como seres humanos que são.

No Capítulo 3, **Liderança requerida nesses novos tempos**, tentei sensibilizá-lo a perceber três pontos principais:

- liderança não é sinônimo de chefia;
- liderança não é marca de nascença;
- o papel fundamental do líder é provocar a motivação nas pessoas de modo que os resultados desejados pela empresa sejam alcançados.

Com foco nesses três pontos, convidei-o a revisitar, criticamente, as teorias mais conhecidas sobre liderança, as capacidades requeridas do gestor desses novos tempos e os desafios que lhe são postos.

Você deve ter percebido que liderar não é tarefa fácil. Requer do gestor autoconhecimento, autodesenvolvimento, sensibilidade e habilidade para lidar com diferenças e obter a adesão das pessoas para sua causa, atrelada aos negócios da empresa.

No Capítulo 4, **Mentoria**, busquei sensibilizá-lo a perceber dois pontos principais:

- mentoria é uma forma de ajuda;
- requer disposição individual e condições organizacionais para ser levada a efeito.

Focalizando esses dois pontos, convidei-o a estabelecer a diferença entre mentor e outros papéis que o faceiam, identificar os tipos de mentoria, refletir sobre a visão mecanicista, a sistêmica e a da complexidade, relacionar condições de ordem organizacional e individual para a ocorrência da mentoria e dei-lhe dicas para seu exercício.

Você deve ter percebido que o exercício da mentoria exige de uma pessoa que se disponha a ser mentor e, de outra, que se abra para a relação que a mentoria provoca.

No Capítulo 5, **Poder nas organizações**, busquei sensibilizá-lo a perceber dois pontos principais:

- liderança é uma forma de poder;
- o conceito de poder, tal como, tradicionalmente, conhecemos, precisa ser revisto.

Focalizando esses dois pontos convidei-o a refletir sobre as fontes, os instrumentos e os jogos de poder, a forma caleidoscópica que ele pode assumir, o poder nas burocracias, bem como convidei-o a reinventar o poder, direcionando-o para ações contributivas para o autodesenvolvimento do gestor e o desenvolvimento da empresa.

Você deve ter notado que o compartilhamento do poder, pelo líder, pode ser fator motivacional para as demais pessoas da empresa, ao mesmo tempo em que se revela como estratégia para a empresa responder com agilidade às mudanças do mundo contemporâneo.

Neste último capítulo, convido-o a refletir sobre o trabalho em equipe. Para tanto, começo por apresentar dificuldades que se apresentam a sua efetivação.

2 Dificuldades com as quais Lidar

Durante muito tempo, notadamente nas décadas de 60 e 70, as pessoas buscaram estabilidade e segurança por meio do desenvolvimento de modelos que garantissem a sensação de domínio e controle sobre o mundo em geral, o mercado e as interações humanas dentro da empresa. Dessa forma, criaram tecnologias que lhes permitiram viajar aos planetas vizinhos, mergulhar na estrutura do átomo, organizar a força produtiva. Em administração, proliferam modelos para tudo, você já notou?

Tudo bem, nada contra os modelos, mas o problema é que, ao simplificar a complexidade do mundo, as pessoas acabaram por crer que o mundo é simplificado. Ou seja: confundiram mapa com território, daí sua perplexidade ao ver que tanta coisa não dá certo. Por outro lado, o êxito tecnológico que a sociedade em geral obteve maravilhou-a. Resta uma pergunta: você considera que ao sucesso tecnológico obtido tem correspondido o sucesso que obtivemos no conhecimento de nós mesmos?

Se respondeu que não, concordo com você. Temos sido extremamente competentes em desenvolver imensa parafernália tecnológica, mas incompetentes em resolver os problemas humanos. Pouco sabemos de nós mesmos.

De qualquer forma, sejam propriamente humanos, sejam propriamente tecnológicos, os grandes problemas do mundo com que hoje nos vemos envolvidos, gerando incerteza e insatisfação, parecem ter em comum uma complexidade sem precedentes e o fato de fazerem parte de uma teia de eventos interdependentes. Não é preciso fazer muito esforço para você concluir que fenômenos dessa natureza também fazem parte da teia de relacionamentos com que lidam as empresas.

Das oscilações do mercado financeiro à complexidade da natureza humana, muito pouco do que faz parte do universo dos gestores faz lembrar a linearidade que, supostamente, caracterizaria o mundo. Efetivamente, o mundo não é uma parada militar. Está muito mais para uma feira livre, onde convivem ordem e desordem. Diante dessa situação, o que se manifesta como um grande desafio, desses que apresentam muitas indagações e oferecem poucas respostas, é o enfrentamento de um ambiente globalizado, com base em uma formação humana cultivada nas famílias, nas escolas, nas empresas, nas organizações em geral, que privilegia o pensamento reducionista, fragmentado, cartesiano (falamos sobre isso no Capítulo 1, lembra-se? Mencionei Adam Smith e René Descartes). Como fazê-lo? Eis aí um impasse. Buscar soluções segundo os mesmos pontos de vista que originaram os problemas é equivalente a enredar-se em definições tautológicas, como um peru girando sobre seu próprio rabo. Existirão saídas? Que você acha?

Se disse que sim, estou de acordo com você. As saídas têm sido sinalizadas por diferentes áreas do saber, além da administração. Veja, por exemplo, que da Física Quântica, à neurociência, várias são as investigações que apontam para um tratamento menos reducionista e compartimentalizado dos fenômenos. Se você acompanha o que vem sendo produzido por estudiosos de todo o mundo, certamente já verificou um nítido movimento em direção à percepção das interdependências, ao entendimento da complementaridade entre os opostos (dia e noite, masculino e feminino, razão e intuição, por exemplo) e o reconhecimento da complexidade da natureza humana. A visão holística,* visão de totalidade, vem-se fazendo presente.

A visão holística pode ser bem ilustrada pela conhecida história dos três pedreiros.

Um viajante passou por um local onde havia três pedreiros, aparentemente utilizando os mesmos materiais e fazendo as mesmas coisas.

Perguntou ao primeiro pedreiro:

– *Que você está fazendo?*

– *Colocando tijolo sobre tijolo* – respondeu.

Perguntou ao segundo pedreiro:

– *Que você está fazendo?*

– *Um muro* – respondeu.

Perguntou ao terceiro pedreiro:

– *Que você está fazendo?*

– *Construo uma catedral.*

Como você pode depreender, os três atuavam localmente, pontualmente, mas só o terceiro tinha a visão de totalidade.

Não é por acaso que Jean-François Chanlat e seus companheiros[1] alertam para a necessidade de incorporarmos a nossas reflexões o que chamaram de *dimensões esquecidas das pessoas*. Se você se lembra, o que historicamente temos privilegiado é a dimensão cognitiva, racional. Outras dimensões, como a intuição, o sentimento, a sensação, a espiritualidade, a energia física, têm ficado de fora; no entanto, cada um de nós tem todas essas dimensões, como seres integrais que somos, e as colocamos todas no trabalho. Não há jeito de você deixar qualquer delas no *freezer* enquanto vai para a empresa e retomá-la quando voltar para casa. Uma pessoa não é uma caixa de leite, um molho de espinafre ou um belo frango a ser assado.

O filósofo Jürgen Habermas,[2] por seu turno, dentro desse esforço de superação dos impasses com que hoje nos defrontamos, desenvolve uma teoria que contrapõe ao agir instrumental* característico do mundo contemporâneo, o que designa por agir comunicativo. Agir instrumental é aquele que faz a mediação entre a teoria e a prática por meio de técnicas (lembra-se, por exemplo, do *Gerente um minuto* do qual lhe falei no Capítulo 1?). Agir comunicativo é aquele no qual a mediação entre teoria e prática é feita pelo diálogo entre as pessoas. A fala é, então, um meio de entendimento, seja pelos questionamentos que provoca, seja pela aceitação, pelo acordo a que conduz. Vital no agir comunicativo de Habermas é que ao discurso (à fala) corresponda realmente a ação, o que implica valores relacionados à busca da verdade e da justiça. Implica ética.

☆

Agir instrumental, para Habermas, é a ação desencadeada por valores utilitaristas que ajusta meios a fins calculados. Foi, por exemplo, o agir de Maquiavel de quem lhes falei no Capítulo 5 e é o agir das economias.

1 CHANLAT, Jean-François. *O indivíduo nas organizações*. São Paulo: Atlas, 1992. v. 1; 1996. v. 2.

2 HABERMAS, Jürgen. *Moral consciousness and comunicative action*. Cambridge: Polity Press, 1990.

Vale aqui destacar as palavras de Gercina Alves de Oliveira:[3]

> *"Dentro desse novo mundo que começa a configurar-se, a tendência é que as organizações cada vez mais ampliem seu papel, deixando de ser somente unidades de produção de bens e serviços para ser também espaços sociais, onde os indivíduos, isolados ou em grupos, possam realizar aprendizagens mais significativas para o desenvolvimento de seus potenciais inexplorados; onde tenham oportunidade de usar seus talentos em prol do próprio desenvolvimento e do desenvolvimento da organização, da sociedade e, numa perspectiva mais ambiciosa, da própria Terra, esta nave onde estamos reunidos para uma mesma viagem."*

O esforço para uma visão mais holística do mundo pode ser observado na Encíclica Papal,* datada de 14-9-98. Sua Santidade João Paulo II recupera uma antiga discussão – fé e razão – para dizer que não faz sentido pensar que uma exclui a outra; ao contrário, uma implica a outra. A fé tem sido tratada pela teologia; a razão, pela filosofia. Diz João Paulo II: teologia e filosofia complementam-se.

A Encíclica Papal, ou seja, a Carta Apostólica *Fides et Ratio* é uma belíssima peça de argumentação que busca justificar a premência de a teologia e a filosofia recuperarem sua relação um tanto perdida no tempo. Essa relação, assevera o Sumo Pontífice, pode levar o homem a transpor os limites postos pela cultura à qual pertence, transcendê-la e encontrar o sentido último de sua existência.

A Encíclica foi publicada pelas Edições Loyola, de São Paulo.

É dentro dos esforços conducentes a uma visão mais holística do mundo em geral que crescente número de pessoas vem buscando as chamadas práticas psicoenergéticas. Você já ouviu falar delas?

____

Se já ouviu, sabe o que são. Se não ouviu, posso informar-lhe que são aquelas práticas que se voltam para os ensinamentos das culturas tradicionais, da filosofia perene (a oriental, por exemplo) e das disciplinas espirituais, embora eu admita que, muitas vezes, tais buscas se deem de forma equivocada e, até mesmo, por motivações não éticas. De qualquer forma, são muitas as propostas que têm sido formuladas para compreender a experiência humana de forma holística, não fragmentada. Você acha que as práticas psicoenergéticas têm sido exitosas?

____

[3] OLIVEIRA, Gercina Alves de. Equipe: instrumento de mudança cultural. In: MOSCOVICI, Fela. *Equipes dão certo*. Rio de Janeiro: José Olympio, 1994.

Se respondeu: *às vezes*, concordo com você. Por quê? Porque as respostas que buscamos só podem surgir da intenção sincera de mudarmos nossos modelos mentais, de passarmos a fazer escolhas em novas bases, de integrarmos no dia a dia das empresas a noção de trabalho significativo e criativo. Caminhar para uma visão mais holística da realidade parece indicar que a dicotomia holismo-fragmentação tem início em nós mesmos, o que significa dizer que cada pessoa deve concentrar em si mesma os esforços de superação da dicotomia apontada. Um conceito precisa ficar claro: você não pode mudar ninguém, embora possa ajudar como mentor; a única pessoa sobre a qual você tem o potencial para mudar é você mesmo. Será o trabalho em equipe um bom recurso para ser utilizado nessa direção?

Se respondeu que sim, concordo com você.

Outra dificuldade com a qual nos defrontamos é que a cultura ocidental (conjunto de valores, crenças, produção do mundo ocidental) da qual fazemos parte valoriza, sobretudo, o trabalho individual. Na escola, todo o processo de recompensa e punição é baseado no desempenho individual. Na empresa, cargos e planos de carreira são, igualmente, baseados em desempenho individual. Diga-me: seu nome já foi para algum "quadro de honra"?

Há ainda a considerar a cultura particular na qual cada empresa está inserida (a de um país, de uma região, de um estado, de uma cidade), ou seja, a cultura que constrói a empresa e que, dialeticamente, é por ela construída. Inúmeros são os estudos sobre cultura, mas vou destacar aqui o de Hofstede, para que você reflita sobre ele.

G. Hofstede[4] fez estudos em uma empresa (IRM), distribuída em 60 países do mundo ocidental e do oriental, trabalhando com quatro dimensões básicas, a saber:

- individualismo e coletivismo;
- nível em que se evita a incerteza;
- distância de poder;
- masculinidade e feminilidade.

Sociedade individualista é aquela na qual a pressão interna é o principal meio de controle e o sentimento de culpa, um elemento de grande influência. Sociedade coletivista, por seu turno, é aquela na qual a pressão social externa é o principal meio de controle, e o sentimento de vergonha ou desonra é um elemento muito forte. Ministros e executivos japoneses, por exemplo, matam-se quando sofrem acusações da sociedade.

Hofstede assegura que o Brasil é uma sociedade coletivista, embora não das mais coletivistas. O autor menciona (surpresa!...) que o Brasil é mais coletivista que o Japão. Os Estados Unidos são o exemplo maior de sociedade individualista.

Segundo Hofstede, o Brasil é, ainda, um dos países onde mais se busca evitar a incerteza e onde é grande a distância do poder, entendida tal distância como a aceitação da distribuição desigual de poder.

---

[4] HOFSTEDE, G. *Culture's consequences*: international differences in work-related values. Londres: Sage, 1984.

O Brasil é, também, um pouco mais feminino do que masculino. Masculinidade refere-se a valores associados à assertividade, firmeza, à aquisição de dinheiro e de bens; feminilidade diz respeito a valores associados aos relacionamentos entre pessoas, preocupação com o próximo e com a qualidade de vida.

Para Hofstede,

> *"As organizações brasileiras geralmente apresentam uma distância de poder tão grande que parecem lembrar a distribuição de renda nacional e o passado escravocrata. A forma como trabalhadores e executivos são tratados parece, de um lado, basear-se em controles do tipo masculino, o uso da autoridade e, de outro, em controle de tipo feminino, o uso da sedução."*

Para você, esses traços de nossa cultura definidos por Hofstede são facilitadores ou obstaculizadores do trabalho em equipe?

Se disse que tanto podem ser facilitadores, quanto obstaculizadores, concordo com você. Veja que a "grande distância do poder", por exemplo, que talvez explique nosso gosto pela hierarquia burocrática, é um dificultador da formação de equipes autogerenciadas. Em compensação, a feminilidade ajuda na comunicação entre os membros da equipe. O segredo é aproveitar os pontos fortes de nossa cultura* e, assim, resolver dificuldades. Não lhe parece?

☆

Sobre cultura brasileira, recomendo-lhe ler os seguintes livros:

ANDRADE, M. *Macunaíma*: o herói sem nenhum caráter. 23. ed. Belo Horizonte: Itatiaia, 1986.

DaMATTA, R. *Carnavais, malandros e heróis*. 5. ed. Rio de Janeiro: Guanabara, 1990.

FREYRE, G. *Casa grande e senzala*. 25. ed. Rio de Janeiro: José Olympio, 1987.

HOLANDA, S. B. *Raízes do Brasil*. 26. ed. São Paulo: Cia. das Letras, 1995.

Sugiro-lhe, ainda, ler as seguintes dissertações de mestrado produzidas por ex-alunos e orientados meus:

RUIZ, Ricardo Nolla. *Clubes de futebol*: um desafio às teorias de gestão. Rio de Janeiro: PUC, 1998.

IRIGARAY, Hélio Arthur Reis. *Os orixás*: mitos e símbolos da administração na terra onde canta o sabiá. Rio de Janeiro: PUC, 1997.

MORAES, Cíntia Melo. *A cultura brasileira revelada no barracão de uma escola de samba*: o caso da família imperatriz. Rio de Janeiro: PUC, 1996.

PALMEIRA FILHO, Pedro Lins. *A qualidade do samba*: um estudo da organização do trabalho no barracão da Escola de Samba Imperatriz Leopoldinense à luz dos conceitos de gestão pela qualidade total. Rio de Janeiro: PUC, 1996.

PINTO, Mario Couto Soares. *Telerj*: cultura e mudança. Rio de Janeiro: PUC, 1996.

Evocando o antropólogo brasileiro Roberto DaMatta,[5] é fácil reconhecer que o brasileiro aprecia as relações sociais.* Ao chegar à empresa, um americano diria: *você viu como as bolsas despencaram*? O brasileiro diria: *ontem fui a uma festa de arromba*! O brasileiro vê a empresa como sua casa. É comum ouvir: "*Fulano está na casa*?" Leia-se: *Fulano está na empresa*? "E, às vezes, o brasileiro faz do empresário o pai, com quem convive entre tapas e beijos. Vale a pena você lembrar que o paternalismo é um traço forte da cultura brasileira; daí o gosto, por exemplo, por políticos que prometem ações assistencialistas, ou por chefes protetores.

☆

Para entender o que ocorre no interior das empresas, muito você ganharia se analisasse outros viveres, outras organizações, como escolas de samba, times de futebol, igrejas, torcidas de clubes, organizações não governamentais, jogo do bicho, circo e por aí afora. Em geral, temos preconceito em analisar esses tipos de organizações, achando que nada há em comum entre elas e as empresas. É como se os membros das empresas nascessem e vivessem em outros solos que não os dessas organizações.

Cíntia de Melo Moraes, Pedro Lins Palmeira e eu fizemos um estudo em outro viver. Debruçamo-nos sobre o barracão (o chão de fábrica, na linguagem empresarial) do Grêmio Recreativo Escola de Samba Imperatriz Leopoldinense. Publicamos um artigo,[6] que é o resultado da pesquisa que realizamos e que chega às seguintes conclusões:

- ✓ no barracão pode ser observada a característica brasileira de lidar com elementos contraditórios, ambíguos;
- ✓ o barracão oscila entre o mundo público das leis universais, aquelas que servem para todos, e o mundo privado da família, dos amigos, da casa. Todavia, é possível dizer que a casa é o ideal do barracão, levando-se em conta a importância que as relações sociais assumem em seus processos de organização do trabalho;
- ✓ o barracão vive em constante estado de vir-a-ser moderno sem, contudo, deixar para trás suas amarras tradicionais. Assim, interagem os modos e os discursos pertinentes ao clássico e ao inovador, ao planejado e à criatividade, à racionalização e ao desperdício, à especialização e à versatilidade, à seriedade e à alegria, ao previsível e ao imponderável, ao sonho e à realização.

Quero abrir aqui um espaço para fazer um comentário sobre o famoso "jeitinho brasileiro", que tem sido tratado de forma bastante pejorativa. "Jeitinho" é sinônimo de criatividade, não de malandragem, embora se usem os dois termos indiscriminadamente. Jeitinho é obter resultados com o que se tem, não com o que se gostaria de ter. Jeitinho foi o que deram os dois médicos britânicos dentro da aeronave, para salvar Paula Dixon, conforme contei no Capítulo 5. Temos de nos orgulhar do jeitinho, portanto. Do que não podemos nos orgulhar é da malandragem, do querer tirar vantagem em tudo. A malandragem pode ter cheiro de corrupção. E isso, efetivamente, não é bom.

---

[5] DaMATTA, Roberto. *A casa e a rua*. Rio de Janeiro: Guanabara, 1987.

[6] VERGARA, Sylvia Constant; MORAES, Cíntia de Melo; PALMEIRA, Pedro Lins. A cultura brasileira revelada no barracão de uma escola de samba: o caso da família Imperatriz. In: MOTTA, Fernando P.; CALDAS, Miguel Pinto. *Cultura organizacional e cultura brasileira*. São Paulo: Atlas, 1997.

Motta,[7] citando Duby, aponta ainda como traços da cultura brasileira:

"gosto por ideias gerais de retórica e de literatura, de paixão pelo jogo e horror à solidão, de desigualdade entre os sexos, de busca de felicidade no presente, de intensa expressão de emoções, de amor ao espetáculo, de exaltação da paixão amorosa e de dramatização da morte. Em suma, um quadro de intensa latinidade e africanicidade."

A um profissional da TV Globo perguntei por que o personagem Ângela, de Cláudia Raia na novela *Torre de Babel*, não tinha tido a aceitação do público. Respondeu-me: *Porque ela era má*. Retruquei: *Em outras novelas tivemos personagens más, como a Odete Roitman, de Beatriz Segall, e a Branca, de Susana Vieira, que o público adorava ver na telinha*. Respondeu-me ele: *Você tem razão. O público não gostava da Ângela, porque ela era fria, calculista. Brasileiro gosta de personagens más que façam muito barulho, tenham acesso de fúria, sejam espirituosas, sedutoras. É o nosso sangue latino*.

Bem, os pontos apontados por DaMatta e por Motta podem ser facilitados: ou dificultadores do trabalho em equipe?

Se disse que ambos, concordo com você. O paternalismo, por exemplo, pode ser um dificultador, mas a busca de felicidade no presente e o gosto pelas relações sociais podem ser um facilitador. Veja o que disse Julían Marias, filósofo e ensaísta espanhol (Revista *Exame Vip*, 17-4-91), de certa forma contrariando Hofstede:

> *"Basta estar numa rua brasileira para sentir a palpitação das vidas individuais. Nelas não há 'massas', há inumeráveis pessoas, ou, melhor ainda, homens e mulheres. Não são autômatos, nem vão impulsionadas por uma corrente ou um vento coletivo. Se não me equivoco, essa é a grande potência do Brasil, e seria um tremendo erro deixá-la perder ou mudá-la por outra, boa para outras formas de sociedade, porém inadequada para esta. Há que organizar o Brasil partindo dessa força individual, desse manancial, que talvez se mal gasta e se dissipa, porém que é o que há – a verdadeira riqueza."*

Outro traço da cultura brasileira é certo "complexo de inferioridade". Tendemos a valorizar o que é estrangeiro, mesmo que não seja lá grande coisa, em detrimento do que é nosso. Mas isso está mudando.

Se há dificuldades no que se refere aos traços de nossa cultura, imagine equipes formadas por pessoas de culturas diferentes, já bem comum na época de globalização em que vivemos. Dourival de Souza Carvalho Jr. e eu já nos debruçamos sobre essa questão.[8] Hoje, os maiores problemas conflituosos não estão referidos à economia ou à política; antes, à cultura, gerando o que Toffler designa por *postulações tribais*. Que fazer? Vale aqui, para o coletivo, o mesmo que para o nível individual: a máxima do Oráculo de Delfos, ou seja,

---

7 MOTTA, Fernando Prestes. Cultura e organização no Brasil. In: MOTTA, Fernando P.; CALDAS, Miguel Pinto. Cultura organizacional e cultura brasileira. São Paulo: Atlas, 1997.

8 VERGARA, Sylvia Constant; CARVALHO JR., Dorival de Souza. Refletindo sobre as possíveis consequências da análise organizacional apoiada em referências estrangeiras. *Revista de Administração Pública*, Rio de Janeiro: Fundação Getulio Vargas, v. 30, nº 6, nov./dez. 1996.

conhece-te a ti mesmo. Os traços de determinada cultura presente em cada pessoa são a régua com que se avaliam pessoas de outras culturas. Portanto, para compreendê-las e com elas formar equipes, é preciso que conheçamos a cultura que nos constrói e que é por nós construída.

Bem, várias foram as dificuldades, aqui apontadas, que se põem num trabalho em equipe. Você pode, num esforço de síntese, elencá-las?

____

____

____

____

____

Creio que, como eu, você elencou:

- ❑ visão fragmentada do mundo;
- ❑ desprivilegiamento de outras dimensões humanas;
- ❑ agir instrumental;
- ❑ pouca utilização de práticas psicoenergéticas;
- ❑ ênfase ao trabalho individual;
- ❑ certas características culturais.

Pergunto-lhe: diante dessas dificuldades, como trabalhar em equipe? Antes disso: que é uma equipe? Por que trabalhar em equipe?

3 Que é uma Equipe?

Um conjunto de pessoas trabalhando juntas é apenas um conjunto de pessoas. Para que se torne uma equipe é preciso que haja um elemento de identidade, elemento de natureza simbólica, que una as pessoas, estando elas fisicamente próximas, ou não. Nesse caso, são conhecidas como equipes virtuais.

Como Alberto Trope[9] nos lembra, a tecnologia da informação permite a formação de equipes virtuais por meio de, por exemplo, redes de computadores, videoconferências, computação móvel, *workgroup computing*. Redes de computadores é uma designação que engloba qualquer sistema interconectante de centros de processamento e terminais. Videoconferências são reuniões com pessoas que se encontram em locais diferentes; utilizam imagens em movimento e efeitos sonoros. Computação móvel é aquela que permite processar informações em equipamentos portáteis conectados a redes ligadas remotamente. *Workgroup computing* é um conjunto de *softwares* que se destina a auxiliar o trabalho em grupo.

A tecnologia da informação permite a formação de estruturas em rede, nas quais a informação pode fluir em todas as direções, mitigando os pontos de estrangulamento da tão conhecida estrutura piramidal.

[9] TROPE, Alberto. *Organização virtual*: impactos do teletrabalho nas organizações. Rio de Janeiro: Qualitymark, 1998.

O elemento de identidade que une as pessoas está revelado nas normas, nos processos, nos objetivos, na situação, na causa (aquilo que os líderes têm, lembra-se?). A identidade irradia um valor. Charles Handy, do qual já falei no Capítulo 5, ao explicitar seu pensamento sobre o funcionamento de grupos, esclarece com um exemplo:

> *"Uma dúzia de indivíduos num bar, por obra do acaso, não é um grupo, embora possam esses indivíduos estar interagindo (conversando), ter um objetivo comum (beber e socializar-se) e ter consciência uns dos outros. Mas coloquemos essas mesmas pessoas numa situação de emergência – por exemplo, tomadas de surpresa, por um incêndio no bar – então aquela coleção de pessoas, formada ao acaso, irá tornar-se um grupo, começará a ter alguma identidade coletiva. (...) Objetivos comuns, critérios definidos de associação, hierarquias predeterminadas não são suficientes sem esta percepção (de ver-se como membro de um grupo) por parte dos membros."*

Veja que não se trata de homogeneizar todo mundo. Trata-se de integrar as diferenças individuais num todo que, embora preservando-as, é maior do que elas.

Há um estudo muito interessante sobre o funcionamento de grupos, que foi desenvolvido por Bion,* psicólogo inglês. Ele diz que, quando um grupo se reúne, constitui simultaneamente dois grupos simbólicos: grupo de trabalho ou refinado e grupo primitivo. O grupo refinado valoriza a experiência e a aprendizagem e possui elementos de ordem, de organização. Está disposto a reformular suas regras e aberto para aprender. Predominantemente, está voltado para a tarefa que tem de ser realizada. O grupo primitivo é, basicamente, impermeável à experiência e, se esta mostra que o grupo está errado, o grupo argumenta que a experiência é que está errada. Esse grupo odeia aprender, porque isto significa pôr em cheque muitas de suas pressuposições e comportamentos.

W. R. Bion (1897-1979) foi um dos mais destacados membros da Sociedade Psicanalítica Britânica, tendo escrito inúmeras obras das quais se destacam: *Aprendendo da experiência e Elementos de psicanálise.*

Um grupo refinado pode, de um momento para outro, comportar-se primitivamente. Por exemplo: quando uma companhia de aviação chama os passageiros para embarque e, a despeito dos assentos marcados, as pessoas disputam o portão de entrada; quando as pessoas em uma reunião social, conversando polidamente, são convidadas a servir-se e disputam o acesso aos pratos. A passagem do grupo refinado para o primitivo tende a surgir em situações de alguma ameaça. Por exemplo, não poder colocar a valise de mão no compartimento da aeronave bem próximo a seu assento, ou ver seu prato preferido acabar antes que você tenha tido acesso a ele.

Para você, uma equipe traduz-se como um grupo refinado ou um grupo primitivo?

Se respondeu que uma equipe traduz-se como um grupo refinado, concordo com você. Mas aqui para nós, nem sempre. Somos humanos, lembre-se; portanto, existe em cada um de nós as características do que constitui um grupo primitivo. O segredo é buscarmos sempre aprender o que caracteriza um grupo refinado.

Em geral, há na equipe uma zona central que pode ser identificada como liderança. Isso significa dizer que uma empresa não tem um líder só, mas vários líderes?

Se você disse que uma empresa é um celeiro de várias lideranças, estamos de acordo. Mas a pergunta que agora coloco é: por que trabalhar em equipe? Pergunto eu a você, oferecendo-lhe opções para você marcar:

1. agilidade na captação e no uso das informações;
2. possibilidade de comunicação cautelosa;
3. ausência de procedimentos;
4. ideias mais ricas;
5. assunção de riscos;
6. enfraquecimento de propósito;
7. comprometimento.

Veja se sua resposta coincide com a minha. Vejo, pelo menos, quatro vantagens, explicitadas nas alternativas 1, 4, 5 e 7.

Vamos ver cada uma delas?

A primeira vantagem de se trabalhar em equipe é a agilidade na captação de informações e em seu uso. Do jeito como o mundo está, já não é possível, como tradicionalmente tem acontecido em administração, o topo da organização decidir como as coisas têm de ser feitas, o corpo médio gerencial decodificar essas decisões para o pessoal das bases e este implementá-las. O corpo médio gerencial é o deus Hermes da administração. A mitologia grega conta que Hermes, deus menor, decodificava a mensagem dos deuses maiores para os mortais. Hermes entendia a linguagem desses deuses e a dos mortais. Como diria Toffler, tinha poder sobre os canais (lembra-se da imagem de Toffler sobre os cubículos e os canais da burocracia, da qual falei no Capítulo 5?). Nos dias correntes, percorrendo caminho tão longo, quando a mensagem chegar às bases, "já era"!

Outra vantagem do trabalho em equipe é que, embora se possa admitir que, no geral, equipes produzem menos ideias e, às vezes, mais lentamente do que pessoas que trabalham individualmente, tais ideias são mais ricas, mais elaboradas, de mais qualidade, porque se baseiam em diferentes visões do fenômeno sob estudo. Quer fazer uma brincadeira? Chame dois colegas seus. Peça a um deles que se coloque na frente de seu computador e o outro, atrás. Solicite a cada um para descrever o computador que vê. Certamente, um dirá que vê uma tela, a marca etc. Outro dirá que não vê tela alguma; apenas uma tampa. Ora, qual dos dois descreve mais corretamente o computador?

Se você disse que os dois, em conjunto, estamos de acordo. Cada um deles vê parte do computador. Os dois já se aproximam muito mais da descrição total do computador. Essa brincadeira, que se baseia em posições geográficas, físicas, pode ser extrapolada para posições políticas, ideológicas, técnicas e assim por diante. Daí, por exemplo, a riqueza advinda do trabalho em equipe multidisciplinar, aquela que, composta por pessoas de diferente formação escolar e profissional, busca romper com a visão fragmentada que temos das coisas. Roberto Crema[10] ilustra tal visão:

> "*Cada um aperta,* ad infinitum, *o parafuso que lhe cabe. A genial sátira de Chaplin,* Tempos modernos, *muito bem o demonstra. O filósofo pensa, o matemático calcula, o seminarista reza, o padeiro faz pão, o poeta sente, o marceneiro martela, o místico delira, o cientista comprova, o professor ensina... e tantos parafusos mais. (...) Alienados da consciência da inteireza, sofremos de um tipo de invalidez psíquica e de certa imbecilidade funcional. Enfim, de infelicidade crônica.*"

Posso ainda arrolar como vantagem do trabalho em equipe que equipes têm tendência maior a assumir riscos, porque a responsabilidade pelos resultados fica compartilhada. A pessoa pode deixar vir à tona o que está nela interiorizado e a equipe pode obter resultados criativos.

A última vantagem que assinalei refere-se ao comprometimento. Quando o poder é compartilhado, o que é o caso do trabalho em equipe, no geral as pessoas sentem-se responsáveis pelo resultado e engajam-se no processo. Há, aí, um componente de cumplicidade. As pessoas sentem-se motivadas. Na sociedade agrícola e na industrial prevalecia a imposição (chefe e subordinados). A sociedade de informação requer outro tipo de relação, porque pessoas informadas questionam. Contudo, não é o caso de pensarmos numa empresa plenamente democrática, porque isso não existe. Autonomia não é sinônimo de soberania. Autonomia tem seus limites. Do que falo aqui, o sociólogo Anthony Giddens chamaria de "terceira via". Uma via que incorpora o lado bom do controle, assim como valores como liberdade e justiça. Uma via que fala menos em imposição e mais em convencimento e negociação. Uma via que aponta para direitos e deveres.

Bem, você me dirá: "*mas há problemas*". Claro que há. Um deles, certamente, está referido ao funcionamento da equipe, do grupo.

4 O Funcionamento do Grupo

Segundo Bion, a operação interna básica de um grupo é a comunicação, que está associada à operação de manutenção, a qual visa impedir que o grupo se desfaça.

Quando uma pessoa ingressa num grupo, simbolicamente o grupo faz-lhe promessas de reconhecimento e recompensa se a pessoa comportar-se conforme o esperado pelo grupo. Se não for assim, o grupo acena-lhe com o ostracismo. Às vezes, aquele que o grupo considera como tendo um comportamento divergente é mantido. Tal se dá porque o grupo precisa ilustrar o que é um comportamento equivocado ou precisa de um bode expiatório sobre o qual lançar a culpa se alguma coisa não der certo.

---

[10] CREMA, Roberto. *Rumo à nova transdisciplinaridade*. São Paulo: Summus, 1993.

W. C. Schutz,[11] por seu turno, afirma que os grupos humanos têm três necessidades interpessoais básicas, a saber: inclusão, controle e afeição.

A necessidade de inclusão revela-se na fase inicial de formação do grupo. É como se fosse uma fase de exploração do terreno, na qual a pessoa busca encontrar sua posição no grupo. Será aceita? Ficará à margem? Terá o sentimento de "pertencimento"? Nessa fase, as ideias estão imprecisas e o senso de propósito não é ainda compartilhado.

A necessidade de controle apresenta-se depois da fase de inclusão. É marcada por sutis jogos de poder. É a queda de braço simbólica, às vezes o choque de lideranças.

A necessidade de afeição revela-se depois da fase de controle, com trocas afetivas, comunicação verbal e não verbal, manifestações de carinho e de hostilidade, de harmonia e de tensão, de alegria e de tristeza. É a fase do reconhecimento de diferenças.

Para Schutz, (a) nem sempre as fases aqui apresentadas acontecem nessa ordem; (b) a sequência das fases pode repetir-se e (c) o que une as pessoas no grupo é o abraço psicológico.

Um "abraço psicológico", penso eu, requer aprendizagem anterior: a de lidar com diferenças.

5 Lidando com Diferenças

Se você se lembra do que vimos no Capítulo 2, uma das diferenças entre os membros da equipe está referida aos valores e crenças das pessoas, suas visões de mundo e as motivações que conduzem a seus comportamentos. Como diria Gareth Morgan,[12] que fortemente recomendo para leitura, organizações são espaços nos quais existem interesses potencialmente diversos e conflitantes.

Outra diferença, também como vimos no Capítulo 2, diz respeito à função psíquica predominante na pessoa (sensação, sentimento, razão, intuição), sobre a qual Jung teorizou. Uma vez, em um curso para executivos, perguntei-lhes se consideravam que uma equipe produziria trabalho de maior qualidade se seus membros tivessem funções psíquicas predominantemente semelhantes, ou diferentes. Um dos executivos respondeu: "*diferentes*". Continuei: "*por quê?*" Respondeu ele: "*porque na minha empresa quem canta de galo sou eu!*" Ai, que tristeza! Mas nem tudo ficou perdido. Outros executivos responderam que o motivo pelo qual o trabalho teria mais qualidade é porque a carência de um dos membros da equipe seria suprida pelo que estava presente em outro. Contaram-me até o que ocorria com uma dupla de criação, aquela dupla de marketing, na época de enorme sucesso. Uma das pessoas era altamente intuitiva e a outra, altamente racional. Como funcionavam? Quando uma voava demais, a outra dizia: "*Ponha os pés no chão, a propaganda tem de ser exequível.*" Quando a outra se colava no chão, a primeira dizia: "*Voe, arrisque, sonhe, crie.*" E assim, elas se complementavam, como o dia e a noite, o Sol e a Lua, a superfície e a profundidade, o masculino e o feminino, o *yang* e o *yin*.*

11 SCHUTZ, W. C. *Psicoterapia pelo encontro*. São Paulo: Atlas, 1978.

12 MORGAN, Gareth. *Imagens da organização*. São Paulo: Atlas, 1996.

Na filosofia chinesa, *yang* e *yin* são as duas forças energéticas do *Tao*, o caminho, o fluxo, a transformação. A apreensão por nós, ocidentais, do que, verdadeiramente, significa o *Tao* é muito difícil. Todavia, pode-se dizer que o *Tao* se manifesta na contínua interação de dois polos da realidade: o luminoso e o sombrio. *Yang* e *yin* são distintos, mas não podem ser separados. Eles se completam. Além disso, um contém o germe do outro. *Yang* é luz, Sol, masculino, expansão, agressividade, superfície, racionalidade. *Yin* é sombra, feminino, Lua, interiorização, receptividade, profundidade, intuição. A qualidade da vida está na interação dinâmica dessas duas forças energéticas, na permanente oscilação entre esses dois polos.

Outra diferença está relacionada a nosso tipo de inteligência. Howard Gardner[13] desenvolve teoria interessante. Define inteligência como:

> "*capacidade de resolver problemas ou elaborar produtos que são importantes num determinado ambiente ou comunidade cultural. A capacidade de resolver problemas permite à pessoa abordar uma situação em que um objetivo deve ser atingido e localizar a rota adequada para esse objetivo. (...) Os problemas a serem resolvidos variam desde teorias científicas até composições musicais para campanhas políticas de sucesso*".

Gardner vê sete inteligências, a saber: musical, corporal-cinestésica, lógico-matemática, linguística, espacial, interpessoal e intrapessoal. Qual a inteligência predominante em Picasso, em Madame Curie, em Martin Luther King, em Sidarta Gautama (que se tornaria Buda), em você? Arrisque uma resposta.

____

____

____

Arriscou? Agora confirme, de acordo com as informações que lhe passo. Vamos lá?

Inteligência musical é a capacidade de lidar com a música, como têm os que tocam determinado instrumento musical e os que compõem. Gardner menciona que certas partes do cérebro, caracteristicamente localizadas no hemisfério direito, desempenham papel relevante na produção musical. Como se vê, essa é a inteligência de Artur Moreira Lima e de Tom Jobim, por exemplo. Você pode mencionar outras pessoas?

____

Inteligência corporal-cinestésica está referida ao movimento corporal, cujo controle está no córtex motor. Nos destros, o domínio desse movimento está no hemisfério esquerdo. Argumenta Gardner:

13 GARDNER, Howard. *Inteligências múltiplas*: a teoria na prática. Porto Alegre: Artes Médicas, 1995.

> *"A capacidade de usar o próprio corpo para expressar uma emoção (como na dança), jogar um jogo (como num esporte) ou criar um novo produto (como no planejamento de uma invenção) é uma evidência dos aspectos cognitivos do uso do corpo."*

Ana Botafogo, Pelé e Garrincha são exemplos de inteligência corporal-cinestésica. Você pode mencionar outros exemplos?

Inteligência lógico-matemática é, frequentemente, rotulada de "pensamento científico". Incessantemente pesquisada por psicólogos, a inteligência lógico-matemática é, no dizer de Gardner, o arquétipo (modelo, padrão, conceito maior) da "inteligência pura". Acrescenta o autor:

> *"Há idiotas sábios que realizam grandes façanhas no cálculo, mesmo que continuem sendo tragicamente deficientes na maioria das outras áreas. As crianças-prodígio, na matemática, existem em grande número. O desenvolvimento desta inteligência nas crianças foi cuidadosamente documentado por Jean Piaget* e outros psicólogos."*

> Jean Piaget nasceu na Suíça, em 1896, e aos 22 anos já era doutor em ciências naturais. De grande reputação no meio científico, sendo mesmo por muitos considerado como o mais importante teórico do desenvolvimento intelectual humano, sua contribuição maior foi a teorização sobre a evolução mental da criança.
>
> Para Piaget, o desenvolvimento intelectual ocorre por meio de dois mecanismos: organização e adaptação. Organização é a transformação de processos simples em estruturas mentais mais elevadas, que compõem a forma pela qual as pessoas consideram o mundo. Adaptação é a mudança permanente que ocorre em cada pessoa, por conta de sua interação com o ambiente. A pessoa assimila experiências, adapta-as às estruturas mentais já existentes e modifica-as de modo a permitir a inclusão de novas experiências.

Nosso conhecido Einstein, provavelmente, é um bom exemplo de inteligência lógico-matemática. Madame Curie também. Você pode mencionar outras pessoas?

Inteligência linguística diz respeito à linguagem e, tal como a lógico-matemática, tem sido privilegiada nos estudos sobre inteligência. W. Peterson,[14] embora não se tenha dedicado a tais estudos, dá um belíssimo exemplo da inteligência linguística.

Evocando Shakespeare e sua obra *Júlio César*, Peterson revela que o célebre autor inglês atribui a Marco Antônio uma peça oratória que se traduz como magnífico exemplo de discurso persuasivo. Você se lembra da história de Júlio César, não lembra? Além de ter sido imperador romano e de amar

[14] PETERSON, W. *Curso de persuasão*. São Paulo: Ibrex, 1973.

Cleópatra, César ficou conhecido por ter sido assassinado por um de seus colaboradores: Brutus. Pois bem, falando aos romanos sobre o assassínio de Júlio César por Brutus, os quais aprovaram, primeiro Marco Antônio, amigo de César, conquistou a audiência, dizendo:

> *"Amáveis Romanos! Amigos Romanos, concidadãos, prestai-me atenção. Aqui estou para enterrar César e não para louvá-lo. (...) O nobre Brutus vos afirmou que César era um ambicioso. Se assim o era, ele cometeu uma falta grave, mas já pagou por ela. Aqui, com a permissão de Brutus e seus companheiros – porque Brutus é um homem respeitável e assim são todos os homens de bem – venho falar-vos nos funerais de César. Era meu amigo; foi justo e leal comigo. Brutus, porém, disse que ele era um ambicioso e Brutus é um homem respeitável."*

Marco Antônio não acusou Brutus diretamente, nem o povo romano, porém todo o tempo, com exemplos de ações de César, punha os corações dos romanos já em dúvida quanto à acusação de o imperador ter sido um homem ambicioso, o que justificaria seu assassínio. E continuou, já dando ao termo *respeitável* um sentido pejorativo:

> *"Ontem, a palavra de César podia dominar o mundo; hoje ele jaz aqui e o mais pobre dos homens não o venera. Senhores! Se eu vos quisesse despertar, inflamar os vossos corações e as vossas mentes com a revolta e a cólera, acusaria Brutus, acusaria Cássio que, todos vós sabeis, são homens respeitáveis. (...) Aqui está um pergaminho com o sinete de César; é o seu testamento. Se ouvísseis a leitura desse testamento, tenho a certeza de que todos vós beijaríeis as feridas de César, assassinado."*

A esta altura, o povo, já ligado em Marco Antônio, clamou:

> *"O Testamento! Queremos ouvir a leitura do testamento!"*

E Marco Antônio continuou:

> *"Quereis ser pacientes? Quereis esperar um pouco? (...) Brutus, como todos vós o sabeis, era o anjo de César. Sabeis, ó deuses, quanto César o amava. Quando o nobre César se viu apunhalado, a ingratidão, mais forte que as armas dos traidores, o venceu."*

Como você pode perceber, Marco Antônio, com a plateia "já na sua", numa lógica impressionante virou a mesa e substituiu a palavra *respeitáveis* pela palavra *traidores*. Depois, leu o testamento:

> *"Para cada cidadão romano, para cada um de vós, deixa setenta e cinco dramas. Além disso, deixou para vós todos os jardins, todo seu parque e os novos pomares."*

Olhando o povo, falou:

> *"Chorais agora e percebo que vos sentis comovidos. Almas sensíveis!"*

E exibindo o manto de César coalhado de sangue, disse:

"Olhai aqui, vede o próprio César dilacerado pelos traidores."

Clamou, então, o povo romano:

"Vingança! Vamos buscar os traidores!"

O objetivo de Marco Antônio foi alcançado.

Lindo exemplo de discurso persuasivo, não? É um clássico em estudos de persuasão. Você já teve oportunidade de, com seus pares, gestores, clientes atuais e potenciais, fornecedores, construir um discurso de convencimento assim?

Se você disse que sim, parabéns! Se disse que não, lembre-se de que a inteligência linguística é apenas uma das mencionadas por Gardner; portanto, nada de ficar com a sua autoestima fragilizada.

Inteligência linguística é a que tem, por exemplo, bons advogados, alguns chefes de seitas religiosas e bons vendedores. Você conhece alguém assim?

Inteligência espacial é a necessária às artes visuais e à solução de problemas espaciais. Gardner cita como exemplo o sábio idiota Nadia que, autista,* já em idade pré-escolar *desenhava com impressionante exatidão e destreza representacional*. Arquitetos, engenheiros, artistas plásticos são bons exemplos de inteligência espacial. Lúcio Costa, Di Cavalcanti e Picasso são bem ilustrativos. Você pode mencionar outros exemplos?

> Autista é a pessoa presa a um fenômeno psicológico que a leva a desligar-se do mundo exterior e a criar um mundo mental autônomo, só dela.

Inteligência interpessoal está relacionada à capacidade de relacionar-se com outras pessoas. Nas palavras de Gardner:

> *"A inteligência interpessoal está baseada numa capacidade nuclear de perceber distinções entre os outros; em especial, contrastes em seus estados de ânimo, temperamentos, motivações e intenções. Em formas mais avançadas, esta inteligência permite que um adulto experiente perceba as intenções e desejos de outras pessoas, mesmo que elas os escondam. Essa capacidade aparece numa forma altamente sofisticada em líderes religiosos ou políticos, professores, terapeutas e pais."*

Para Gardner, os lobos frontais do cérebro desempenham papel importante na inteligência interpessoal. De minha parte, ouso arriscar dizer que foi a inteligência predominante de Martin Luther King e que ela é a inteligência necessária aos negociadores.* Você conhece alguém privilegiado por esse tipo de inteligência?

Negociação é um caso particular de troca, na busca de um acordo. É um jogo, cujos jogadores utilizam, predominantemente, a inteligência interpessoal, a linguística e a lógico-matemática. A negociação envolve percepções e expectativas dos jogadores, razão e emoção, planejamento, organização e decisão. Utiliza manobras e meios de persuasão. A negociação é um dos mais relevantes meios de que a sociedade dispõe para dirimir suas divergências, embora nem sempre a utilize.

Inteligência intrapessoal diz respeito ao autoconhecimento, aos aspectos internos, subjetivos* de uma pessoa. Afirma Gardner:

A questão da subjetividade tem sido foco de estudos, muito antes que a Psicanálise tivesse surgido. Santo Agostinho, talvez o maior filósofo cristão da Idade Média (nasceu em 354), desenvolveu essa questão, a que chamou de "interioridade". Para o filósofo, a interioridade é o lugar da verdade; portanto, é olhando para seu interior que o homem descobre a verdade.

> *"Inteligência intrapessoal é o acesso ao sentimento da própria vida, à gama das próprias emoções, à capacidade de discriminar essas emoções e, eventualmente, rotulá-las e utilizá-las como uma maneira de entender e orientar o próprio comportamento."*
>
> E acrescenta, comparando a inteligência interpessoal com a intrapessoal:
>
> *"A inteligência interpessoal nos permite compreender os outros e trabalhar com eles; a inteligência intrapessoal nos permite compreender a nós mesmos e trabalhar conosco."*
>
> Você conhece alguém assim?

De minha parte, arrisco dizer que a inteligência intrapessoal era a predominante em Sidarta Gautama.

Em livro que escreveu mais tarde, em 1997 (*Extraordinary minds*), Gardner apresenta um oitavo tipo de inteligência: a naturalista. Diz respeito à capacidade de apreensão do mundo natural. Era a inteligência predominante em Darwin.

Uma observação: veja que pessoas de alto desenvolvimento num tipo de inteligência podem ter baixo desenvolvimento em outros. Um bom exemplo é Einstein, pai negligente e marido infiel que humilhava a mulher e a tratava como ser inferior. Outro exemplo é Karl Marx, também marido que com relação à mulher tinha comportamento semelhante. Outro ainda é aquele diretor de uma grande empresa do ramo de comunicação de que falei no

Capítulo 2. Como diria Daniel Goleman,[15] essas pessoas tinham (tem) alta inteligência intelectual e baixa inteligência emocional.

Entretanto, o que vale aqui ressaltar é que cada um de nós tem todos os tipos de inteligência apontados por Gardner, porém um predomina sobre os outros. E mais: que todos esses tipos estão presentes numa equipe. O pulo do gato é aproveitar cada inteligência no que ela tem de melhor. Pergunto-lhe: qual a que vai predominar na liderança de uma equipe? E qual vai facilitar para a equipe um comportamento mais harmonioso?

Se respondeu que a inteligência interpessoal é a predominante nos líderes das equipes e que a inteligência intrapessoal é a que mais facilita o comportamento harmonioso da equipe, concordo com você.

Outra diferença com a qual temos de aprender a lidar é com os critérios que as pessoas usam para avaliar determinada situação, todos eles atrelados a sua própria história de vida. Vamos fazer um teste? Veja as figuras a seguir, apropriadas de Roger Von Oech:[16]

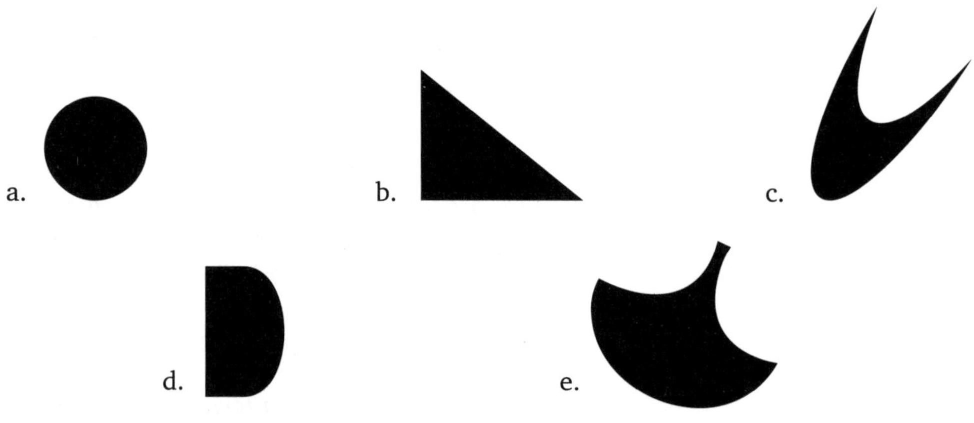

Agora, rapidamente, diga-me qual delas é diferente de todas as outras. Seja rápido na resposta. Não vale pensar muito.

Se você disse que é a figura **a**, acertou, porque é a única sem pontos de ruptura; é redondinha. Se você afirmou que é a figura **b** também acertou, porque é a única que só tem linhas retas. Se você assinalou a figura **c**, acertou, porque é a única assimétrica. Se você disse que é a figura **d**, também acertou, pois é a única que tem uma linha curva e uma reta. Se você assinalou a figura **e**, acertou, pois é a única que apresenta a projeção de um triângulo não euclidiano sobre o espaço euclidiano.

Se você respondeu que todas as figuras são diferentes umas das outras, parabéns. Você tem mente flexível.

15 GOLEMAN, Daniel. *Inteligência emocional*. Rio de Janeiro: Objetiva, 1996.

16 OECH, Roger Von. *Um toc na cuca*. São Paulo: Cultura, 1988.

Que você pôde aprender com o exercício?

____

____

____

____

____

____

Vou usar minha bola de cristal. Você disse que aprendeu (ou confirmou a aprendizagem) que:

- não há resposta única para os problemas com os quais nos defrontamos, daí a riqueza que pode ser gerada num trabalho em equipe;
- diferentes critérios podem conduzir a respostas diferentes, daí a premência de compreender o ponto de vista do outro para que o entendimento entre os membros da equipe se faça;
- a forma pela qual se faz uma pergunta pode induzir a determinado tipo de resposta, daí a necessidade de você estar alerta para não cair em armadilhas, em cantos de sereia. Veja que, no caso, perguntei-lhe: "*Qual a figura diferente?*" Provavelmente, a pergunta – no singular – ensejou uma resposta também no singular.

Além das diferenças apontadas, existem outras, referidas a caráter e a temperamento. Arrisco-me a identificar algumas. Veja se você também as identifica:

▲ é possível que numa equipe você possa encontrar aquela pessoa bem-humorada, que tem o dom de desviar a atenção das pessoas para o que, no momento, interessa, mas também de levantar o astral do grupo;

▲ é possível que encontre o brigão, aquele cuja máxima é: "*se hay gobierno, soy contra*". Ele tem o dom de irritar, ou amedrontar o grupo, mas também de provocar-lhe esforço de argumentação e de desenvolvimento da inteligência interpessoal;

▲ há o tímido, aquele que não consegue expor seus pontos de vista. Tem o dom de, às vezes, fazer-lhe perder propostas que poderiam ser valiosas, mas igualmente de fortalecer sua capacidade de provocar a motivação;

▲ é possível que você encontre o presunçoso, o homem vaidoso de que fala Geertz (ver Capítulo 2). Tem o dom de atrair-lhe, acriticamente, por "seus grandes feitos", mas também de provocar-lhe o exercício da crítica;

▲ há o doutor sabe-tudo, bem informado. Às vezes, consegue irritar com sua "sapiência", mas, igualmente, consegue levá-lo a fortalecer suas (de você) argumentações;

▲ há o cauteloso, aquele que pisa em ovos. Tem o dom de deixá-lo impaciente (*Qual é o ponto? Qual é o ponto?*), mas também o de revelar seu (de você) autocontrole e domínio técnico;

- é possível encontrar o falante, aquele que fala pelos cotovelos (dizem que é uma forma de livrar-se de si mesmo). Como o bem-humorado, tem o dom de desviar a atenção do que está sendo tratado, mas, igualmente, de testar sua capacidade de, habilmente, colocar limites;
- é possível encontrar o desconectado. Quando você diz alguma coisa, ele responde com outra completamente diferente, seja porque é um alienado, seja porque quer aproveitar a situação para exibir-se. Tem o dom de deixar você perplexo, mas também o de provocar-lhe a maestria no exercício da paciência;
- é possível encontrar o conciliador, hábil na arte de negociar. Tem o dom de ser entendido como aquele que fica em cima do muro, mas também o de ensinar que negociar é uma excelente forma de resolver divergências;
- há aquele que diz 1.000 palavrões e espera vencer no grito. Tem o dom de fazer com que as pessoas, para não gerarem atrito, cedam, mas, também, tem o dom de fortalecer as pessoas para não se deixarem levar pelo medo;
- há aquele que chamo de redemoinho. Gira as pessoas no meio de um tufão de palavras e gestos. Tem o dom de fazer com que elas, sem tempo para pensar, acabem fazendo o que ele quer, mas, igualmente, tem o dom de ensiná-las a ter os pés firmes no chão;
- há aquele que, de três palavras que diz, duas são em inglês. Por que dizer *alvo* se pode dizer *target*? Por que dizer *habilidade*, se pode dizer *skill*? Por que dizer *última palavra*, se pode dizer *up-to-date*? Pode até não dominar seu idioma pátrio, mas quer demonstrar que conhece outro idioma. Pessoas assim têm o dom de menosprezar sua cultura* e contribuir para nossa vocação de colonizados, mas também de alertar-nos que, num mundo globalizado, falar outra língua é fundamental.

Há um artigo de Roberto Pompeu de Toledo, sob o título "Contribuições para uma etnologia do pontapé", publicado na Revista *Veja*, de 3-6-98, que é ilustrativo de um traço de nossa cultura.

Lembrando Frank Sinatra, diz que ele brigava com soco. Americano briga com soco, apoiando-se fortemente nas pernas. Já o brasileiro briga com as pernas; é da pernada, do chute, que requer jogo de cintura. Daí a paixão dos brasileiros pelo futebol, conclui Toledo.

Às observações do jornalista posso acrescentar outras: a capoeira é nossa modalidade de luta herdada dos africanos e a dança é o prazer do brasileiro. Ambas exigem flexibilidade das pernas.

Essa especulação de Toledo, a qual ouso acrescentar a minha, pode ter ainda desdobramentos: o americano acostumou-se a lidar com economia estável. As pernas estão firmes. É um técnico invejável. O brasileiro aprendeu a equilibrar-se com economia instável. As pernas se movem e a cintura também. É um sujeito criativo "pra chuchu".

Outras diferenças podem ainda ser apontadas, como a de gerações (reveja o Capítulo 4).

Você é capaz de identificar pessoas assim em seu ambiente de trabalho? É capaz de arrolar outros tipos? E você? Em que tipo se enquadra? Ah! Peguei-o, hein?

Bem, faça aqui um resumo, listando as diferenças apontadas.

____

____

____

____

____

Certamente, sua lista contempla as seguintes diferenças:

- ❑ valores, crenças, visões de mundo, motivações;
- ❑ funções psíquicas;
- ❑ tipos de inteligência;
- ❑ critérios para avaliações;
- ❑ caráter e temperamento.

Lidar com diferenças não é tarefa fácil. É preciso, porém, praticá-la. Thich Nhat Hanh,[17] afirma que Buda disse:

> *"Se alguém estiver numa margem e quiser ir para a outra, terá de usar um barco ou atravessar o rio a nado. Ele não pode simplesmente rezar: 'Oh, outra margem, por favor venha até aqui para que eu possa caminhar sobre você!' Para um budista, rezar sem praticar não implica a verdadeira prece."*

Assim é com a questão das diferenças. Você não pode mudar as pessoas. Pode, isto sim, praticar formas de com elas lidar, o que implica aprendizagem.

6 Aprendizagem do Trabalho em Equipe

Além de todas as diferenças aqui apontadas e com as quais temos de lidar num trabalho em equipe, existe outra dificuldade: nossa cultura tem privilegiado a aprendizagem individual. Na família, na escola, na empresa o individualismo tem sido reforçado. No entanto, mesmo essa aprendizagem individualizada nem sempre tem alcançado os resultados pretendidos. Essa circunstância aponta para a questão do significado como fator fundamental à aprendizagem.

Estudos têm demonstrado que a apreensão de algo de forma descontextualizada, tão ao gosto da fragmentação de nosso pensamento cartesiano e tão comum no cotidiano, pode ter efeito a curto prazo, mas é inócua a longo prazo. Não é por acaso que, quando conectadas a histórias, metáforas,

[17] HANH, Thich Nhat. *Vivendo Buda, vivendo Cristo*. Rio de Janeiro: Rocco, 1997.

imagens, isto é, quando envolvem memória vivencial e elaboração mental, informações têm possibilidade de ser guardadas por longo tempo. Elaboração é a ligação da nova informação a algo já conhecido, seja para confirmá-lo, rejeitá-lo ou acrescentar-lhe novos elementos. Piaget chamou-nos a atenção sobre isso. Cada novo conceito que você elabora junta-se a outros que já elaborou. Essa conexão de conceitos forma, então, uma rede (tipo a de pescador); forma sua rede conceitual, que se desfralda no plano abstrato das ideias. Você tem sua rede. Eu tenho a minha. Todos nós temos uma rede. Uma rede pode ser bem grande, ou pequenina; pode ter fios grossos, ou frágeis, ou sutis; pode ter uma só cor, ou ser multicolorida. Quem tece essa rede?

___

Se disse que cada um tece sua rede, concordo com você. A experiência de vida que cada um de nós tem é única; por esse motivo, só nós podemos tecer nossa rede. É um equívoco, portanto, quando se diz "vamos trocar experiência". Ninguém troca experiência. Experiência vive-se. O que se troca são informações acerca da experiência vivida.

Bem, quanto maior a rede conceitual de uma pessoa, mais possibilidades a rede apresenta para orientar-lhe e reorientar-lhe as ações. Veja que o termo *arquétipo*, significando conceito do conceito, conceito maior, como lembra Pierre Lévy,[18] vem de *arché*, que significa primeiro, e de *typos*, que era o buril com o qual se cunhavam moedas na Grécia antiga. Um buril podia gerar milhares de moedas. Da mesma forma, um conceito pode gerar milhares de outros. Nossa rede aumenta. Rapidamente, você pode concluir que o conhecimento é recurso inexaurível. Aliás, pesquisas realizadas no campo da neurociência têm demonstrado que o cérebro ativo, estimulado por boas leituras, pela aprendizagem de novos idiomas, pela resolução de problemas de toda ordem, desde os matemáticos até os que dizem respeito às tarefas cotidianas mais simples, melhora com a idade, previne doenças da velhice e prorroga a vida útil, produtiva de cada pessoa.

Se a busca do significado, algo que dê sentido às coisas, é importante na aprendizagem individual, igualmente o é na coletiva, aquela inerente às equipes. Uma informação dentro de uma equipe, em si mesma, é de pouca valia no processo de aprendizagem. Precisa ter um significado. Ora, o que é dar significado a uma informação?

___

Concordamos, se você disse que dar significado a uma informação é conectá-la a outras. Você pode dizer-me: "*Ora, por conta das diferenças individuais, as pessoas atribuirão a algo significados diferentes*." Você tem razão ao dizer que os significados atribuídos às informações serão diferentes para cada pessoa, pois, se a informação pode ser a mesma para todos, a rede individual na qual essa informação está inserida, contextualizada, não o é. Para que o coletivo compartilhe um mesmo significado, então não basta que cada pessoa receba a mesma informação?

___

[18] LÉVY, Pierre. *As tecnologias da inteligência*. Rio de Janeiro: Edições 34, 1993.

Se sua resposta foi: “*não, não basta*”, concordo com você. A organização burocrática, na qual pontificam as mensagens escritas, sob o argumento de que assim elas não sofrem distorções individuais, é, portanto, uma ilusão. As chamadas “distorções” são, na verdade, contextos representados pelos valores, crenças e rede conceitual de cada pessoa. Que é preciso, então, para que aconteça o compartilhamento coletivo de um significado?

Veja se sua resposta coincide com a minha. Certamente, para que se encontre o significado em um coletivo, é necessário reunir as informações e as redes individuais de associações que lhes dão um significado. Daí a relevância da comunicação, da discussão grupal, do viver com outras pessoas, do cruzar com suas histórias de vida. É aí que a atuação do líder torna-se relevante. Seu papel é o de facilitador e instigador da discussão grupal, aquela capaz de trocar informações sobre as redes individuais, provocar a equipe para clarificar suas posições, instigar a empatia, monitorar as possibilidades que se criam apesar das diferenças e reorientar tais possibilidades. Seu compromisso é com o desenvolvimento da equipe. Seus recursos são seus próprios modelos mentais, seu temperamento, sua sensibilidade, sua capacidade de usar o que Argyris e Schon[19] denominam aprendizagem *single-loop*, aprendizagem *double-loop* e deutero-aprendizagem. Aprendizagem *single-loop* é a que permite identificar e corrigir erros nas normas já estabelecidas, sem qualquer intuito de alterá-las. Aprendizagem *double-loop* é a que vai além, buscando o questionamento das próprias normas, a origem dos problemas e, dessa forma, buscando mudanças. Deutero-aprendizagem é a aprendizagem sobre a própria aprendizagem. Os membros da equipe buscam, então, identificar o que fomentou ou, ao contrário, inibiu o aprendizado. Você já viveu essa experiência? É fantástica!

Bem, suponho que você faça parte de uma equipe. Como você se sente em relação a ela? Vamos fazer um teste?

Como me sinto em relação à equipe

Aos tópicos a seguir listados, atribua os graus 1, 2, 3 ou 4. Considere:

1 – nunca 2 – raramente 3 – algumas vezes 4 – frequentemente

1. ☐ Sou ouvido e compreendido.
2. ☐ Sou comprometido com as decisões tomadas pela equipe.
3. ☐ Percebo hostilidade entre as pessoas.
4. ☐ Tenho a oportunidade de aprender sobre minha própria pessoa (autoconhecimento).
5. ☐ Percebo a disputa pela liderança.
6. ☐ Tenho a oportunidade de desenvolver características pessoais necessárias a um trabalho coletivo.
7. ☐ Tenho a oportunidade de aprender sobre outras pessoas.
8. ☐ Confio nos membros da equipe.

[19] ARGYRIS, C.; SCHON. *Organizational learning*: a theory of action perspective. San Francisco: Addison-Wesley Publishing Company, 1978.

9. ☐ Sinto-me indiferente ao trabalho que está sendo realizado.
10. ☐ Odeio as informações, porque são incompletas.
11. ☐ Percebo as "panelinhas" que são formadas.
12. ☐ Vejo que os mal-entendidos são postos para debaixo do tapete.
13. ☐ Aceito as diferenças individuais e aprendo com elas.
14. ☐ Detesto ouvir bobagens.
15. ☐ Sei ouvir.
16. ☐ Sinto que minhas opiniões não são levadas em consideração.
17. ☐ Sei falar.
18. ☐ Sinto-me satisfeito.
19. ☐ Percebo que ninguém sabe o papel que lhe cabe.
20. ☐ Sinto-me desmotivado.

A. Some os pontos das afirmativas 1, 2, 4, 6, 7, 8, 13, 15, 17, 18 e divida o total por 10.

B. Some os pontos das afirmativas 3, 5, 9, 10, 11, 12, 14, 16, 19, 20 e divida o total por 10.

Se no primeiro grupo (A) você obteve 3 ou 4, pode considerar-se membro de uma equipe.

Se no segundo grupo (B) você obteve 3 ou 4, pergunto-lhe: onde está a equipe?

7 Desenvolvendo Equipes

Quando se fala em equipe, logo vem a nossa mente o caso japonês. Você concorda com isso? Os programas de qualidade incumbiram-se de divulgar o "modo japonês de gestão" à exaustão.

Vale, porém, alguns esclarecimentos. A cultura japonesa,* apontada como facilitadora do "sucesso japonês", não foi formatada ou consolidada no interior das empresas; apenas, as práticas nas empresas tinham um significado para os japoneses, porque eram consoantes com a cultura do povo, consolidada em séculos e séculos de história, sobretudo no século XVII, quando o confucionismo foi adotado como ética prática e doutrinária. Fatores como supremacia do coletivismo sobre o individualismo, harmonia e cooperação, disciplina e economia, paternalismo, por exemplo, são componentes profundos da psique japonesa, muitos deles hoje criticados, sob a justificativa de que obstaculizam a criatividade, o que não é verdade. Veja-se, por exemplo, a capacidade de vencer problemas causados por danos da natureza.

É na Era Heisei que o Japão, correntemente, vive. A Era Meiji, a mais decantada em prosa e verso quando se fala da cultura japonesa, terminou em 1912. Entretanto, a grande formatadora da psique japonesa foi a Era Edo, que antecedeu à Meiji.

Sobre o caso japonês, sugiro-lhe ler quatro artigos que eu e Isao Yamamoto, um amigo japonês, muito querido, escrevemos juntos:

- Família e cultivo de arroz influenciando a conformação da empresa japonesa. *Revista de Administração Pública*, Rio de Janeiro: Fundação Getulio Vargas, v. 30, nº 3, p. 81-92, maio/jun. 1996.
- Razões da crise do modelo de gestão japonês. *Revista de Administração – RAUSP*, São Paulo: Universidade de São Paulo – USP, v. 32, nº 1, p. 38-46, jan./mar. 1997.
- A formação do pensamento empresarial no Japão – o resgate da Era Edo. *Revista de Administração Pública*, Rio de Janeiro: Fundação Getulio Vargas, v. 31, nº 2, p. 22-32, mar./abr. 1997.
- O que governos e empresas podem aprender com um pequeno feudo japonês do século XVIII. *Revista de Administração Pública*, Rio de Janeiro: Fundação Getulio Vargas, v. 32, nº 1, p. 41-55, jan./fev. 1998.

Durante a Era Edo, o Japão viveu 270 anos em autorreclusão. Da apropriação do confucionismo e suas regras que tão bem servem à disciplina organizacional, ao espírito de coletividade, à mitigação da personalidade em favor da organização, à valorização do trabalho, à administração participativa, ao alto nível educacional, à burocracia, ao não desperdício, o caminho percorrido pelo Japão, naquela Era, ofereceu uma cultura aparentemente facilitadora do que hoje designamos por trabalho em equipe.

Contudo, será que fora do Japão não há salvação? Ledo engano. Podemos aprender a trabalhar em equipe, o que requer do líder em particular, e de cada pessoa em geral, a institucionalização de um processo permanente de autoconhecimento, autodesenvolvimento e contribuição ao desenvolvimento do outro. Trabalhar em equipe requer, de cada um, sentir-se, realmente, como membro de uma equipe. Sem esse sentimento, dificilmente um conjunto de pessoas se tornará uma equipe.

Assinale, na relação a seguir, o que você considera importante no trabalho em equipe:

1. ☐ Visão comum não desenvolvida.
2. ☐ Consciência do propósito.
3. ☐ Explicitação de balizamentos.
4. ☐ Baixa flexibilidade.
5. ☐ Comunicação aberta.
6. ☐ *Feedback* contínuo.
7. ☐ Atrelamento a antigos padrões.
8. ☐ Compartilhamento de informações.
9. ☐ Negociação.
10. ☐ Humildade intelectual.
11. ☐ Autoconfiança exagerada.
12. ☐ Comportamento ético.

Se você assinalou as alternativas 2, 3, 5, 6, 8, 9, 10 e 12 estamos de acordo. As razões exponho a seguir.

Uma equipe tem de saber a que vem. Tem de saber a razão de sua existência. Tem de ter a consciência do propósito que a sustenta e a move.

A explicitação de balizamentos tem de estar presente. Ela permite aos membros da equipe apreender seu campo de atuação e realizar sua capacidade de auto-organização. A organização burocrática especifica, minuciosamente, cada procedimento, uma vez que pretende controlar e prever; é pouco útil em ambientes de mudança. Na era da informação, as empresas devem apenas especificar limites, permitir que as pessoas se movam dentro deles, se auto-organizem e, por essa flexibilidade, sejam capazes de dar as respostas rápidas que as rápidas mudanças ambientais estão exigindo.

A comunicação, como você viu, é a base do trabalho em equipe. Pensamentos e sentimentos precisam ser explicitados, numa comunicação franca, aberta e em clima de respeito mútuo. Problemas precisam vir à tona e ser resolvidos. Ideias inovadoras precisam ser lançadas e discutidas. As informações precisam fluir, porque esse fluxo não só alimenta o processo de comunicação, como também afasta as pessoas da alienação, inimiga do engajamento. Afinal, quem é louco de comprometer-se com o que desconhece?

Feedback é a realimentação de um processo, com informações. O *feedback* contínuo acerca do desempenho das pessoas em relação aos objetivos empresariais é recurso de aprendizagem individual e coletiva. Ele permite a cada pessoa e à equipe rever ou fortalecer suas posições, corrigir rumos e fazer ajustamentos, se necessário. O *feedback* tem de ser honesto e, no caso de referir-se a desempenhos deficientes, não precisa ferir a autoestima de ninguém. A verdade pode – e deve – ser dita com amor.

Numa equipe, por definição, o poder tem de ser compartilhado. A liderança não necessariamente precisa ser sempre a mesma, o que a confundiria com chefia. Assim, é natural que os diferentes membros da equipe assumam-lhe a liderança, conforme a tarefa que se lhe coloca.

Uma habilidade relevante no trabalho em equipe é a da negociação, aquela que busca chegar a um acordo.

Uma qualidade de extrema importância é a humildade intelectual, necessária ao reconhecimento de que é preciso aprender sempre.

Numa equipe, de fundamental relevância é o comportamento ético, que desestimula uma pessoa a guardar informações fundamentais aos processos de trabalho por medo de perder o poder do controle e a estimula a avaliar situações em conjunto e a buscar formas de corrigir erros, aprender com eles e aperfeiçoar acertos.

Finalmente, gostaria de enfatizar o que já disse: para que uma equipe exista, é de fundamental relevância que cada pessoa se sinta, realmente, membro dessa equipe.

Este capítulo tratou do **Trabalho em equipe**. Abordou os seguintes aspectos:

1. Revisitando os capítulos anteriores.
2. Dificuldades com as quais lidar.

3. Que é uma equipe?
4. O funcionamento do grupo.
5. Lidando com diferenças.
6. Aprendizagem do trabalho em equipe.
7. Desenvolvendo equipes.

Com esse conteúdo, pretendi que você alcançasse os seguintes objetivos:

- recuperar os pontos focais dos capítulos anteriores;
- apontar dificuldades com as quais se tem de lidar para que o trabalho em equipe aconteça;
- explicitar o que é uma equipe;
- identificar como o grupo funciona;
- apontar diferenças que se nos apresentam em um trabalho em equipe;
- identificar como ocorre a aprendizagem individual e a coletiva;
- apontar elementos necessários ao desenvolvimento de equipes.

Você os alcançou?

Para Concluir... Por Enquanto

Resgatando os objetivos gerais do livro que explicitei na Introdução, peço-lhe, agora, que avalie até que ponto você conseguiu atingi-los. São eles:

- identificar a complexidade do mundo contemporâneo, contexto do ambiente de negócios e as habilidades que esse mundo requer do gestor;
- aceitar questões relativas à motivação, liderança, mentoria, poder e trabalho em equipe como essenciais à compreensão das pessoas e a sua gestão;
- obter informações acerca de contribuições teóricas e apreciá-las criticamente, em face das características do novo ambiente de negócios;
- identificar novas tendências;
- estabelecer a ponte entre construções teóricas e sua prática cotidiana;
- desenvolver a consciência de si e do mundo;
- desenvolver competências gerenciais;
- desenvolver visão holística, visão de totalidade.

Você os atingiu? Se não os atingiu, não tem importância. Isso não é uma catástrofe. Além do mais, chegamos ao final do livro, mas não ao final da aprendizagem. Até porque, todo fim é um começo. Celebremos, pois, o fim e o começo.

Quero agora fazer-lhe uma confissão: um dia, refletindo sobre muitas coisas, descobri que viver é um ato de aprendizagem, é renascer a cada dia. Sentei-me, registrei minhas reflexões e, neste momento, compartilho-as com você. Intitulei:

DA COMPLEXA ARTE DE RENASCER A CADA DIA

Onde estavam as receitas de pão que me faziam o pão de cada dia? Não as encontrava. Se encontrava, raras vezes elas conseguiam transformar aquela quantidade de ingredientes em algo chamado pão que sacia a fome. Que estava havendo?

De repente, dei-me conta das mãos vazias, da farinha azeda, do forno frio, da empregada desobediente. Como se estivesse num redemoinho, estonteei-me diante do vendaval de parafernálias tecnológicas, de questionamentos políticos, de turbulências econômicas, de mudanças nos valores pessoais. Perplexa, acabei por achar-me em uma imensa rede na qual variedade, contradição, cooperação e conflito se entrecruzavam, gerando incerteza. Onde estavam as receitas que me faziam o pão de cada dia, que me alimentavam a alma, o corpo, os bolsos? Onde estavam as receitas que me apontavam uma realidade tão simplificada, com a qual eu tinha facilidade de lidar? Onde estavam as receitas que me nutriam de tantas certezas?

Percebi que a realidade insistia em transbordar de minhas estruturas cognitivas. Com imensa dor percebi também ter perdido muito de minha plasticidade mental, de minha capacidade humana de pensar multidimensionalmente. Dos fenômenos não compreendia a inter-relação; da unidade não notava a multiplicidade. Minha mente era um relógio só: tic-tac, tic-tac. Minha poesia era a da Cecília Meireles: "Ou isto, ou aquilo." Morri.

Foi aí que algo sussurrou-me:

– *É possível renascer!*

– *Verdade?*

– *Sim, mas requer esforço. Renascer é uma arte. Complexa, quântica, de cada dia.*

Como aprender a arte de renascer a cada dia? Olhei para a lagarta que morre para transformar-se em borboleta, para o botão que morre para transformar-se em flor, para o fruto que morre para transformar-se em semente. Olhei para a natureza, essa unidade tecida por tantas variedades. Olhei para as crianças e seu permanente "por quê?".

De olhar em olhar, detive-me nos planos e programas das empresas, que tanto me seduziam. Descobri que são úteis, mas têm seus limites. São, por exemplo, pouco aptos a lidar com incertezas. Entendi, então, por que esse é o campo da estratégia. Ela trabalha com condições previsíveis e também aleatórias. Permite que se mude de rumo se informações obtidas durante um processo assim o aconselharem. Instiga que, tal como num jogo de xadrez, reflexivamente se busque a antecipação do pensamento daquele com o qual se joga. A estratégia admite a eventualidade, aprende a lidar com ela. Avança, recua, ataca, foge, disfarça, desnuda-se. É flexível, como um bambu. Estratégia é um bom componente de renascimento.

De olhar em olhar também me detive na forma piramidal das estruturas organizacionais, duras, lentas, formais, fundamentadas no princípio da ordem, entendida essa como estabilidade, regularidade e previsão sujeitas a controle. Lembrei-me que eram pirâmides os túmulos dos faraós do antigo Egito. Pude, então, contraditoriamente, compreender o que significam as estruturas em rede, policêntricas, pilotadas por líderes, orientadas por missão e objetivos, com identidade cultural capaz de manter-lhe a coesão e com sistema de acompanhamento flexível, exigindo de cada membro da organização a reflexão estratégica. O caleidoscópio que surgia à minha frente falava de possibilidades. Falava de renascimento.

De olhar em olhar, parei diante de uma pessoa. Reparei que, ao contrário da máquina, ela tinha enorme capacidade criativa, inventiva, crítica, autocrítica e de autorregeneração. Rejubilei-me! Estava diante de um ser vivo, capaz de criar recursos, gerar informações, transformá-las, usá-las. Ao mesmo tempo, lembrei-me de várias empresas das quais ouvira falar. Elas criaram um espaço físico especial, fora daquele em que uma pessoa habitualmente realiza seu trabalho, no qual lhe é dado o direito de ser criativa. Tais empresas estavam sendo apontadas como exemplo a ser seguido. Fiquei confusa. As pessoas não podem ser criativas no próprio local onde trabalham? Têm que ter hora, lugar e permissão para ser criativas? Dei-me conta, então, das velhas receitas de pão, insistindo em manter seu status*. Num esforço de pensar comparativa e multidimensionalmente, não pude deixar de admitir as receitas como necessárias à percepção da utilidade de estratégias. Meu olhar renascido já era capaz de ver a relevância dos contrários.*

De olhar em olhar, parei diante de mim mesma. Num misto de júbilo e de dor, compreendi que a realidade não era algo estranho a mim, algo que podia observar distanciadamente. Compreendi que fazia parte da realidade, que era um ser do mundo e no mundo. Se minha história de vida fora gerada pela cultura particular a que pertencia, assim como influenciada por outras culturas, havia em mim uma dimensão espiritual e psicológica profunda que não só me impedia de ser tábula rasa na qual qualquer pessoa escreveria o que quisesse, como gerava-me pensamentos e sentimentos que compunham o processo permanente de construção e reconstrução do mundo.

Compreendi, afinal, que renascer é um ato de cada dia. É construir, rever e reconstruir a prática empresarial e a pessoal, que se integram. É lidar com rigidez, prejuízo, tristeza, dor, egoísmo, inveja, ressentimento, raiva, elementos que desgastam, destroem, dilaceram empresas e pessoas. É transformá-los em plasticidade, recompensa, alegria, saúde, compartilhamento, altruísmo, gratidão, amor, elementos que agregam, constroem, vivificam. Compreendi, afinal, por que renascer... é uma arte.

10 1 2 3 4 5 6 7 8 9
2018

Cromosete
Gráfica e editora ltda.
Impressão e acabamento
Rua Uhland, 307
Vila Ema-Cep 03283-000
São Paulo - SP
Tel/Fax: 011 2154-1176
adm@cromosete.com.br